정체에서 성장으로
에니어그램 코칭

정체에서 성장으로
에니어그램 코칭

초판 1쇄 인쇄 | 2025년 7월 25일
초판 1쇄 발행 | 2025년 7월 30일

저　　자 | Yechezkel & Ruth Madanes
역　　자 | 유용린, 이정윤
펴낸곳　 | 지공재기

편집 · 디자인 | 부카
교정교열 | 서이화
출판등록 | 제25100-2022-000025호
본　　사　 | 경기도 용인시 처인구 포곡읍 포곡로 123번길 7
　　　　　　전화_031-334-2919
　　　　　　이메일_golddiesel@naver.com

ⓒ ISBN 979-11-985699-9-8

· 이 책에 수록된 내용은 저작권법의 보호를 받는 저작물이므로 무단전재와 복제를 금합니다.
· 잘못 만들어진 책은 구입처에서 바꿔 드립니다.

정체에서 성장으로
에니어그램 코칭

예체스켈, 루스 마다네스 공저
유용린 · 이정윤 공역

CONTENTS
차례

추천사 • 6
클로이 마다네스 서문 • 10
감사의 말 • 14
서론 • 17
책의 개요와 목적 • 22

제 1 부 에니어그램, 융 선호도 그리고 인간의 욕구 심리학

에니어그램 • 26
융 선호도 The Jungian Preferences • 43
인간 욕구 심리학 • 58

제 2 부 정체에서 성장으로 모델

정체 영역 • 67
정체 영역에서 벗어나는 방법 • 71
우리의 영혼으로 연결되는 호흡 • 74
패턴 멈춤 • 79

제3부 9가지 성격 유형 코칭

1번 유형에 대한 코칭 프로토콜 • 100
2번 유형에 대한 코칭 프로토콜 • 130
3번 유형에 대한 코칭 프로토콜 • 158
4번 유형에 대한 코칭 프로토콜 • 187
5번 유형에 대한 코칭 프로토콜 • 220
6번 유형에 대한 코칭 프로토콜 • 251
7번 유형에 대한 코칭 프로토콜 • 284
8번 유형에 대한 코칭 프로토콜 • 314
9번 유형에 대한 코칭 프로토콜 • 344

에필로그 • 376
저자 소개 • 380
역자 소개 • 381
참고문헌 • 385
추천자료 • 389

추천사

이 새로운 에니어그램 및 코칭 책의 아름다움은 저자들이 우리의 인간성과 영적 본질을 모두 인정하는 비병리학적인 방법론을 창조했다는 점이다. 그들은 고객들이 정체된 상태에서 벗어날 수 있도록 돕기 위해 세 가지 중심에너지의 지혜를 지속적으로 활용한다. 또한 각 유형의 생명력 넘치는 면을 더욱 강조하며, 존재와 자기 인식에 기반한 유형별 명상과 수행을 포함하고 있다. 우리는 에니어그램을 통한 코칭에 대한 이들의 접근 방식의 정신과 깊이를 높이 평가한다.

- 돈 리소 *Don Riso*, 러스 허드슨 *Russ Hudson*,
베스트셀러 《성격 유형과 에니어그램의 지혜
(Personality Types and The Wisdom of the Enneagram)》의 저자

코치에게는 도구가 많을수록 좋다. 《정체에서 성장으로》는 현실적이고 실용적이면서도 강력한 도구를 추가해준다. 이 책을 통해 성격 유형이 우리의 핵심 욕구 추구에 어떻게 영향을 미치며,

그로 인해 의미와 목적을 찾는 여정에서 다른 방향으로 벗어나거나 심지어 막다른 길에 이르게 되는지를 깊이 이해해보길 바란다. 이 책을 사용하여 유형 차이 때문에 고객을 오해할 수 있는 패턴을 숙고하고, 각 개인에게 공감할 수 있도록 코칭 방식을 맞춰보길 바란다. 항상 가까이 두고 코칭 스타일을 변화시키는 통찰을 제공하는 유용한 참고자료로 활용해보자.

– 제인 키세 Jane Kise 박사
경영 코치이자 《차별화된 코칭(Differentiated Coaching)》 저자,
전 국제심리유형협회(Association for Psychological Type International) 회장

《정체에서 성장으로》는 에니어그램을 도구로 사용하여 고객과 함께 변화를 이끌어내고자 하는 코치들에게 유용한 방법을 쉽게 배울 수 있도록 해주는 아주 잘 쓰인 책이다.

– 캐서린 체르닉 포브르 Katherine Chernick Fauvre,
데이비드 W. 포브르 David W. Fauvre, MA,
에니어그램 탐구 & 포브르 연구소 창립자

예체스켈 Yechezkel과 루스 마다네스 Ruth Madanes의 《정체에서 성장으로》는 아마 제가 읽어본 코칭 책 중 최고일 것이다. 이들의 '에니어그램이 코칭 도구로 효과적인 7가지 이유(Seven reasons why the Enneagram works as a coaching tool)'는 코칭 세션이

어떻게 전개될 수 있는지를 잘 보여준다. 마다네스 Madanes 부부는 각 유형에 대한 코칭 전략을 풍부하고 깊이 있으며 의미 있는 방식으로 설명해 주고 있다. 마지막으로, 이들이 각 유형에 제안하는 '코칭 프로토콜(Coaching Protocols)'에 전적으로 동의한다. 이 책은 코칭, 치유 또는 영적 지도를 하는 사람이라면 누구나 이 책을 꼭 읽어야 한다고 생각한다.

- 데보라 우튼 Deborah Ooten 박사
전 국제 에니어그램 협회(International Enneagram Association) 회장 및
Conscious Dynamics LLC의 CEO

이 책은 에니어그램과 코칭 문헌에서의 공백을 채워준다. 인간 욕구 심리학에 대한 철저한 배경 정보를 제공하고, 우리의 사고방식이 어떻게 고정된 세계관을 형성하며, 어떻게 '정체된 상태에서 벗어날 수 있는지(Unstuck)'를 정확히 설명한다. 3부에서는 코치들이 실무에서 에니어그램을 활용할 수 있는 실용적이고 즉시 접근할 수 있는 조언을 제공한다. 저자이자 부부인 예체스켈 Yechezkel과 루스 마다네스 Ruth Madanes는 수년 동안 이 방법론을 완성하기 위해 노력해 왔다. 이 책은 모든 코치들에게, 그리고 타인을 도와 자신을 이해하도록 돕고자 하는 사람들에게 매우 유용한 실용적인 안내서이다.

- 재닛 레빈 Janet Levine
에니어그램 저자이자 교육과 육아에 대한 에니어그램 전문가

《정체에서 성장으로》의 저자 예체스켈 Yechezkel과 루스 마다네스 Ruth Madanes는 변화를 지원하고 개인적 성장을 촉진하는 데 에니어그램을 활용하는 모든 사람에게 필요한 훌륭한 자료를 제공한다. 잘 쓰이고 체계적으로 구성되어 있는 이 책은 성격 유형이 융 선호도(Jungian Preferences)나 코비의 원칙(Covey's Principles), 그리고 동기 패턴을 인식하기 위한 저자의 독창적인 프레임워크에 어떻게 영향을 받을 수 있는지를 탐구한다. 무엇보다도 저자들은 병리학적 관점과 과도한 일반화를 피하고자 매우 신중을 기했다.

- 캐롤린 바틀렛 Carolyn Bartlett, LCSW
《에니어그램 필드 가이드(The Enneagram Field Guide) : 상담, 치료 및 개인 성장을 위한 에니어그램 사용법에 대한 노트》의 저자

클로이 마다네스 Cloé Madanes의 서문

나는 평생 동안 사람들이 왜 그렇게 행동하는지, 그리고 어떻게 하면 사람들이 변화하도록 도울 수 있는지에 대한 도전에 매료되어 왔다. 경력 초기에 나는 사람의 인생이 초기 어린 시절의 경험에 좌우되고 변화는 길고 어려운 과정이라는 결정론적 이론을 가진 정신분석적 관점을 거부했다. 나는 인간이 자신의 운명을 통제하며 언제나 선택할 수 있는 여지가 있다는 인본주의적 관점을 믿었다. 우리의 행동을 형성하는 데 있어서 과거의 관계보다 현재의 관계가 더 중요하다는 것을 깨닫고, 나는 시스템 사고와 의사소통 이론에 몰두하게 되었다. 내가 밀턴 에릭슨Milton Erickson에게 매료된 이유는 내가 알고 있던 것과는 다른 수준에서 의사소통을 했으며, 신속한 변화를 가져올 수 있게 하는 그의 방식 때문이었다. 제이 헤일리Jay Haley와 함께 우리는 전략적 가족 치료학교를 설립하고 전 세계 수천 명의 심리치료사들을 교육했다. 우리의 사명은 가족들이 조화롭고 행복한 삶을 살 수 있도록 돕는 것이었다.

내가 인본주의적이며 가족 중심적인 방향으로 계속 발전하는 동안, 해당 분야는 점점 더 결정론적이고 억압적인 의학적 모델에 얽매이게 되었다. 그러던 중, 2001년에 나는 앤서니 로빈스Anthony Robbins를 만났고 그의 행사에서 청중과 대화하는 모습을 관찰하게 되었다. 그는 밀턴 에릭슨의 연구에서 직접적으로 영향을 받은 사람이었고, 에릭슨처럼 매우 높은 수준에서 이해하고 의사소통하는 능력을 갖추고 있었다. 나는 그가 얼마나 빠르고 영구적인 변화를 일으키는지 보았다. 우리는 서로 협력하기로 결정했고, 마크 페이샤Mark Peysha와 함께 전략적 대화를 위한 로빈스-마다네스센터(Robbins-Madanes Center for Strategic Intervention)를 설립했으며, 최근에는 우리의 접근 방식을 통합한 온라인 로빈스-마다네스 교육 프로그램도 시작했다.

나는 예체스켈 마다네스Yechezkel Madanes가 이스라엘에서 내 일에 관심을 갖고 편지를 보내온 것을 계기로 만나게 되었다. 한 번도 만나본 적이 없는 친척이 같은 마음을 갖고 있다는 사실을 알게 되어 정말 기뻤다. 그는 여러 나라에서 학교에서의 폭력적인 의사소통을 중단시키는 일에 헌신하고 있었으며, 이 주제에 관한 베스트셀러를 출간했고 유명한 강사였다. 폭력 예방은 나의 주요 사명 중 하나였기 때문에 우리는 공통점이 많았다. 나는 예체스켈의 아내 루스Ruth를 직접 만나본 적은 없지만, 서신을 통해 그녀도 같은 마음을 가진 사람이라는 것을 알고 있었다. 예체스켈과 루스는 우리의 일에 관심을 갖게 되었고, 현재 이들은 이스라엘에서 로빈스-마다네스 교육 프로그램을 대표하고 있다.

예체스켈은 에니어그램과 융 심리학에 정통했으며, 폭력적인 의사소통을 예방하기 위해 이러한 방법을 자신의 업무에 사용했다. 이제 예체스켈과 루스는 이 접근법을 코치와 모든 도움을 주는 직업에 매우 유용한 방식으로 Robbins-Madanes 방법론과 통합했다. 이 강력한 모델은 사람의 인식/왜곡 필터, 근본적인 동기, 인간적 욕구, 두려움, 그리고 사고, 감정, 행동의 습관적 패턴을 드러냄으로써 코칭 과정을 가속화할 수 있다.

에니어그램에서 고객의 성격 유형을 파악하면 코치는 고객의 세계관과 이 세계관이 모든 결정을 내리는 데 어떤 영향을 미치는지 이해하는 데 도움이 된다. 이 독특한 통찰력은 코칭 과정을 크게 발전시킬 것이다. 자신의 유형을 발견하며 성격의 한계에서 벗어나 고유한 재능과 잠재력을 발휘할 수 있다. 이를 통해 우리는 타고난 자원과 강점, 그리고 고유한 도전 과제를 인식할 수 있다. 예체스켈과 루스는 각 성격 유형이 무의식적으로 갇혀 있는 부정적 사이클과 이를 돌파하고 삶에 온전히 몰입할 수 있는 방법을 설명한다.

이 책의 가장 큰 장점은 실용적인 내용을 강조한다는 점이다. 『정체에서 성장으로』는 고객에게 바로 적용할 수 있는 강력한 전략들로 가득 차 있다.

모든 코치, 치료사, 그리고 도움을 주는 직업에 종사하는 모든 사람이 이 책을 읽어야 한다. 고객을 정체에서 벗어나 성장하게 할 뿐만 아니라 여러분 자신도 정체에서 벗어나 성장하게 될 것이다.

우리 모두가 더 조화로운 세상을 만드는 데 기여하길 바란다.

클로에 마다네스
캘리포니아주 라호야

감사의 말

우리는 앤서니 로빈스Anthony Robbins와 클로에 마다네스Cloé Madanes에게 깊은 감사의 마음을 전합니다. 토니Tony와 클로에Cloé, 당신들의 가르침은 우리 개인과 직업적 삶에 매일 함께하고 있습니다. 코칭과 심리치료의 세계는 당신들을 선도적 권위자이자 롤 모델로 모신 것에 대해 큰 축복을 받았습니다. 당신들은 세계 최고의 코치 양성 프로그램을 만들어 주셨고, 우리에게 당신들과 함께 공부하고, 우리나라에서 당신들의 대표로 일할 수 있는 특권을 주셔서 진심으로 감사드립니다. 당신들은 우리에게 힘을 실어 주셨고, 많은 긍정적인 방식으로 우리의 삶에 많은 영향을 주셨습니다.

지난 10년 동안 우리에게 영감을 주고, '말과 행동이 일치한다'는 것이 무엇인지 가르쳐준 R. 다니엘 오펜하이머R. Daniel Oppenheimer에게 감사드립니다.

수년간 현명한 조언과 지원을 아끼지 않으신 서튼Sutton 가족, 특히 데이비드David와 베르타Berta에게 감사드립니다.

우리에게 친절을 베풀어주시고, 마이어스-브릭스 Myers-Briggs를 우리 작업에 활용하는 데 큰 영향을 주신 샌프란시스코 대학교 상담 심리학과의 부교수인 브라이언 제라드 Brian Gerrard 박사에게 감사드립니다.

다음과 같은 소중한 분들에게도 감사의 마음을 전합니다.

로빈스-마다네스 Robbins-Madanes 코치 교육 프로그램의 CEO인 마크 페이샤 Mark Peysha, 오타와에 있는 고린도(Gorindo) 무술 학교의 설립자 클라우디오 이드와브 Claudio Iedwab 선생님, 그리고 평생의 친구인 페르난도 스콥린 Fernando Scopp에게 감사의 마음을 전합니다.

린 크로스 Lynn Cross 만큼 뛰어난 편집자를 찾기가 쉽지 않은데, 그녀의 작업은 우리에게 큰 도움이 되었습니다.

우리 경력 전반에 걸쳐 영감을 주신 에니어그램의 선생님들과 연구자들에게도 감사드립니다. 특히 돈 리소 Don Riso와 러스 허드슨 Russ Hudson, 헬렌 팔머 Helen Palmer, 데이비드 다니엘스 David Daniels, 토머스 콘던 Thomas Condon, 재닛 레빈 Janet Levine, 가브리엘 마이어 Gabriel Mayer, 그리고 이스라엘에서 에니어그램 시스템의 개척자인 오스낫 야드가 Osnat Yadgar에게 감사를 표합니다.

우리의 고객분들과 학생들에게도 감사드립니다. 여러분의 용기와 솔직함은 우리에게 끊임없이 영감을 주고 있습니다.

우리의 부모님과 자녀들에게도 감사를 전합니다. 여러분의 사랑은 항상 우리 두 사람에게 격려의 원천이 되어 주었습니다. 우리가 '정체 영역'에 빠질 때마다 인내심과 관용, 그리고 자비를 보여준 여러분 한 분, 한 분에게 감사드립니다.

그리고 신께도 감사드립니다. 우리를 놀라운 사람들로 둘러싸고, 우리가 사랑하는 직업에서 일할 수 있는 꿈을 실현하게 도와주셨습니다.

서 론

린다Linda는 첫 번째 코칭 미팅에 10분이나 늦었다. 그녀가 들어오자마자 담배 냄새가 났고, 방에 들어오기 직전까지 담배를 피우고 있었던 것 같았다. 5분 후, 그녀는 이렇게 말했다. "여러분과 나누고 싶은 중요한 이야기가 있어요. 저는 3년간 치료를 받았는데, 제 치료사는 저에게 '주요 우울 장애(Major Depressive Disorder)'를 앓고 있다고 했어요. 그녀는 항우울제를 처방했고, 저는 한동안 그걸 복용했습니다. 결과는 끔찍했어요. 약을 먹고 나서 기분이 훨씬 더 나빠졌어요. 제 마음 속 깊은 곳에서 뭔가 잘못되었다는 것을 알게 되었죠. 한 친구가 저에게 에니어그램에 대한 책을 건네주었고, 저는 그 주제에 매료되었습니다. 주말 동안 그 책을 다 읽었어요. 저는 제가 4번 유형이라는 것을 알게 되었죠. 그 설명들이 너무 정확해서, 저를 만나지도 않았는데 저를 몇 년 동안 상담해 온 치료사보다도 저를 더 잘 이해하는 것처럼 느껴졌어요. 우울하고 기분 기복이 심한 제 성향이 제 성격 유형에 따른 정상적이고 예상되는 메커니즘이라는 사실을 알게 되어 안도감이 들었습니다. 그건 뭔가 '잘못된 것(Wrong)'이 아니었고, '치료(Cured)'나 '고쳐야 할(Fixed)' 문제가 아니었습니다."

우리는 거의 10년 동안 에니어그램 시스템으로 일해 왔으며, 린다처럼 우리 자신의 유형에 대한 설명의 정확성에 매료되었다. 이 놀라운 지도가 없었다면 오늘날 우리의 개인적, 직업적 삶은 상당히 달라졌을 것이라고 해도 과언이 아닐 것이다. 만약 여러분이 이 시스템에 익숙하다면, 그 느낌을 잘 알고 있을 것이다. 이 시스템의 힘에 매료되어 우리는 에니어그램을 기본으로 하여 모든 생활과 임원 코칭 방식을 재구성했다. 우리는 여러 국가의 초등학교와 고등학교에서 수천 명의 학생, 교사, 학부모를 대상으로 한 프로그램에 에니어그램을 적용해 왔다. 또한 우리는 수년에 걸쳐 에니어그램과 다른 중요한 시스템의 상호 융합을 실험해 왔고, 최근에는 대부분의 연구를 그 방향으로 집중하고 있다. 이 책은 이러한 수년간의 연구 결실이다.

끊임없는 변화와 엄청난 개인적, 직업적 스트레스가 존재하는 시대에, 고객들이 개인적 목표와 꿈을 달성하도록 돕기 위해 코치들은 최고의 인간 개발 도구를 갖추는 것이 중요하다고 믿는다. 이 책에서는 에니어그램 시스템을 변화 코칭의 기초로 사용하는 혁신적인 변혁 코칭 모델을 소개한다. 우리가 에니어그램 시스템을 코칭 실습의 핵심 도구로 선택한 이유는 진화하는 여러 역학 관계에 뿌리를 두고 있다.

첫째, 정신의학/심리학 분야에서 일어나고 있는 현상은 일상

생활의 스트레스를 다루기 위한 보다 강력한 해결책에 대한 필요성을 불러일으키고 있다.

1950년 이후 인본주의 심리학의 등장으로 정신 건강 분야는 처음으로 그 당시 지배적이었던 질병 중심 모델에서 벗어나기 시작했다는 희망을 갖게 되었다. 새로운 치료 모델들은 진단의 개념과 그에 따른 개인의 문제화에 도전했다. 이 혁신적인 접근 방식들은 사람들을 인간으로 보지 않고 '꼬리표(Label)'로 보는 것의 위험성을 경고했다. 인본주의 운동은 인간의 선택과 자아실현의 가능성을 인정했다(Frankl, 1992). 그러나 안타깝게도 이런 엄청난 진보에도 불구하고 지난 10년 동안 이 분야에서 강력한 후퇴가 있었으며, 우리는 모든 원인을 전적으로 생물학적 원인으로만 보는 프로이트 이전의 의학적 모델로의 회귀를 목격하고 있다(Sharfstein, 2005). 우리는 성인뿐만 아니라 심지어 아이들에게도 향정신성 약물 처방이 급격하게 증가하고 있는 것을 목격하고 있다.(Weiss, 2008). 부모와 교사는 자신이 감당할 수 없다고 느끼는 아이들을 마주할 때 헌신과 인내를 대신하여 진정한 교육 대신 약물을 사용하고 싶은 유혹을 받기도 한다. 이러한 정책은 향정신성 약물의 잠재적인 독성 화학적 효과를 경시하면서 전 세계 수백만 명의 사람들이 마법의 약을 통한 빠른 해결책과 기적적인 '치료'가 실제로 가능하다는 믿음으로 사회화되도록 이끌었다(Moynihan and Cassels, 2005).

둘째, 코칭 분야에서 일어나고 있는 현상들이다. 코칭 산업의 폭발적인 성장은 자신의 삶을 주도하고 개선하려는 방법을 찾는 수백만 명의 사람들에게 희망을 가져다주었다. 최근 수십 년 동안 코칭은 전 세계적으로 엄청나게 확장되었고, 개인 목표 달성을 위한 효과적인 도구로 인정받고 있다. 그러나 이러한 빠른 성장은 코칭에 대한 단순하고 "획일적인(One-Size-Fits-All)" 접근 방식의 확산이라는 부정적인 결과도 초래했다. 전 세계의 많은 코칭 학교들은 '결과(Result)'라는 만트라(Mantra)를 반복하며, 코칭을 마치 목표를 향해 효율적으로 달리면서 도중에 장애물을 제거하는 것으로 축소시키는 경향이 있다. 이러한 코칭 접근 방식의 문제점은 실용적이고 결과를 위해 헌신하는 이미지를 투영하지만, 아이러니하게도 지속적이고 의미 있는 결과를 만들어내는 데 핵심이 되는 사람들의 내적 구성과 메커니즘을 무시한다는 것이다.

이 어려운 상황에서 에니어그램 코칭은 어떻게 도움이 될 수 있을까? 앞서 언급한 첫 번째 지점에서 우리는 현대 생활의 일상적인 스트레스에 대처하는 데 도움이 되는 비병리학적 방법론의 필요성을 알 수 있다. 바로 여기에 에니어그램을 활용한 코칭이 도움이 될 수 있다. 이 정교한 성격 유형 시스템은 각 고객이 가진 주요 도전 과제뿐만 아니라 대부분의 고객들이 아직 개발하지 못한 잠재된 인간의 가능성, 즉 이들의 강점을 파악하는 데 도움이 되는 상세한 지도를 제공한다. 이것은 코치와 사람들을 돕는 직업에 종사하는 사람들이 순응에서 성장으로 전환하도록 영감을 주고 힘을 실어 줄 수 있는 훌륭한 도구이다. 사람들의 잠재력을 파악하면 그 잠재력을 발휘할 수 있도록 최선을 다해 노력하고, 함께 앉아 있는 고객들을 알아가는 데 시간을 할애할 수 있다. 이것은 '꼬리표 붙이기'와는 정반대의 사고방식이다. 이러한 특별한 사고방식에 따라 전문가는 고객의 필요를 이해하고 고객의 관점에서 세상을 바라볼 수 있도록 적극적으로 경청한다. 에니어그램을 숙지한 치료사들은 인식을 마비시키는 물질의 남용이 의미 있는 변화 과정을 방해할 수 있다는 점을 더 잘 인식한다.

앞서 언급한 두 번째 지점에서 우리는 단지 표면적 행동 변화만을 추구하지 않는, 통합적이고 영적이며 비판적인 접근 방식의 필요성을 알 수 있다. 여기서도 에니어그램이 매우 적절하다. 이 시스템을 통해 코치와 치료사들은 다양성과 영성의 세계로 들어가 고객의 풍부한 세계를 이해할 수 있게 해준다. 이를 통해 각 고객의 고유성, 개인적 차이, 그리고 개별적 필요를 해결하기 위한 구체적인 전략과 개입을 맞춤화할 수 있다. 이를 통해 건강한 호기심과 창의성을 촉진할 수 있다. 따라서 이 도구를 가진 전문가들은 지름길, 빠른 해결, 획일화된 단순 접근 방식을 사용하는 경향이 줄어들게 된다.

책의 개요와 목적

이 책의 목표는 코치, 치료사, 컨설턴트, 트레이너에게 에니어그램 성격 유형 시스템을 조화롭게 적용하는 데 필요한 도구가 포함된 포괄적인 자료를 제공하는 것이다.

이 책은 세 부분으로 나누어져 있다.

1부에서는 에니어그램 시스템의 기초를 설명하고, 에니어그램과 함께 코칭 모델에서 사용하는 다른 시스템인 8가지 융 선호도(The Eight Jungian Preferences)와 앤서니 로빈스 Anthony Robbins 와 클로에 마다네스 Cloé Madanes 가 제시한 인간 욕구 심리학(Human Needs Psychology) 모델을 소개한다. 에니어그램에 이런 강력한 방법론을 종합하면 고객의 가능성에 대해 훨씬 더 완벽한 비전을 제시할 수 있다.

2부에서는 우리의 개입을 뒷받침하는 프레임워크를 완벽하게 다루고 우리가 개발한 코칭 모델에 대한 단계별 설명을 제공한다.

3부에서는 이 모델을 실용적으로 적용하고 각각의 9가지 에니어그램 유형과 어떻게 활용하는지 보여주는 코칭 프로토콜을 제공한다. 각 유형에는 실무에서 바로 사용할 수 있는 전략이 담긴 고유한 프로토콜이 있다.

우리는 이 책을 최대한 실용적이고 편리하게 만들려고 노력했다. 에니어그램의 세계를 처음 접하는 분들은 1부를 먼저 읽어보길 권한다. 이미 시스템에 익숙한 분들은 관심이 있는 특정 챕터로 바로 이동할 수 있다. 각 유형에 대한 코칭 프로토콜은 독자가 특정 유형의 프로토콜로 이동하여 해당 유형에 대한 구체적인 전략과 지침을 얻을 수 있도록 독립적으로 작성되었다. 이 책을 집필하면서 우리는 개인과 직장 생활 전반에 걸쳐 지속적으로 도움이 되고 접근 가능한 참고자료가 될 수 있는 포괄적인 정보 자료를 만들고 싶었다.

이 책이 여러분의 창의적인 코칭 업무를 성장시키고 유지하는 데 도움이 되기를 바란다. 또한 여러분도 우리처럼 에니어그램과 함께 하는 코칭이 즐겁고 성취감을 느낄 수 있기를 바란다.

예체스켈과 루스 마다네스

· 1부 ·

에니어그램, 융 선호도, 그리고 인간 욕구 심리학

FROM
STUCKNESS
TO
GROWTH

에니어그램

에니어그램은 사람들 사이의 차이점을 연구하는 시스템이다. 이는 인간을 아홉 가지 성격 유형으로 구분한다. 이 아홉 가지 유형은 9개의 점으로 이루어진 중심에너지로 구성된다. 우리는 모두 아홉 가지 유형의 특성을 가지고 있지만, 그 비율은 다르며, 보통 하나의 유형이 우세하다. 이 우세한 유형이 우리의 에니어그램 성격 스타일이다.

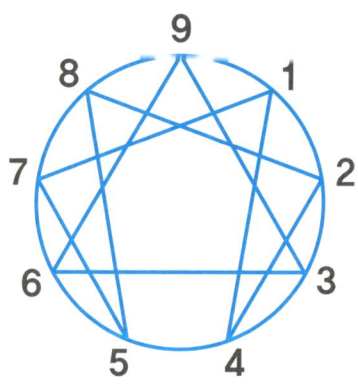

그림 1-1. 성격 유형의 에니어그램 시스템

아홉 가지 유형 각각에 속한 사람들은 이들만의 독특한 심리적 메커니즘과 특성을 가지고 있으며, 이는 무의식적으로 이들이 세상을 바라보는 방식, 생각하는 방식, 느끼는 방식, 그리고 궁극적으로 행동하는 방식에 영향을 미친다. 3번 유형의 경쟁적인 행동은 어떤 대가를 치르더라도 성공과 인정을 이루려는 일련의 믿음에서 비롯된다. 6번 유형의 신중한 행동은 이들이 위험하다고 인식하는 세상에서 생각하고, 느끼고, 행동하는 방식을 형성하는 일련의 믿음에서 비롯된다. 이처럼 각 유형은 이들만의 유형 필터의 산물로서 서로 다른 주관적인 현실에 도달한다. (각 유형의 심리적 도구에 대한 전체 설명은 3부의 프로토콜 섹션에 포함되어 있다.) 이러한 메커니즘을 식별하고 인식하는 것이 변화를 일으키고자 할 때 매우 중요하다. 따라서 코칭 과정에서 기본적인 목표는 고객이 자신의 삶을 능동적으로 책임질 수 있도록 돕는 것이다. 아홉 가지 유형은 각각 이들의 선택을 형성하는 고유한 메커니즘을 가지고 있으므로, 꿈을 능동적으로 추구하고자 한다면 이들이 이러한 메커니즘을 발견할 수 있도록 도와야 한다.

다니엘 골먼Daniel Goleman의 말에 따르면 우리가 생각하고 행동하는 범위는 우리가 주목하지 못한 것에 의해 제한된다. 그리고 우리가 주목하지 못한 것을 알아차리지 못하기 때문에, 우리가 그것이 우리의 생각과 행동을 어떻게 형성하는지 알아차릴 때까지는 변화를 만들 수 있는 일이 거의 없다.

우리 삶에서 지속적인 변화를 만들어내기 위해서는 현재 우리의 판단과 결정을 형성하고 있는 것이 무엇인지 파악해야 한다. 우리의 성격 유형이 가진 역동성을 발견해야 한다.

에니어그램과 코칭

오늘날 우리가 보는 많은 단순한 코칭 접근 방식과는 달리, 에니어그램은 우리의 성격, 강점, 약점, 욕구, 두려움, 그리고 잠재력에 대한 자세한 지도를 제공한다. 또한 우리의 삶의 다양한 영역에서 우리가 어떻게 반응하는 경향이 있는지에 대해서도 많은 것을 알려준다. 이는 코치들에게 다양한 방식으로 도움이 될 수 있다. 그렇다면 우리의 유형과 그 실행 역동을 발견하는 것이 왜 그렇게 필요한 걸까?

우리의 무의식적인 행동 방식을 발견하는 것은 진정한 자유 속에서에서 삶을 살아가는 열쇠이다. 강박적인 메커니즘에 갇혀 있으면 우리의 행동과 운명을 자유롭게 선택할 수 없다. 우리의 유형 메커니즘을 인식하지 못하면 그것을 바꿀 수 없다. 그것들은 의문이나 도전 없이 그대로 남아 있고, 우리는 그저 이러한 습관적 패턴에서 계속 생각하고 느끼고 행동하게 된다. 어느 정도로, 우리는 그것들에 종속되어 있으며, 그것들이 '지시(Dictate)'하고 우리는 무의식적으로 행동한다. 이러한 이유로 우리는 유형을 도구로 사용하여 고객에게 제한적인 꼬리표를 붙이기 위해서가 아니라, 이들 자신의 제한 메커니즘을 식별하고 벗어날 수 있도록 돕기 위해서이다.

우리의 무의식적인 행동 방식을 발견하는 것은 고객이 만족이나 성취감을 느끼지 못하는 진정한 이유를 밝히는 열쇠이다. 우리가 표면적인 수준에서만 작동할 때, 우리는 고객의 문제의 증상만 다루게 된다. 에니어그램 코칭은 변혁적이다. 왜냐하면 단순히 대처 기술을 제공하는 것을 넘어 고객의 결정에 영향을 미치는 핵심 신념, 동기, 욕구, 그리고 두려움을 다루기 때문이다. 만약 우리가 그것들을 다루지 않으면, 그것들은 무의식적으로 계속 반복되며 숨겨진 상태로 고통을 야기한다.

우리의 무의식적인 행동 방식을 발견하는 것은 지속적인 변화를 이루는 열쇠이다. 이는 앞에서 언급한 내용과 이어진다. 에니어그램 코칭은 변혁적이기 때문에, 지속적인 변화를 이끌어낸다. 고객은 코칭 과정을 마치고 나면, 평생 사용할 수 있는 자기 관찰과 변혁 도구로 갖추게 된다.

우리의 무의식적인 행동 방식을 발견하는 것은 세상, 우리 자신, 그리고 우리와 함께 살아가는 사람들에 대한 현실적인 기대치를 설정하는 열쇠이다. 우리 유형의 무의식성(Automaticity)을 통해 행동한다는 것은 우리 자신이나 세상, 그리고 다른 사람들의 행동에 대해 비현실적이고 때로는 비인간적인 기대를 갖게 된다.

우리의 무의식적인 행동 방식을 발견하는 것은 도전 과제를 해결 가능한 방식으로 정의하는 열쇠이다. 고객의 유형을 인식하지 못하면, 우리는 이들의 필요에 맞는 전략을 효과적으로 수립할 수 없다. 우리는 심지어 그 도전 과제를 해결 가능한 용어로 표현할 수 없을 수도 있다. 일반적이고 획일적인 전략은 해당 유형의 메커니즘을 강화하여 애초에 코칭을 요청하게 된 문제를 더욱 악화시킬 수 있다.

우리의 무의식적인 행동 방식을 발견하는 것은 심리적, 영적 성장을 위한 열쇠이다. 에니어그램은 인간 본성에 대한 다층적인 이해를 제공한다. 우리의 성격에서 분리되지 않고는 영적 성장을 이루기 어렵다.

우리의 무의식적인 행동 방식을 발견하는 것은 우리의 잠재력을 발휘하고, 진정한 재능을 풀어놓으며, 세상에 기여하는 열쇠이다. 에니어그램은 우리가 나아갈 수 있는 많은 성장 가능성을 매우 정확하게 보여준다. 우리가 우리의 유형 경향을 극복할 때, 우리의 최고의 자질이 발현되고, 그로 인해 일반적으로는 세상에, 특히 주변 사람들에게 긍정적인 기여를 하게 된다.

날개와 화살표 Wings and Arrows

에니어그램 도표에서 각 유형은 다른 두 유형(날개)에 둘러싸여 있다. 또한 화살표로 다른 두 유형과 연결되어 있다. 예를 들어, 6번 유형은 5번 유형과 7번 유형과 이웃한다. 그래서 6번 유형은 5번 날개 또는 7번 날개를 가질 수 있으며, 경우에 따라 두 날개 모두를 가질 수 있다. 또한 6번 유형은 9번과 3번 유형과도 연결되어 있다.

코칭을 할 때 고객과 함께 강점과 잠재적 도전 과제에 대한 목록을 작성할 때 날개와 화살표는 각 유형이 이미 가진 강점과 잠재력을 넘어, 추가적으로 잠재적이고 접근 가능한 강점과 원하는 자질을 보여주므로 훌륭한 도구가 될 수 있다. 코칭에서 우리는 지속적인 변화를 일으키기 위해 이러한 모든 자원을 모집하는 데 관심이 있다. 예를 들어, 최악의 상황을 상상하는 6번 유형은 다음과 같은 방식으로 날개와 화살표에서 제공되는 자원을 활용할 수 있다. 7번 날개를 사용하여 자발성과 새로움을 활용하여 확대 해석 필터를 보완할 수 있고, 5번 날개를 사용하여 객관성을 가져올 수 있다. 9번 화살표를 사용하여 평온하고 안정감을 찾을 수 있고, 3번 화살표를 사용하여 자신감을 회복하고 두려움에 의해 마비되지 않도록 할 수 있다.

중심에너지

지난 수 세기 동안, 다양한 학파의 지식인들은 인간의 어느 한 부분이 다른 부분보다 우위에 있다고 가정하는 것에 대해 논쟁을 벌여 왔다. 18세기 합리주의 시대 이후에 꽃을 피운 계몽주의 사상가들은 이성의 우월성을 강조했다. 이는 혁신적인 과학적 변화의 시기였다. 18세기 후반과 19세기 초반에는 계몽주의에 대한 반작용으로 낭만주의가 등장했다. 낭만주의는 감정, 느낌, 상상력의 우월성을 강조했다. 이러한 서로 다른 학파 간의 논쟁은 예술, 문학, 과학, 지식 등 다양한 분야에 걸쳐 나타났다.

그렇다면 인간의 어느 부분이 가장 중요할까? 최근 수십 년 동안 이 질문은 점차 타당성을 잃었고 새로운 개념이 등장했다. 다양한 지능이 존재하며, 이들 모두가 유효하고 가치가 있다는 것이다. 이러한 새로운 접근 방식은 특정 지능을 통해 세상을 필터링함으로써 우리의 인식을 제한하는 것이 의미가 없음을 보여주었다. 1983년 하워드 가드너Howard Gardner의 연구 이후, 이 주제는 주류의 인기를 얻게 되었다. 전 세계는 인간에게 다중 지능과 재능이 존재한다는 것을 받아들이기 시작했다. 1996년 다니엘 골먼이 저술한 세계적인 베스트셀러인 "EQ(Emotional Intelligence, 감정 지능)"은 감정 지능이 전통적인 IQ측정법 만큼이나 중요하다는 사실을 세상에 알렸다. 사람들은 이제 한 부분을 다른 부분보다 우위에 두거나 서로 경쟁하게 하는 대신, 우리 안의 다양한 부분을 개발하고 통합하는 것이 인간으로서 발전하고 성장하는 데 도움이 될 수 있다는 사실을 인식하게 되었다. 20세기 후반에는 이러한 통합적 사고가 발전하여 보다 체계적인 접근법이 발전하게 되었다. 이러한 접근 방식에 따르면, 우리는 서로 다른 개별 부분의 집합체 이상이다. 시스템 전체는 고유의 역학을 가진 독립된 실체이며, 인간이라는 존재는 단순히 어느 한 부분만으로 설명할 수 없다.

에니어그램은 세 가지 지능의 중심에너지를 설명함으로써 다중 지능이라는 주제를 매우 흥미롭고 전체론적인 관점에서 다룬다. 아홉 가지 에니어그램 유형은 세 가지 주요 그룹, 즉 중심에너지로 나뉘며, 각 중심에너지는 특정 지능과 관련이 있으며, 다음과 같이 세 가지 유형을 포함한다

- 감정 중심에너지 (Heart Triad) : 2번, 3번, 4번 유형
- 사고 중심에너지 (Head Triad) : 5번, 6번, 7번 유형
- 신체/본능 중심에너지 (Body/Gut Triad) : 8번, 9번, 1번 유형

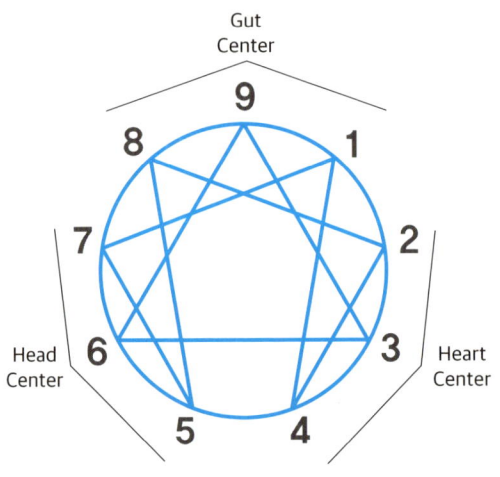

그림 1-2. 지능의 중심에너지

감정 중심에너지 (2, 3, 4번 유형)

마음에 이끌리는 사람들은 수치심이라는 감성에 근본적인 문제를 갖고 있는 경향이 있다. 이들은 관계 문제에 많은 관심을 두므로, 감정 중심에너지에 속한 사람들은 수치심과 관련된 문제를 가질 가능성이 크다. 이 중심에너지에 속한 사람들은 대인관계 문제에 많은 관심을 기울이기 때문에, 다른 중심에너지에 속한 사람들보다 자신이 어떻게 보이고, 다른 사람들에게 어떻게 인식되는지에 대해 더 의식적이다. 이들은 감정의 언어를 사용한다. 이들의 어휘에 주목하면, 수용/거절 문제와 관련된 직간접적인 언급을 쉽게 발견할 수 있다. 그러나 이 중심에너지 내에서도 많은 차이가 있다. 각 유형은 수용 문제를 다른 방식으로 다룬다. 2번 유형은 자신이 좋은 사람으로 보이는지에 대해 신경을 쓰고, 3번 유형은 다른 사람에게 성공적인 사람으로 보이기를 원하며, 4번 유형은 자신이 독특하고 특별하게 보이기를 원한다. 이들이 공통적으로 가지고 있는 것은 자기 존중감을 유지하기 위해 다른 사람의 인정이 필요하다는 점이다.

이 중심에너지의 가장 건강하고 높은 표현은 공감, 연민, 다른 사람들에게 희망을 주고 격려하는 능력, 민감함, 그리고 다른 사람들과의 건강한 상호 의존성을 가져온다. 그러나 감정 에너지를 과도하게 사용하면, 이 유형들에게서 나타나는 불균형을 초래할 수 있다. 지나치게 개인적인 문제로 받아들이기, 비판에 대한 과민 반응, 거절에 대한 두려움, 정체성 문제 등이 나타날 수 있다.

사고 중심에너지 (5, 6, 7번 유형)

사고로 움직이는 사람들은 주로 두려움과 관련된 문제를 가지고 있을 가능성이 크다. 두려움은 아직 일어나지 않은 사건들에 대해 마음속에서 예측하는 감정에서 비롯된다. 이 중심에너지에 속한 세 가지 유형 모두 이 문제를 공유하지만, 이를 다른 방식으로 나타낸다. 5번 유형은 자신과 다른 사람들 사이에 거리를 두고 고립되어 머릿속에서 살아가는 방식으로 두려움에 반응한다. 6번 유형은 두려움에 대해 때로는 회피적으로, 때로는 맞서는 반응을 보인다. 7번 유형은 다양한 활동에 몰두하며 두려움을 직접적으로 처리하거나 피하려 한다.

사고 중심에너지가 강한 고객들은 광범위한 분석 활동에 몰두하는 경우가 많다. 이들에게는 머릿속에서 많은 활동이 일어나고 있으며, 이는 보통 빠르게 진행되고 강렬한 내부 대화를 동반하지만 외부 관찰자에게는 잘 드러나지 않을 수 있다. 이 중심에너지의 가장 건강하고 높은 표현은 객관성, 합리적인 의사 결정, 문제 해결 능력, 창의적인 사고, 그리고 아이디어 생성과 브레인스토밍을 포함한다. 그러나 사고 에너지를 과도하게 사용하면, 이 유형들에게서 나타나는 불균형은 지나친 분석, 데이터에 갇히기, 결정 내리기 어려움, 과도한 두려움, 그리고 다른 사람들에게 냉정하고 비인격적으로 보이는 등의 문제가 있을 수 있다.

신체/본능 중심에너지 (8, 9, 1번 유형)

이 본능 중심에너지에 속한 사람들은 주로 분노와 관련된 문제를 가지고 있을 가능성이 크다. 분노는 주로 본능에서 강력하게 나오는 감정으로 비유적으로 나타난다. 본능 또한 이 신체의 영역에서 비롯된다고 볼 수 있다. 본능 중심에너지의 세 가지 유형은 모두 이 문제를 공유하지만, 각기 다른 방식으로 이를 드러낸다. 8번 유형은 분노를 있는 그대로(As is), 즉시 필터링 없이 직접적으로 표현하는 경향이 있다. 9번 유형은 자신의 분노를 무의식적으로 억누르며, 이를 표현하는 훈련이 되어 있지 않다. 1번 유형은 분노를 억제하려 하고, 이를 표현하면 죄책감을 느낀다. 이 중심에너지에 속한 사람들은 비언어적으로 신체적 감수성을 나타내는 경향이 있다. (8번과 1번 유형은 주변 자극에 빠르게 신체적 반응을 보이며, 9번 유형은 반응을 보이기보다는 억압하는 경향이 있다. 그 반대 극단에 위치하는 경향이 있다.)

이 중심에너지의 가장 건강하고 높은 표현은 직관, 그리고 많은 생각 없이도 최선의 행동 방침을 결정할 수 있는 능력을 포함한다. 또한 이는 '지금 여기(Here and Now)'에 주의를 집중하는 모든 이점, 즉 존재감, 마음챙김, 중심에너지 잡기, 안정성, 평정심, 정직함, 인내, 그리고 자연스러운 흐름을 가져온다. 본능 에너지를 과도하게 사용하면, 이 유형들에게서 나타나는 불균형은 긴장, 분노(특히 8번과 1번 유형에서), 즉흥적 반응, 그리고 자신의 행동을 미리 충분히 고려하지 못하는 문제를 일으킬 수 있다.

이는 보통 자신의 감정 중심에너지와 사고 중심에너지에 깊이 연결되지 못한 상태와 관련이 있다.

중심에너지를 코칭 도구로 활용하기

우리는 모두 감정의 지능, 사고의 지능, 그리고 본능적/신체적 지능을 가지고 있다. 하지만 사람들은 자신만의 지배적인 모드가 있으며, 특정 지능을 통해 주로 세상을 인식한다. 비록 우리 모두가 이 세 가지 중심에너지를 가지고 있지만, 각 중심에너지가 활성화되는 순서는 개인마다 다르다.

중심에너지는 여러 도전에 접근하는 데 있어 훌륭한 코칭 도구가 될 수 있다. 심각한 중심에너지 불균형은 쉽게 알아차릴 수 있다. 예를 들어, 감정을 잘 드러내지 않는 5번 유형의 고객이 관계 문제를 가지고 코칭을 받으러 왔다고 가정해보자. 첫 번째로 확인할 수 있는 것은 중심에너지 내에서의 불균형이다. 이 고객은 '머릿속에서만' 살고 있는 걸까? 이 고객이 얼마나 자주 감정 중심에너지에 접근하는지 확인해볼 수 있다. 예를 들어, 그가 자신의 개인적인 삶에서 얼마나 자주 애정을 표현하는지 살펴보는 것이 좋다.

실패를 인정하고 균형을 되찾는 방법

삶의 기술은 대체로 넘어지거나 실수를 저지르는 것을 완전히 피하는 데 있지 않다. 인간은 실패하고 넘어지기 마련이다. 우리는 항상 본질적인 자기 자신으로부터, 우리 영혼으로부터 100% 행동하지 않는다. 하루에도 여러 번 무의식적으로, 무의식적인 행동 방식으로 행동하며, 우리 자아와 성격에 따라 반응하게 된다.

그래서 삶의 기술은 자신을 아는 기술에서 시작된다. 왜 우리가 이런 행동을 하는지, 우리의 무의식적인 반응은 무엇인지 아는 것이 중요하다. 무의식적인 반응을 인식함으로써, 우리는 멈추고 각 상황에 더 적합하고 더 나은 반응을 선택할 수 있게 된다. 혹은 아직 더 나은 반응으로 대체할 수 없더라도, 적어도 우리의 반응을 지연시키거나 유연하게 대응할 수 있다.

우리가 특정한 패턴에 따라 주변 사건에, 그리고 때로는 자신에게 반응하는 경향이 있다면, 균형을 회복하는 기술을 익히는 것이 필요하다. 스티븐 코비Stephen Covey는 이 원리를 다음과 같은 비유로 가르친다. 비행기는 항상 A 도시에서 B 도시로 가는 비행 경로, 즉 계획을 가지고 있다. 그러나 비행 중 99%의 시간 동안 비행기는 그 계획에서 벗어나 있다. 그렇다면 파일럿의 임무는 무엇일까? 계획에서 벗어난 작은 혹은 큰 편차를 지속적으로 수정하는 것이다. 그것이 바로 파일럿이 하는 일이다. 그리고 이것이 우리가 매일 우리 인생에서 하는 일이다. 매일 우리는 무수히 많은 상황에 직면하고 결정을 내려야 한다. 우리는 자아로부터 반응할 수도 있고, 더 진정한 자기 자신으로부터 반응할 수도 있다. 하지만 우리의 자아는 불가피하게 개입하며, 우리는 그로 인한 결과를 감당하게 된다. 그것은 인간이 되어가는 과정의 일부이다. 하지만 우리는 파일럿으로서 일어나고, 균형을 조정하고 회복하는 방법을 배우게 된다.

> "스승님, 믿을 수 없어요. 스승님은 절대 균형을 잃지 않네요. 그 비결이 뭔가요?"
>
> "제자야, 나도 항상 균형을 잃는단다. 내가 평생 배우고자 했던 것은 균형을 빨리 회복하는 기술이란다."
>
> <합기도 창시자 모리헤이 우에시바와 제자 사이의 대화로 전해짐>

에니어그램은 이와 관련해서 우리를 도와주는 훌륭한 도구이다. 우리의 유형은 여러모로 우리를 보호해준다. 그것은 우리에게 정체성을 준다. 하지만 동시에 우리에게 성장할 수 있는 도전을 준다. 그것은 우리의 실제 자아와 지속적인 긴장을 유지하여 우리가 이 긴장을 극복하고 성장할 수 있도록 한다.

"나는 지름길을 원한다"

R. 다니엘 오펜하이머R. Daniel Oppenheimer는 그의 육아 책에서 "이 책의 목적은 단순히 읽기만으로 모든 상황을 해결할 수 있는 해결책을 모아 놓은 것이 아니다. 이것은 어려운 순간에 사용할 수 있는 '마법의 해결책(Magic Recipes)'이 담긴 요리법 책이 아니

다. 그런 책은 존재하지 않는다."라고 말하고 있다. 오늘날 우리는 이러한 마법 같은 해결책을 약속하는 수많은 접근 방식을 보고 있다. 표면적인 수준에서 문제를 다루는 조작적인 기술을 적용하면 단기적인 결과만 낳을 수 있다. 어떤 마법의 알약도 1번 유형에게 이분법적이지 않은 방식으로 생각하도록 가르칠 수 없다. 또는 3번 유형에게 가면을 벗고 진정한 자신과 연결되게 하는 약도 없다. 어떤 알약도 8번 유형에게 공감적이고 능동적인 경청을 가르칠 수 없으며, 2번 유형에게 자신의 욕구를 인식하지 못하게 할 수 없다.

반대로, 에니어그램 코칭은 성장에 관한 것이다. 이것은 변혁적인 과정이다. 여기서 역설이 발생한다. 에니어그램 코칭은 다른 어떤 방법론보다도 빠르며, 다양한 방식으로 코칭 과정을 가속화할 수 있게 해준다. 에니어그램 코칭은 코치가 빠르게 라포를 형성하고, 고객이 필요로 하고 원하는 방식으로 지원하고 힘을 실어주는 데 도움을 준다. 코치는 자신이 어떤 유형인지 인식하고, 그 유형이 코칭 세션에서 어떤 장점과 도전을 가지고 있는지 주의 깊게 살핀다. 고객의 심리적 특성에 대한 자세한 지도를 가지고 있는 코치는 고객의 강점, 재능, 잠재력뿐만 아니라 도전 과제, 욕구, 두려움, 그리고 맹점에 대해서도 잘 알고 있다. 고객이 자신의 유형을 정확하게 파악했다면, 에니어그램 코치는 고객의 인식, 사고, 감정, 행동 패턴에 대한 방대한 양의 지식을 코칭 초반부터 가지고 있는 셈이다.

에니어그램 코칭은 이론적이지 않다

우리 모두는 『정신 모델(Mental Models)』(Kise, 2006)을 가지고 작동하며, 이는 고객에게만 해당하는 것이 아니다. 에니어그램을 사용하여 효과적인 코칭을 하려면, 스스로도 자기 이해의 여정을 거쳐 자신의 유형을 발견하고, 자신의 습관적인 사고, 감정, 행동 패턴을 밝혀내야 한다. 즉, 코치 자신도 성장 과정을 거쳐야 한다. 에니어그램 코칭을 이론적으로만 배울 수는 없다. 자신이 성장하지 않으면 다른 사람의 성장을 도울 수 없다. 그것은 단순한 이해가 아니라 실천이다. 스스로 자각하고, 패턴을 중단하고, 다시 연결하는 과정을 겪어야 한다. 가지고 있는 자원을 활용하여 스스로 실험을 해 보는 것이다. 넘어지고, 다시 균형을 찾고, 성취하고, 또다시 넘어지는 것이다. 이렇게 함으로써 당신은 코치로서 가장 효과적일 뿐만 아니라, 자신과 다른 사람들을 더 충만한 삶으로 이끌게 될 것이다.

융 선호도

20세기 초, 유명한 스위스 정신과 의사 칼 융Carl Jung은 심리 유형에 대한 연구를 시작했다. 프로이트Sigmund Freud와 알프레드 아들러Alfred Adler와 함께 '심리학의 아버지(Fathers of Psychology)' 중 한 명으로 여겨지는 융은 인간의 행동 뒤에 무엇이 있는지, 무엇이 그것을 설명할 수 있는지를 발견하는 데 평생을 바쳤다. 그는 인간의 행동이 무작위적이지 않으며, 각 사람에게 존재하는 특정한 상반된 심리적 속성 쌍에 의해 상당 부분 설명될 수 있다는 사실을 발견했다. 예를 들어, 우리가 사회생활을 다루는 방식을 살펴볼 때, 우리 모두는 외향성과 내향성의 선호를 사용할 수 있다. 그러나 어느 시점에서 우리는 무의식적으로 이 두 가지 중 하나를 더 많이 사용하기 시작한다. 이는 그 중 하나가 우리의 우세한 모드가 된다는 것을 의미한다.

예를 들어, 우리는 사회생활을 다루는 전략으로 외향성을 선호할 수 있다. 이것이 우리가 내향성을 사용할 수 없다는 의미는 아니다. 단지 우리의 지배적인 모드가 외향성이라는 뜻이다.

성장을 이루고 정체 영역에서 벗어나기 위해, 융은 심리적 기능을 탐구하고 다시 통합하는 과정인 "개별화(Individuation)"의 중요성을 강조했다. 융에 따르면, 각 쌍에서 하나의 속성만을 주로 사용하면 현실에 대한 인식이 제한되고 인간으로서 우리의 잠재력을 완전히 발휘할 수 없다. 이는 우리가 특정 지배적인 선호의 렌즈를 통해 세상을 보기 때문에, 현실의 다른 중요한 측면을 놓치게 된다는 것이다.

따라서 자기 실현은 자신을 탐구하고, 자기 인식을 얻고, 우리 안에서 어떤 기능이 무의식적으로 작동하고 있는지, 그리고 그 정도가 어느 정도인지를 이해할 때 이루어진다. 반대로, 이러한 기능을 발견하지 못하도록 두면 우리에게 많은 고통을 가져다준다. 융의 용어로, 이는 '신경증적 증상(Neurotic Symptoms)'의 출현을 초래하게 된다.

융의 발견은 1921년에 출판된 그의 유명한 저서 『심리 유형(Psychological Types)』에서 처음 발표되었다. 외향성/내향성, 감각/직관, 사고/감정의 선호가 모두 설명되었다. 1940년대에는 두 명의 미국 여성, 이사벨 마이어스_{Isabel Myers}와 캐서린 브릭스_{Katharine Briggs}가 융의 심리적 기능을 사용하여 모델을 만들었다. 이들의 작업은 세계에서 가장 널리 사용되는 심리 평가 도구인 "MBTI (Myers-Briggs Type Indicator)"로 발전했다. 이들은 융이 설명한 세 가지 상반된 선호에 네 번째 선호인 판단(Judging)/인식(Perceiving)을 추가했다.

- 외향형(E) – 내향형(I)
- 감각형(S) – 직관형(N)
- 사고형(T) – 감정형(F)
- 판단형(J) – 인식형(P)

이 평가는 각 쌍에서 특정 기능의 우세를 측정한다. 그 결과로 네 글자의 코드가 만들어진다. 예를 들어, 첫 번째 쌍에서 내향성이 우세한 사람은 'I'라는 글자를 네 글자 코드에 얻게 된다. 두 번째 쌍에서 감각형이 우세한 경우, 'S'가 두 번째 글자가 된다. 그리고 세 번째, 네 번째 글자도 마찬가지이다. 그 결과, MBTI 도구에 따라 16가지 성격 유형이 존재한다. 그림 1-3은 ENTJ 고객의 사례를 보여준다.

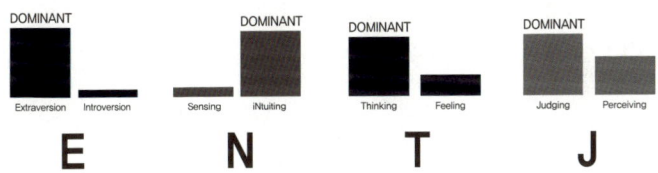

1-3. 고객의 우세적인 융의 기능. ENTJ의 예

다음 섹션에서는 8가지의 선호도에 대해 더 자세히 설명한다.

첫 번째 영역 : 사회적 활동 및 에너지 충전 선호

융이 식별한 성격의 첫 번째 차원은 외향형/내향형이다. 이 차원은 우리가 사회적 활동에 대해 선호하는 것과 에너지를 관리하고 회복하는 방식을 측정한다.

외향형(E-Extraversion)

최상의 상태일 때 외향형을 선호하는 사람들은 외향적이고 사교적이며 말이 많으며 사회적 활동과 외부 활동을 통해 에너지 수준을 재충전한다. 이들은 열정적이고, 활동적이며, 생동감 넘치고, 빠르게 움직이며, 활기차고 에너지가 넘친다. 이들은 상호작용적이며 자신의 생각을 처리하기 위해 외부로 표현하는 경향이 있다. 이들의 대화 스타일은 종종 더 많은 단어와 더 큰 목소리를 사용한다. 이들은 내향적인 사람들보다 더 행동 지향적이며 즉흥적으로 행동하고 말하는 경향이 있다. 이들은 그룹 내에서 상호작용을 잘하고, 그 안에서 아이디어를 창출하는 데도 능숙하다.

이들과 의사소통을 할 때 이들의 자발적인 표현의 욕구를 존중하라. 이들은 이메일과 같은 서면 의사소통보다 직접 대면하거나 전화 통화를 선호한다. 눈을 마주치는 것이 중요하다. 여러분이 내향적인 사람이라면 외향적인 사람들이 자신의 생각을 외부로 표현하는 방식을 이해하고 인내심을 가지고 기다려라. (때로는 별다른 생각 없이)

키워드_ 사교적, 활동, 만남, 회의, 그룹, 열정, 표현, 대면, 수다스러운, 독단적, 신속한, 외향적

정체 영역에 있을 때 외향형 선호를 과도하게 사용하면 약간의 대가가 따른다. 이들의 "먼저 행동하고 나중에 생각하는(Act First-Think Later)"는 접근 방식은 너무 빨리 조치를 취하게 만들고 때로는 결과를 후회하게 만들 수도 있다. 정체 영역에서는 지나치게 말을 많이 할 수도 있다. 결과적으로 이들은 남의 말을 잘 듣지 않게 된다. 이들은 끼어든다. 이들은 상대방이 자신의 말에 관심이 있는지 없는지 알지 못한 채 계속 이야기한다. 특히 내향적인 사람들과 대화할 때 강박적으로 침묵을 채워야 할 필요성을 느낄 수도 있다. 내향적인 사람들은 외향적인 사람들이 비밀을 지키고 사생활을 존중하는 데 어려움을 겪는다고 생각하면 이들을 원망할 수도 있으며, 신뢰가 손상될 수 있다.

내향형(I-Introversion)

최상의 상태일 때 내향형을 선호하는 사람들은 내향적이고, 조

용하며, 사적인 시간을 보내면서 에너지를 충전한다. 이들은 반성적이고, 사색적이며, 차분하고 느린 속도로 행동한다. 이들의 말투는 더 적은 단어, 침묵, 그리고 더 조용한 목소리로 특징지어진다. 이들은 공간과 시간을 가지고 혼자만의 활동을 즐기는 것을 좋아한다. 이들은 보통 소수의 친밀한 친구들을 가지고 있으며, 많은 이들이 독서를 좋아한다.

이들과 소통할 때는 생각하고 처리할 시간을 주는 것을 존중하라. 지나치게 말이 많지 않도록 주의하고, 이들의 반응을 기다리며 침묵을 견뎌야 한다. 서면 커뮤니케이션이 자연스럽고, 이들은 이메일 같은 서면 소통에서 더 많은 생각과 준비를 할 수 있어 이 방식을 선호할 수 있다.

키워드_ 반성, 통찰, 성찰, 일대일, 미리 생각, 배려, 내면, 경청, 혼자, 공간, 절제, 친밀함, 사적, 명상적, 차분함, 알기 어려움, 느림.

정체 영역에 있을 때 내향형을 과도하게 사용하면 그로 인해 지나치게 생각하고 행동하기 전에 과도한 준비를 하게 되어, 긴장과 스트레스를 초래할 수 있다. 또한 이들의 사적인 성향은 다른 사람들이 이들을 오만하거나 비우호적으로 보게 할 수 있다. 스트레스 상황에서는 자기만의 공간을 침해 받는다고 느끼며, 사람들과 소음에 민감해질 수 있다.

두 번째 영역 : 정보 처리

인간은 끊임없이 방대한 양의 외부 정보와 자극에 노출되어 있다. 하지만 정보가 받아들여지고 처리되는 방식은 사람마다 다르다. 각기 다른 사람들이 현실의 다른 측면을 무의식적으로 인식하는 경향이 있다. 융은 사람들이 외부 정보를 받아들이고 처리하는 주된 두 가지 방식을 구분했다. 첫 번째는 "감각형(Sensing)"이고, 두 번째는 "직관형(iNtuiting)"이다.

감각형(S-Sensing)

최상의 상태일 때 감각형을 선호하는 사람들은 현실을 구체적이고 실질적인 방식으로 인식하는 경향이 있다. 이들은 현재에 집중하며, 시각, 청각, 후각, 미각, 촉각이 항상 깨어 있어 주변 세계를 받아들이는 도구로 사용된다. 감각은 이들이 현실을 신뢰할 수 있는 방식으로 인식하는 선호 도구이다. 감각형 사람들은 명확성을 중요시하고, 현실적이며 실용적이다. 이들은 모든 세부 사항을 잘 알아차린다.

문제 해결을 할 때, 이들은 해석되지 않은 명백한 사실을 모으는 것에 관심이 있다. 이들은 사물이 제대로 작동하는지, 과거에 효과가 있었던 해결책을 신뢰하는 경향이 있다. 또한 아이디어를 실제 적용으로 변환하는 능력이 뛰어나다.

이들과 소통할 때는 간단명료하게 하는 것이 효과적이다. 복잡한 모델과 이론으로 이들을 혼란스럽게 하지 말고, 사실을 제시하고 구체적인 예를 들어 주는 것이 바람직하다. 항상 실용적인 접근을 유지하고, 설명할 때는 순차적으로 단계별로 명확하게 보여주는 것이 좋다

키워드_ 상식, 현재, 실제, 구체적, 현재, 지금 여기, 일, 사실, 기능적, 세부 사항, 지침, 입증된, 경험, 시도된 사실, 명확성, 일상적, 절차.

정체 영역에 있을 때 감각형 기능을 과도하게 사용할 경우, 감각형 사람들은 상상력을 잘 발휘하지 못하게 되고, '상자 밖에서 생각하기'가 어려워질 수 있다. 이들은 미래의 가능성을 상상하거나, 단순한 감각적 입력 너머를 볼 수 없는 경향이 있다. 또한 지나치게 세부 사항에만 신경 쓰다 보면, 큰 그림을 놓칠 수 있다.

직관형(N-iNtuiting)

최상의 상태일 때 직관을 선호하는 사람들은 현실을 추론적인 방식으로 인식하는 경향이 있다. 이들은 사물의 '이유'에 주목하고, 감각보다 직감과 상상을 신뢰한다. 큰 그림에 집중하는 이들은 마치 항공에서 세상을 내려다보는 것처럼 현실을 바라본다.

이렇게 함으로써 모든 요소와 이들 간의 연결 관계를 인식한다. 이들은 개념, 가능성, 패턴, 그리고 암시된 의미를 잘 알아차린다. 이들의 추론적, 암시적 사고는 현재의 사건이 어떤 의미를 가지고 있는지 유추하는 능력을 포함한다.

문제 해결을 할 때, 이들은 브레인스토밍과 아이디어 생성에 능숙하다. 필요하다면 실험을 하고, 과거의 입증된 해결책에서 벗어나는 것도 꺼리지 않는다. 이들은 가능성에 관심이 있으며, 문제를 해결하는 다른 방법을 찾고, 현재 보이지 않는 잠재적 가능성에 주목한다.

이들과 소통할 때는 세부 사항에 앞서 전체적인 그림을 먼저 제시하라. 너무 많은 세부 사항으로 이들을 압도하지 말고, 개념적이고, 사물들이 어떻게 연결되어 있는지, 그리고 그 결과가 무엇인지를 설명해 주어라. 언제나 '왜' 라는 질문에 가깝게 유지하라.

키워드_ 영감, 통찰, 미래, 창의성, 아이디어, 브레인스토밍, 새로운, 동향, 패턴, 가능성, 상상력, 추상, 총체적, 예감, 뉘앙스, 암시적, 이론, 모델, 미묘함, 함축, 암시, 재배열, 의미, 통합, 소설.

정체 영역에 있을 때 직관형 기능을 과도하게 사용할 경우, 직관형 사람들은 현실을 비유적으로만 받아들여 현재와 관련된 중요한 사실을 놓칠 수 있다. 이들은 너무 많은 영감과 가능성에 매달리다가 실질적인 접근을 사용할 수 있는 상황에서도 이를 놓칠 수 있다. 또한 지나치게 추측과 의미를 읽으려다가 명백한 것들을 간과할 수 있다.

세 번째 영역 : 의사 결정

앞서 본 두 번째 선호 쌍처럼, 인간은 끊임없이 외부 정보와 자극에 노출되고 이를 처리한다. 융은 그의 저서 심리 유형에서 외부 사건이 우리에게 어떤 의미가 있는지 판단한 후, 우리는 의사 결정 과정을 거친다고 설명했다. 그러나 여기에서도 이 과정을 거치는 두 가지 다른 필터가 있다. "사고형(Thinking)"과 "감정형(Feeling)"이다. 이 선호들은 서로 배타적이지 않으며, 우리는 모두 이 두 가지를 가지고 있고 사용한다. 그러나 사람들은 이 중 하나에 대한 선호를 가지는 경향이 있다.

사고형(T-Thinking)

최상의 상태일 때 사고형을 선호하는 사람들은 논리적인 방식으로 결정을 내리는 것을 선호한다. 이들은 객관성을 중요시한다. 결정하기 전에 그들은 비용과 이점을 비교해 본다. 이들은 또한 인과관계, 즉 어떤 것이 다른 것에 어떤 영향을 미칠지, 예상되는 결과는 무엇인지에도 주의를 기울인다.

이들과 소통할 때는 논리적이고 객관적인 것이 중요하다. 감정으로 그들을 압도하지 않는 것이 바람직하다. 항상 침착하고 객관적인 자세를 유지하는 것이 중요하다. 무언가를 설명할 때는 명확하고 체계적으로 설명하고 원인과 결과를 설명하는 데 중점을 두는 것이 좋다.

키워드_ 목표, 분석, 분리, 논리적, 원인/효과, 비용/이익, 기준, 평가, 결과, 정보, 지식, 계량.

정체 영역에 있을 때 사고 선호를 과도하게 사용할 경우, 이들은 사고 선호로 인해 약간의 비용이 발생한다. 이들은 논리를 지나치게 고수하고 의사 결정을 위한 다른 기준을 배제하여 가슴이나 장의 지능과 같은 다른 유형의 지능을 무시할 수 있다. 이들은 너무 비인간적이 될 수 있다. 사람들은 이들을 차갑고 무관심한 사람으로 인식할 수 있다. 또한 상황을 지나치게 생각하고 '분석 마비'에 빠져 결정을 미루고 조치를 전혀 취하지 않으면 의사 결정 과정이 어려움을 겪을 수 있다.

감정형(F-Feeling)

최상의 상태일 때 감정형을 선호하는 사람들은 보다 개인적이고 주관적인 방식으로 결정을 내리는 것을 선호한다. 이들은 가치와 원칙에 따라 결정을 내리기를 원한다. 결정하기 전에 이들은 자신의 결정이 자신과 다른 인간에게 어떤 영향을 미칠지 평가한다.

이들과 소통할 때는 적극적으로 경청하는 것이 중요하다. 마음에서 말하고 논리로 이들을 압도하지 않는 것이 바람직하다. 당신이 관심을 갖고 있다는 것을 보여주고 항상 개인적이고 수용적인 태도를 유지하는 것이 좋다. 이들에게 무엇인가를 설명할 때, 당면한 문제에서 가치가 어떻게 역할을 하는지, 그리고 사람들의 감정과 행복에 어떤 영향이 있는지(또는 미칠 것인지)를 제시하는 것이 도움이 된다.

키워드_ 민감성, 개인, 배려, 감정, 의사소통, 인간, 감사, 감정, 공감, 관계, 가치, 원칙, 연민, 표현, 조화, 친절, 양육, 지원, 상호 작용.

정체 영역에 있을 때 감정 선호를 과도하게 사용할 경우, 이들은 감정에만 집착하여 다른 의사 결정 기준을 배제할 수 있다. 이들은 너무 개인적으로 문제를 받아들일 수 있으며, 비난에 과민해질 수 있다. 또한 '마음이 시키는 대로' 즉흥적으로 행동하여, 충분히 생각하지 않은 채 결정을 내릴 수 있다.

네 번째 영역 : 삶의 구조화

1940년대, 캐서린 브릭스 Katharine Briggs와 이사벨 마이어스 Isabel Briggs Myers는 융의 이론을 바탕으로 성격 유형 평가 도구를 만들기 시작했다. 이들은 융이 제안한 세 가지 선호 쌍(외향성/내향성, 감각/직관, 사고/감정)에 네 번째 선호를 추가했다.

"판단형(Judging)"과 "인식형(Perceiving)"이다. 이 MBTI 도구는 삶의 구조와 완결에 대한 일반적인 선호를 측정한다. 우리는 구조적이고 조직된 삶을 선호하는가, 아니면 더 자발적이고 유연한 삶을 선호하는가? 그리고 우리는 선택의 여지를 남겨두기를 원하는가, 아니면 결정이 완료되고 확정되기를 원하는가?

판단형(J-Judging)

최상의 상태일 때, 판단형을 선호하는 사람들은 구조적인 방식으로 삶을 살아가기를 선호한다. 이들은 질서를 중시하며, 자신의 일정표를 잘 정리하고, 해야 할 일 목록을 명확히 정하고, 모든 문제를 완료하는 것을 좋아한다. 이들은 열린 문제를 닫는 것을 중요하게 생각하며, 미해결된 상태로 남겨지는 것을 불편해한다. 시간 엄수와 자기 규율을 중요하게 여기며, 보통 잘 조직된 일상을 가지고 있다.

이들과 소통할 때는 결단력 있게 하는 것이 좋다. 너무 많은 선택지를 제시하지 말고, 항상 집중하고 목표에 맞춰 대화 하는 것이 바람직하다. 항상 약속 시간에 맞춰야 하며, 설명할 때는 짧고 조직적으로, 문제를 어떻게 해결할 것인지에 중점을 두는 것이 효과적이다.

키워드_ 폐쇄, 조직, 질서, 기한, 구조, 결정됨, 확정됨, 준수, 계획, 통제, 작업, 일정, 적시, 시간 엄수, 규율, 생산성, 인내, 목표, 효율성, 준비됨, 시간표, 일을 완수하기, 집중, 헌신.

정체 영역에 있을 때 판단형 성향이 과도하게 발휘되면 몇 가지 대가가 따를 수 있다. 판단형 사람들은 질서와 통제를 지나치게 고수하고, 생활을 관리하는 데 다른 기준을 배제할 수 있으며, 결국 모든 삶의 측면을 항상 계획하려고 한다. 이로 인해 과도한 스트레스를 받을 수 있다. 사람들은 이들을 비판적이고, 융통성이 없으며, 경직된 사람으로 인식할 수 있다.

인식형(P-Perceiving)

최상의 상태일 때 인식형 성향을 가진 사람들은 덜 구조화되고 더 유동적인 방식으로 삶을 사는 것을 선호한다. 이들은 자발성을 중요하게 생각한다. 일정은 유연하고 개방적으로 유지하며, 상황에 따라 즉석에서 적응할 수 있다. 변화에 빠르게 적응하고, 상황이 요구되면 신속하게 방향을 바꿀 수 있다. 호기심이 많아 다양한 선택지와 가능성을 탐색하는 데 능숙하다.

인식형 사람들과 소통할 때는 열린 태도를 가지는 것이 중요하다. 이들에게 마감일로 압박하거나 결정을 서두르게 하지 마라.

행동을 취하기 전에 선택지를 고려할 시간을 존중해 주어라. 정말 중요한 문제여서 즉각적인 조치가 필요할 때는 단호하게 말하되, 설교하는 듯한 태도는 피하라. 무언가를 설명할 때는 과정에 초점을 맞추고 다양한 행동 방식을 설명하는 것이 좋다.

키워드_ 유연성, 자발성, 휴식, 호기심, 가능성, 위도, 개방성, 자유, 범위, 옵션, 선택, 완전 개방 계획, 여유로움, 흐름, 프로세스, 열정, 평가, 고려, 공간, 폭, 관심.

정체 영역에 있을 때 인식형 성향이 과도하게 발휘되면 몇 가지 대가가 따를 수 있다. 당면한 문제를 마무리하기 전에 다른 일로 넘어가거나, 너무 많은 선택지를 고려하거나, 방향을 너무 자주 바꾸거나, 질서와 조직력이 부족할 때는 성과가 떨어지고 중간 정도의 결과를 초래할 수 있다. 인식형 사람들의 시간 엄수 부족은 다른 사람들에게 이들이 무례하거나 헌신적이지 않다고 느끼게 할 수 있다.

인간 욕구 심리학

인간 욕구 심리학(Human Needs Psychology)은 앤서니 로빈스와 클로에 마다네스가 지난 10년 동안 공동 연구한 결과로 만들어진 새로운 분야이다. 이 강력한 시스템은 에니어그램 코치들에게 매우 효과적이다. 왜냐하면 두 시스템 모두 우리 대부분이 인식하지 못하는 자기제한적 패턴을 찾아내는 것의 중요성을 강조하기 때문이다. 로빈스와 마다네스는 행동 변화를 이끌어내기 위해서는 우리의 여섯 가지 인간 욕구를 이해하고 관리해야 한다고 가르친다. 이 욕구들은 인간 행동의 강력한 원동력이다. 이 모델은 2010년에 출판된 이들의 책 『관계의 돌파구(Relationship Breakthrough)』에서 상세히 설명되어 있으며, 여기서는 에니어그램과 관련된 부분만 다루겠다. 여섯 가지 인간 욕구는 다음과 같다.

1. 확실성/안락함에 대한 욕구

모든 인간은 안전을 필요로 하며, 신체적 생존에 대한 걱정을 한다. 우리 모두는 자신의 삶과 타인과의 관계에서 심리적 안정과 안정성을 필요로 한다.

2. 불확실성/다양성에 대한 욕구

모든 인간은 삶의 일상적 측면에 균형을 맞추기 위해 감각, 마음, 신체를 자극하는 도전과 다양한 경험을 필요로 한다. 이것이 우리가 생동감을 느끼게 한다.

3. 중요성에 대한 욕구

이것은 중요한 사람이 되고자 하는 욕구이다. 단순히 받아들여지는 것을 넘어서 다른 사람들에게 가치 있는 존재로 인정받고 싶어 하는 정상적인 인간의 욕망이다. 특별하고 독특한 존재로 인정받고 싶어 하며, 존중받기를 원한다.

4. 사랑과 연결에 대한 욕구

이것은 사랑하고 사랑받고 싶어 하는 욕구이며, 보살핌을 받고 싶어 하는 욕구이다. 이 욕구는 감정적으로 중요한 관계를 형성하는 데 필수적이다. 여기에는 타인과의 연결감도 포함된다.

5. 성장에 대한 욕구

이는 자신의 잠재력을 실현하려는 욕구이다. 자신의 도전을 극복하고 성장하여 우리 안의 최고의 것을 끌어내는 것이다. 우리 모두는 삶의 다양한 영역에서 발전감을 느끼고 싶어 한다.

이것이 우리가 무엇인가에 관심을 갖고 그것을 발전시키려는 이유이다.

6. 기여에 대한 욕구

이는 타인을 돕고 싶은 욕구이다. 타인 또는 사회의 이익을 위해 관심을 갖는 것, 그리고 세상에 영향을 미치고 유산을 남기고 싶은 욕구이다. 기여는 이기심에 대한 해독제이다.

에니어그램과 HNP의 협력

우리 모두는 이 여섯 가지 인간 욕구를 가지고 있다. 이 중에서 두 가지가 주로 지배적이다. 이 욕구들은 우리가 내리는 선택에 강력한 영향을 미치는 원동력이다. 에니어그램 코치로서, 고객의 에니어그램 유형을 식별하는 것뿐만 아니라 이들의 지배적인 욕구를 파악하는 것이 매우 중요하다. 예를 들어, 무의식적으로 6번 유형이 확실성에 대한 지배적 욕구를 가질 것이라고 가정하지 않는 것이 바람직하다. 비록 안전 추구가 6번 유형의 중심에너지에 있지만, 다른 요인들이 이들이 다른 욕구에 중점을 두게 할 수 있다. 이러한 요인 중 하나는 에니어그램 본능이다.(본능이 무엇이고 어떻게 작동하는지 궁금하다면 이 책 뒷부분에 제시된 참고문헌을 참조하면 도움이 된다.) 예를 들어, 6번 유형과의 코칭 과정에서 사랑/연결의 문제를 다루는 경우가 있을 수 있다. 두 번째로, 고객이 여섯 가지 인간 욕구를 충족시키기 위해 사용하는 방식을 살펴보는 것이 도움이 된다. 인간의 여섯 가지 욕구는 긍정적이거나 부정적인 방식으로 충족될 수 있다. 정체 영역에 있을 때, 각 유형은 부정적인 방식으로 욕구를 충족시킨다. 예를 들어, 4번 유형은 자신이 특별하다고 느끼기 위해 타인과 강박적으로 차별화하여 중요성을 충족할 수 있다. 정체 영역에서 벗어나 건강하게 통합될 때, 같은 4번 유형은 공감적 경청 능력을 활용하여 자신의 내면뿐만 아니라 다른 사람의 내면, 욕구, 고통을 이해하는 방식으로 중요성을 긍정적으로 얻을 수 있다. 그녀는 동정심 넘치는 민감한 조언을 제공할 수 있다.

세 번째로, 정체 영역에서 벗어날 때, 고객은 동시에 성장과 기여의 욕구를 충족시킨다는 것을 기억하라. 이 두 가지 욕구는 인간 정신의 욕구이다. 그래서 에니어그램의 각 유형이 건강하게 정체 영역에서 벗어나면 성취감과 충만감을 느끼며, 깊고 영적인 해방감을 경험한다. 각 유형이 용기의 지점에서 자신의 성격의 자기제한적인 습관을 깨고 성장할 때, 이들은 항상 타인에게 기여하게 된다. 예를 들어, 5번 유형이 통합되면, 지적 은둔 생활에서 벗어나 자신의 아이디어를 행동으로 옮긴다. 그렇게 함으로써, 이들은 성장할 뿐만 아니라 세상에 자신의 재능을 기부한다. 이들은 기여자가 된다. 이들은 행동을 취하고, 자신의 아이디어와 발명품을 세상에 내놓아 사회에 기여하게 된다. 1번 유형이 통합되면 도덕적인 잔소리를 멈추고 모범이 되어 다른 사람들을 이끄는 진정한 리더가 된다. 3번 유형이 통합되면 경쟁을 멈추고 다른 사람들을 동기 부여하는 사람이 된다. 이렇게 모든 에니어그램 유형이 그러하다.

이 책의 뒷부분에서 각 유형의 코칭 프로토콜을 진행할 때, HNP를 어떻게 구체적으로 사용하는지에 대한 예시를 제공하겠다.

· 2부 ·

정체에서 성장으로 모델

FROM
STUCKNESS
TO
GROWTH

다음 페이지에서는 우리가 개발한 이론적 틀에 존재하는 요소들을 설명하고 있는데, 이 틀은 고객이 정체 영역에서 성장으로 나아가도록 돕기 위한 것이다. 우리는 먼저 현실과 그에 대한 우리의 해석을 구분하는 중요한 문제를 설명하는 것부터 시작한다.

실제 현실과 우리가 해석한 현실의 구분

우리의 마음은 외부에서 들어오는 외부 정보를 이해하려고 끊임없이 노력한다. 컴퓨터와 마찬가지로 우리에게는 우리가 이해하고, 결론을 도출하고, 결정을 내리는 데 도움이 되는 처리 작업을 수행하는 데 도움이 되는 "사전 설치된" 소프트웨어가 있다.

인간이 사용할 수 있는 소프트웨어 '패키지'는 9가지가 있다. 이 소프트웨어 패키지는 마음속에 존재하며 사람들이 자신에게 들어오는 정보를 처리하는 데 도움을 준다. 이 프로그램은 우리 삶의 사건들에 의미를 부여한다. 이들은 정신적 주석을 달고, 해석을 제공한다. 이 해석이 무작위인가? 아니다. 일관성이 있다.

각 프로그램 패키지는 특정한 세계관, 즉 현실에 대한 지도를 내장하고 있다. 이 세계관은 우리가 세상의 특정 측면에 집중하게 만들고 다른 부분은 무시하게 만든다. 이 모델은 세상의 일부 측면만 우리의 주의를 끌게 한다. 9가지 성격 유형에는 각각 중심 주제, 즉 집중하는 경향이 있고 많은 집착이 발생하는 현실의 영역이 있다. 그 결과 현실에 대한 사람의 인식이 단절되고 그에 따라 해석이 편향된다. 알프레드 코지브스키 Alfred Korzybski의 말처럼, 이러한 부분적이고 주관적인 지도는 "영토가 아니다"라고 할 수 있다. 프로그램 패키지는 주관적이기 때문에 실제로 일어난 일과 다른 경향이 있는 현실의 내부적 표현을 만들어낸다. 즉, 우리는 우리 주변에서 실제로 일어나는 일을 해석하면서 그것을 현실 자체와

혼동할 수 있다. 벨기에 예술가 르네 마그리트ᴿᵉⁿé ᴹᵃᵍʳⁱᵗᵗᵉ는 "인식은 항상 현실과 우리 자신에 개입한다"라고 말했다.

현실 = 우리가 해석한 현실　　　현실≠우리가 해석한 현실
　　　　인식　　　　　　　　　　무의식적인 행동 방식

그림 2-1. 인식과 무의식적인 행동방식

이 프로그램의 또 다른 중요한 특징은 이들의 무의식성(Automaticity)이다. 이들은 무의식적인 행동 방식을 가지고 있다.

이 프로그램은 무의식 속에 숨어 백그라운드에서 보이지 않게 작동할 수 있으며, 우리가 지시하지 않더라도 항상 인계받아 신속하게 의미를 부여할 준비가 되어 있다. 상황을 더 복잡하게 만들기 위해 이러한 심리적 메커니즘에는 이들 자신도 이들의 활동을 탐지하지 못하게 하는 스텔스 기능, 즉 "레이더 방해 기능"을 가지고 있다. 이러한 흥미로운 역학을 인식하지 못한 채, 우리는 머릿속에서 프로그램의 잡음과 함께 사는 데 익숙해져 그것을 알아차리지 못한다. 그것을 알아차리지 못하므로 이의를 제기할 수 없다. 우리는 그 논리를 사실인 것처럼 신뢰한다.

신경학적으로 이러한 행동은 습관이 된다. 이러한 지속적인 메커니즘에 도전하지 않을수록 그것들은 우리 뇌에 더욱 강하게 연결되고, 이들의 반응은 습관적으로 굳어진다. 그 결과, 우리는 이

러한 왜곡된 패턴에 따라 현실을 인식하고, 평가하고, 생각하고, 느끼고, 행동하게 된다. 그러다 우리는 삶의 일부 영역이 잘 작동하지 않는다는 것을 알아차리기 시작한다. 만족감을 느끼지 못하고, 무언가가 빠져 있는 듯한 느낌을 받는다. 우리는 정체 영역에 빠졌다고 느낀다.

정체 영역

정체 영역은 옆으로 누운 8자 즉, 무한대(저자는 Crazy Eight으로, 역자는 마음의 무한루프로 명명함)의 모양을 하고 있다. 이는 우리가 갇힐 수 있는 끝없이 계속되는 루프를 나타낸다. 우리는 앤서니 로빈스와 클로에 마다네스의 가르침에서 이 아이디어를 차용했다. 이들의 모델에서, 사람들은 이들의 인간적 욕구를 충족시키려고 할 때 두 가지 감정 사이를 번갈아 가며 움직인다 (그림 2-2 참조).

사람들이 그 루프에 갇히면 고통이 발생하며, 이 고통은 이들이 자신이 속해 있는 루프에서 벗어나려는 시도를 하게 만든다. 두 가지 가능한 출구가 있으며, 이는 두 개의 수직 화살표로 표시된다. 위로 향하는 화살표는 루프에서 벗어나는 긍정적인 방법을 나타낸다. 아래로 향하는 화살표는 루프에서 벗어나려는 부정적이며 보통 회피적인 방법을 나타낸다.

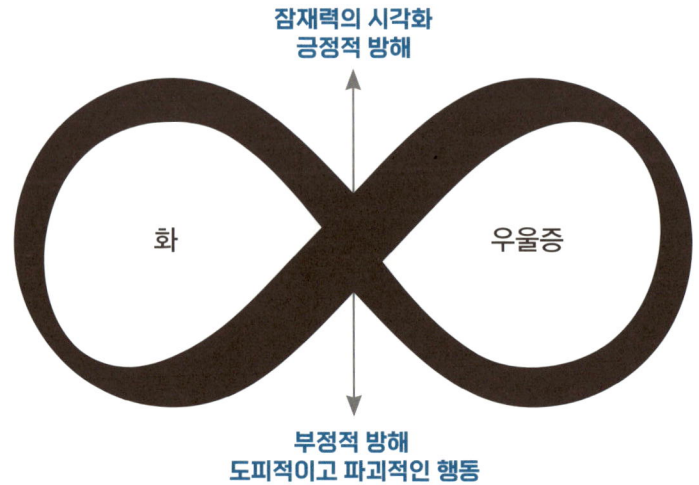

그림 2-2. 로빈스-마다네스의 "마음의 무한루프 (Crazy Eight)" 모델
분노와 우울의 감정 예시

우리가 에니어그램에 맞춰 적응한 모델에서는 (그림 2-3 참조), 이 루프에는 각 성격 유형이 가진 모든 무의식적인 사고, 감정, 행동 패턴이 포함되어 있다. 이는 정체 영역에 있을 때 각 유형이 경험할 수 있는 사고, 감정, 그리고 본능의 역동성을 나타낸다. 또한 각 유형의 핵심 신념에서 비롯되는 전형적인 태도도 포함된다.

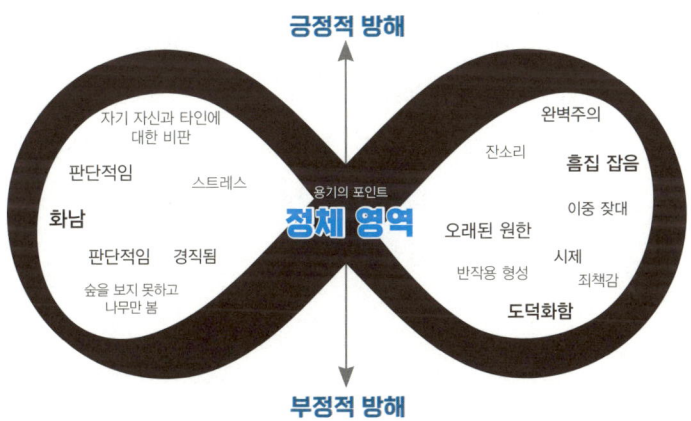

그림 2-3. 1번 유형 : 정체 영역과 출구 전략

그렇다고 해서 각 유형에 모든 패턴이 동시에 발생되고 반복된다는 의미는 아니다. 실제로는 여러 패턴이 동시에 나타날 수도 있고, 몇 가지 패턴만 나타날 수도 있다. 이 모델이 반영하는 것은 각 유형이 스스로 갇힐 수 있는 대부분의 가능한 패턴과 그중에서 번갈아 나타날 수 있는 패턴이다. 예를 들어, 정체 영역에 있는 1번 유형은 완벽주의적이고 결점을 찾는 충동과 분노 사이를 오가는 경우가 있을 수 있다. 또 다른 1번 유형은 도덕적인 비판과 타인에 대한 지속적인 비판, 그리고 강한 원망 사이에서 갇혀 있을 수 있다. 또 다른 유형은 갑작스러운 분노 폭발과 죄책감 사이를 오갈 수도 있다. 이렇듯 다양한 패턴들이 존재한다.

정체 영역은 모든 사람에게 동일하게 보이지 않는다. 각 유형은 정체 영역에 빠지는 독특하고 특별한 방식이 있다. 3부의 코칭 프로토콜에서는 각 유형의 정체 영역에 대해 자세히 설명한다.

정체 영역에서 벗어나는 방법

정체 영역에 머무르는 대가는 매우 크다. 우리의 무의식적 행동 방식에 따라 계속 반응하면 우리는 개인적, 직업적 삶의 여러 영역에서 많은 흔적을 남긴다. 우리는 고통을 겪고, 타인에게도 고통을 준다. 우리는 정체 영역에 빠져 있고, 만족감을 느끼지 못하며, 자신과 인간관계에 불만족을 느낀다. 이러한 부정적인 결과에 직면하여, 우리는 이 루프에서 벗어나는 방법을 찾기 시작한다. 우리는 긍정적인 방법으로 또는 부정적인 방법으로 이 악순환에서 벗어날 수 있다.

부정적인 패턴 멈춤

정체 영역에 갇혀 있을 때, 우리는 다양한 회피 행동을 통해 그 루프에서 벗어나려고 노력할 수 있다. 한 가지 흔한 예로는 일시적으로 고통을 완화해 줄 것으로 보이는 음식이나 물질을 통해 우리의 생리 상태를 바꾸는 것이 있다. 하지만 근본적인 원인이

해결되지 않기 때문에 증상은 다시 나타나는 경향이 있다. 이것이 바로 어떤 물질이나 약물도 자기 통제와 성장을 대체할 수 없는 이유이다. 우리의 성격 메커니즘을 해결하지 않고 물질을 사용하는 것은 마치 고장 난 전자기기를 고치기 위해 집 전체의 전기를 끄는 것과 같다. 이러한 물질의 독성 부작용은 원래 문제와 관련 없는 영역을 포함해 우리 삶의 여러 곳에 영향을 미칠 수 있다. 그러나 이러한 물질의 가장 심각한 부작용은 우리가 심리적, 영적 도전을 극복하지 않고도 행복을 성취할 수 있다는 잘못된 믿음을 심어주는 것이다. 마치 우리가 무력하며 선택할 수 없는 것처럼 여겨지게 한다.

긍정적인 패턴 멈춤

위기의 한자어인 '위기(危機)'는 '위험'과 '기회'를 나타내는 두 글자로 구성되어 있다. 정체 영역에 있을 때 위기에 처하면 부정적인 요소로 인해 더 큰 고통을 겪을 위험 뿐만 아니라 긍정적인 변화를 통해 벗어날 기회도 제공한다. 왜 기회가 있을까? 이는 중요한 결정을 앞두고 있기 때문이다. 이 시점에서 우리는 스스로에게 다음과 같은 질문을 던진다. "인생에서 최대한의 잠재력을 발휘할 의향이 있는가? 이런 식으로 계속 살고 싶은가?" 우리는 긍정적인 방식으로 벗어나는 출구 지점을 "용기의 지점(Point of Courage)"이라고 부른다. 이 지점을 통과하려면 영혼의 힘을 모아야 한다. 이를 위해서는 우리의 전적인 참여와 결단, 우리 자신의 삶을 책임지고 자아실현을 향해 나아가겠다는 결심이 필요하다.

그림 2-4. 위기를 뜻하는 한자

고객이 코칭을 받으러 오는 것은 큰 기회의 순간이다. 고객의 내면에서 선한 힘이 외치고 있다. 그들은 이렇게 살기를 원하지 않으며, 내면 깊숙이 다른 방식이 있다는 것을 알고 있다. 코치의 역할은 이러한 모멘텀을 활용하여 고객이 자신의 잠재력을 시각화하고, 이를 실현하도록 돕는 것이다. 코치는 고객의 현재의 삶이 가져오는 대가와 영향을 미치는지 보여주고, 자각을 장려하며, 고객이 자신의 삶을 주도적으로 살아가도록 격려해야 한다.

우리의 영혼으로 연결되는 호흡

최근 몇 년 동안 과학계, 특히 신경과학 분야에서 명상의 이점에 대한 광범위한 연구가 진행되어 명상의 전통적인 연관성을 신앙이나 종교적 관습을 넘어 확장하는 데 도움이 되고 있다.

마음챙김 기반 스트레스 감소 요법(Mindfulness-Based Stress Reduction Therapy)이 이러한 추세의 한 예이다.

많은 고대 전통에서 호흡은 우리의 성격과 영혼을 잇는 다리로 여겨져 왔다. 예를 들어, 히브리어에서 영혼을 의미하는 단어 '네샤마(Neshama)'는 '호흡'을 의미하는 '네쉬마(Neshima)'와 같은 글자를 가지고 있다. 이는 우리가 호흡을 통해 우리의 존재 중 가장 초월적인 부분인 영혼에 접근할 수 있음을 암시한다. 탈무드는 우리의 영혼이 신성의 불꽃이 깃들여 있기 때문에, 우리가 숨을 쉴 때마다 가장 깊은 신(God)과 생명과의 가장 심오한 연결을 경험할 수 있다고 설명한다. 거의 모든 영적 전통에서 강조하는 핵심 주제는 우리가 우리의 인격 이상이라는 것이다. 심리학 분야에서는 칼 융이 처음으로 우리를 치유할 수 있는 긍정적 심리적 힘들이 우리의 자아 구조와 함께 내면에 존재한다고 인식했다. 우리의 성격이 현실을 왜곡하는 필터 역할을 하여 삶을 왜곡하고, 우리를 '영화 속'에 살게 만든다면, 우리는 호흡을 통해 영혼과 연결함으로써 일시적으로 우리의 성격에서 분리되어 그 내용에서 벗어나 우리의 존재를 수련할 수 있다. 따라서 호흡은 우리의 방황하는 마음을 현재의 순간에 고정시켜 공정한 관찰자의 활성화를 위한 최적의 명상적이고 사색적인 상태를 설정하는 데 도움이 될 수 있다.

BREATH   SOUL

그림 2-5. '호흡'과 '영혼'을 뜻하는 히브리어 단어

공정한 관찰자

정체 영역에서 벗어나는 긍정적인 방법은 인식의 발전에서 시작되어야 한다. 책의 시작 부분에서 소개한 다니엘 골먼의 말을 다시 한번 상기해보자.

"우리가 생각하고 행동하는 범위는 우리가 알아차리지 못하는 것들에 의해 제한된다. 그리고 우리가 알아차리지 못한다는 것을 알아차리지 못하기 때문에 우리의 생각과 행동을 어떻게 형성하는지 알아차리기 전까지는 우리가 변화시킬 수 있는 것이 거의 없다."

우리 삶에서 지속적인 변화를 만들어내기 위해서는 현재 우리의 판단과 결정을 형성하고 있는 것이 무엇인지 파악해야 한다. 우리의 성격 유형이 가진 역동성을 발견해야 한다.

우리의 성격 유형은 현실을 주관적으로 처리하는 우리의 일부이다. 그로 인해 발생하는 왜곡과 고통을 보완하기 위해, 우리는 고객이 냉정하게 자기 관찰 능력을 개발하도록 도와야 한다. 우리는 이 "방관자(Bystander)"를 공정한 관찰자라고 부른다. 그 역할은 중립적이고 공정한 방식으로 객관성을 유지하는 것이다. 하버드의 나바 아쉬라프 교수에 따르면, "공정한 관찰자"라는 용어는 18세기 스코틀랜드 철학자 아담 스미스 Adam Smith 가 처음 사용했다고 한다. 스미스는 사람의 충동적이고 무의식적인 행동은 외부 관찰자의 관점에서 상황을 분리하여 바라볼 수 있는 중립적인 내면의 목소리에 의해 조절된다고 주장했다(Cullen, 2006). 에니어그램 코칭에서는 사고, 감정, 본능 중심에너지의 활동을 정신적 해석을 붙이지 않고 지켜보는 것이 가능하다. 이렇게 하면 무의식적으로 활성화될 때마다 자신의 유형을 발견할 수 있어, 의식하지 못한 채 무의식적으로 행동하는 대신 그 전제에 따라 행동할지 여부를 결정할 수 있다. 에니어그램 문헌에서는 이 외부 관찰자를 "내적 관찰자"라고 하며, 에니어그램과 명상적, 사색적 실천을 처음으로 결합한 돈 리소Don Richard Riso와 러스 허드슨Russ Hudson, 그리고 헬렌 팔머Helen Palmer는 선구적인 해석에서 이 개념을 제시한다(Riso and Hudson, 1999; Palmer, 2009). 지난 20년간 동양과 서양 심리학의 접점에 관한 연구 덕분에 오늘날에는 마음챙김 수행과 일치하고 공정한 증인의 개발에 기반한 다양한 심리 치료 접근법이 존재한다(Didonna, 2010). 루츨Lutzl 등에 따르면(2008), 명상에는 두 가지 스타일이 있다. 집중적 주의(Focused Attention, FA)와 개방적 모니터링(Open Monitoring, OM)이다. 첫 번째 유형은 "선택한 대상에 자발적으로 주의를 집중하는 것"을 포함하고, 두 번째 유형은 "순간순간 경험의 내용을 비반응적으로 모니터링하는 것"을 포함한다. 공정한 관찰자 훈련에서 우리는 주로 두 번째 방법을 사용하는데, 이는 많은 에니어그램 강사들이 사용하는 접근 방식이기도 하다(Riso and Hudson, 1999; Helen Palmer, 2009). 마음챙김 명상에서와 마찬가지로 공정한 관조자를 훈련하기 위해 우리는 기억과 상상을 통해 내적 경험의 모든 부분과 구성 요소, 즉 우리의 생각, 감정, 감각, 과거와 미래 등 팔머Palmer(2009)가 '범주'라고 부르는 것을 인정하고 인식하는 능력을 키운다. 그러기 위해서는 고객에게 한 범주에서 다른 범주로 주의를 전환하도록 요청해야 한다(Palmer, 2009; Forsyth, 2008; Robbins and Madanes, 2004). 이것이 3부의 코칭 프로토콜에서 공정한 관찰자를 훈련하기 위해 따를 접근 방식이다.

공정한 관찰자 훈련을 통해 우리는 주의력 적성을 훈련하는 것이다. 왜곡된 사고 패턴을 식별하는 법을 배우면, 우리는 그것에 휘둘리는 것을 멈출 수 있다. 이전에는 전혀 인식하지 못했던 필터들을 인식함으로써, 우리는 생애 처음으로 자신의 유형에 대한 방어력을 완화하고, 제한적인 렌즈를 통해 우리의 경험을 무의식적으로 필터링하는 것을 멈출 수 있게 된다.

패턴 멈춤

우리의 성격 유형이 무의식적으로 활성화되어 상황을 잘못 해석할 때, 우리는 부정적인 감정을 경험하는 경향이 있다. 이러한 유형의 왜곡된 필터는 우리 자신, 타인, 세상에 대해 비현실적인 기대치를 갖게 만든다. 예를 들어, 정체 영역에 있는 1번 유형은 자신과 타인을 실현 불가능한, 거의 비인간적인 이상과 끊임없이 비교하는 잡념이 끊임없이 머릿속에서 맴돈다. 이들은 분노와 죄책감을 동시에 느낄 수 있다. 1번 유형의 무의식적인 행동 방식은 현실 해석을 무의식적으로 통제하며, 그로 인해 부정적인 결과를 초래한다.

자신의 유형이 무의식적으로 활성화되는 것을 발견할 때마다 이러한 패턴을 중단하려면 다음과 같은 순서를 따르라.

첫째, 의식적으로 숨을 들이쉬고 내쉬는 것으로 시작하라. 몸 안으로 들어오고 나가는 공기를 따라간다. 이렇게 하면 명상에 도움이 되는 분위기를 조성하는 데 도움이 된다.

둘째, 공정한 관찰자를 불러내라. 외부 관찰자의 시각에서 상황을 바라볼 수 있도록 천천히 호흡을 이어가며, 자신의 성격에서 부드럽게 분리하라.

셋째, 공정한 관찰자는 자신의 유형이 각 중심에너지에서 어떻게 행동하고 있는지 인식하기 시작한다. 첫째, 사고 중심에너지 : 자신의 생각을 인정하라. 물어보기 : 지금 이 순간 나는 무슨 생각을 하고 있는가? 지금 일어나고 있는 정신적 논평을 인정하라. 여기서 핵심은 비판단적인 태도를 유지하는 것이다. 마음이 판단적으로 변한다면, 공정한 관찰자가 새로운 생각의 층을 포착하고 그것이 이전 생각 위에 어떻게 놓여 있는지 주의 깊게 관찰하도록 하라. 마음이 방황하기 시작할 때마다 부드럽게 주의를 돌리도록 안내하면 된다. 공정한 관찰자가 단순히 방관자로서 지켜보는 것 외에 지금 여러분이 해야 할 일은 아무것도 없다는 것을 기억하라. 그런 다음 자신의 마음으로 주의를 돌리면 된다. 지금 일어나고 있는 감정적 활동을 인정하라. 물어보기 : 내가 느끼는 감정은 무엇인가?

지금 경험하고 있는 감정을 알아차린다. 잠시 감정에 머물러 있다가 몸의 감각으로 주의를 옮겨라. 물어보기 : 지금 내 몸에서 어떤 감각이 느껴지는가? 정확히 어디에서?

항상 천천히 의식적으로 호흡을 유지한다. 몸 안팎으로 들어오고 나가는 공기의 경로를 따라 호흡한다. 숨을 쉬고 영혼과 연결함으로써 우리는 중심을 잡을 수 있다. 나는 내 감정, 생각, 감각 그 이상이다. 나는 나의 감정, 생각, 감각이 아니다. 그렇다, 그것들은 실제로 일어나고 있지만 내가 아니다(Goldin, 2008).

넷째, 자신의 유형에 대한 잘못된 인식에서 벗어나 진정한 잠재력으로 주의를 부드럽게 돌리기 시작하라. 이 중요한 순간에 비판적이지 않은 태도를 유지하고 연민과 감사의 마음을 가져보라.

스탠포드 대학의 신경과학자 필립 골딘 Philippe Goldin(2008)은 "정신이 산만해졌을 때 이를 자각하고 다시 돌아오는 순간이 바로 중요한 순간이다. 실제로 이때 많은 학습이 이루어진다."라고 설명한다.

코비의 인간의 네 가지 내재적 특성

1989년에 출간된 베스트셀러 "성공하는 사람들의 7가지 습관"에서 스티븐 R. 코비 Stephen R. Covey는 인간에게 부여된 고유한 네 가지 내재적 특성을 언급했다. 이러한 고유성은 우리의 선택 능력에 영향을 미치는 중요한 요소이기 때문에 에니어그램 코칭에서 중요한 역할을 한다. 그 특성들은 다음과 같다.

- **자기 인식(Self-awareness)** : 외부의 중립적인 관찰자의 시

각에서 자신을 볼 수 있는 능력이다. 지금까지 우리는 공정한 관찰자를 훈련하는 과정을 통해 이를 개발해왔다. 자기 인식 능력을 개발하는 것은 우리 유형의 렌즈가 우리의 지각과 의사결정 과정에서 어떤 역할을 하고 있는지 인식하는 데 매우 중요하다. 이는 우리가 실제로 유형에 의해 미리 결정된 것이 아니며 선택의 여지가 있다는 것을 이해하는 데 도움이 된다.

• **양심(Conscience)** : 긍정적인 것과 부정적인 것을 구별하고, 나와 타인에게 건설적인 것과 그렇지 않은 것을 구별하는 능력이다. 각 성격 유형은 잠재적으로 높은 가치와 특성을 지니고 있으며, 그것들을 통해 세상에 기여할 수 있다. 양심은 각 성격 유형이 건설적인 것과 파괴적인 것을 구별하는 데 도움이 되는 핵심 특성이다. 따라서 양심은 선택의 또 다른 핵심 요소이다.

• **독립적인 의지(Independent Will)** : 다른 사람의 생각을 행동의 근거로 무의식적으로 받아들이지 않고 자유롭게 생각할 수 있는 인간의 능력이다. 외부의 영향을 받지 않고 스스로 분별할 수 있는 능력이다. 이를 통해 우리는 옳다고 믿는 일을 하고 필요할 때마다 유행을 거스르거나 역행할 수 있다.

• **창의적인 상상력(Creative Imagination)** : 현재 당면한 문제에서 벗어나는 모습을 상상하는 능력이다. 이는 에니어그램 코칭의

핵심 역량으로, 우리가 이용할 수 있는 수많은 성장 가능성 속에서 우리 자신을 상상하고 상상할 수 있게 해주기 때문이다. 이는 다음 섹션에서 재구성 문제부터 설명할 때 명확해질 것이다.

이 네 가지 특성이 에니어그램 코칭에서 중요한 이유를 알기 위해, 6번 유형 고객을 예로 들어 보겠다. 자기 인식이 중요한 이유는 무엇인가? 자기 인식이 낮으면 고객은 자신의 유형 활동조차 인식하지 못하기 때문에 대부분의 시간을 반응적으로 보내게 된다. 이 능력을 개발하지 않으면 성격 유형의 메커니즘을 돌파하는 것은 불가능하며, 고객은 자신의 삶을 스스로 책임질 수 없는데, 이는 6번 유형뿐만 아니라 모든 유형에게 중요한 도전 과제이다. 6번 유형의 고객이 양심이 낮으면 어떻게 될까? 이들은 긍정적인 원칙에 따라 적극적으로 행동하지 못한다. 그리고 독립적인 의지가 부족하면 어떻게 될까? 독립 의지가 부족하면 자신에게 가장 좋은 것이 무엇인지 결정하는 능력이 차단되고 다른 사람, 집단 또는 사회의 입장을 무의식적으로 채택하게 된다. 이는 자신의 권한을 박탈하고 자신의 생각보다 타인의 생각을 더 선호하는 경향이 있다는 점에서 6번 유형의 핵심 문제이다. 또한 이는 사회적 본능이 강한 모든 에니어그램 유형의 고객에게도 문제가 될 수 있다. 마지막으로, 창의적인 상상력이 부족하면 막혀 있다고 느끼고 문제에 대한 해결책이 보이지 않는 경향이 있는 6번 유형의 "나는 할 수 없어"라는 성향이 강화될 수 있다.

2부_ 정체에서 성장으로 모델

패턴 멈춤 이후 재구성하기

지금까지 우리의 과정은 "알지 못하는 것을 알아채지 못한다"는 문제를 해결해 왔다. 공정한 관찰자가 가져온 인식을 통해 이 문제를 해결한 후, 이제 우리는 고객이 코칭 목표를 달성하는 데 집중하도록 돕는 단계로 넘어간다. 융 심리학 및 에니어그램 문헌에서 이 과정은 통합(Integration)이라고 하며, 이는 우리의 덜 지배적인 측면을 성격에 통합하는 것을 의미한다. 이를 달성하기 위해, 우리는 고객이 자신의 참조 틀을 확장하도록 돕는다. 이는 종종 양손으로 글씨를 쓰는 능력을 개발하는 것과 비교되기도 한다. 우리는 모두 잠재적으로 양손으로 글씨를 쓸 수 있지만, 한 손이 지배적인 손이다. 그러나 연습을 통해 양손으로 글을 쓸 수 있다. 우리의 성격 유형도 마찬가지이다. 융이 심리 유형에서 설명했듯이 모든 사람은 모든 유형의 심리적 특성을 가지고 있지만, 일부가 지배적인 경향이 있으며 기본적인 유형을 결정한다. 좋은 소식은 우리가 훈련되지 않은 능력을 사용하는 방법을 배울 수 있다는 것이다. 이 자원들은 언제든지 사용 가능하며, 다른 유형의 초점을 채택함으로써 접근할 수 있다. 특정 유형에 가장 쉽게 접근할 수 있는 자원들은 일반적으로 에니어그램 기호 위의 날개와 화살표이다.

패턴을 재구성하려면, 즉 오래된 무의식적인 패턴을 새롭고 더 건강한 패턴으로 바꾸려면 다음 순서를 따르라.

첫째, 자신의 유형에 대한 기대와 환상을 버려라. 이는 단순히 자신이 인간이라는 사실을 인식하는 것을 의미한다. 각 유형은 정체 영역에 있을 때 자신에 대한 비인간적인 기대를 갖게 된다.

예를 들어, 6번은 인생의 모든 문제에 대해 스스로 준비하는 것이 가능하다는 착각 속에 살고 있다. 이들은 자신이 완전한 안전 상태에 도달하기를 기대한다. 자신에게 기대되는 것은 마치 천사처럼 한 치의 실수도 없는 행동인 것처럼 살아간다. 자신에 대한 이러한 비인간적인 기대는 대부분의 문제의 근본 원인이다. 그림 2-6은 정체 영역에 있을 때 각 유형이 갖는 일반적인 기대치를 보여준다.

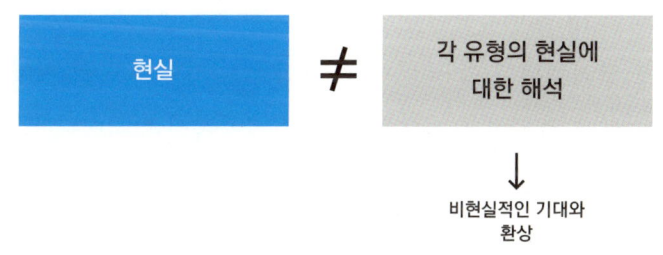

1번 유형 : 완벽한 결과를 이루는 것은 가능합니다.
2번 유형 : 모든 사람에게 사랑받는 것은 가능합니다.
3번 유형 : 모든 일에는 성공할 수 있습니다.
4번 유형 : 항상 독특하면서도 심오할 수 있습니다.
5번 유형 : 완전한 지식을 얻는 것이 가능합니다.
6번 유형 : 완벽한 안전을 확보하는 것이 가능합니다.
7번 유형 : 절대적인 행복을 성취하는 것은 가능합니다.
8번 유형 : 항상 강하고 통제력을 유지하는 것은 가능합니다.
9번 유형 : 완벽한 평화와 평온을 찾을 수 있습니다.

그림 2.6 각 유형이 갖는 일반적인 기대치

둘째, 자신이 가진 자원과 실제로 선택할 수 있는 모든 범위를 인식할 필요가 있다. 성격 유형이 만들어내는 현실에 대한 착각과 왜곡과는 달리, 우리에게는 실제로 선택할 수 있는 매우 다양한 선택지가 있다. 여기에서 설명하는 과정을 통해 우리의 성격 유형이 무의식적으로 반응하는 것을 중단하고, 자유 의지를 행사할 수 있다. 에니어그램 코칭의 기본 원칙 중 하나는, 사람들이 주어진 순간에 자신의 선택을 행사할 수 있다는 것이다. 우리는 삶의 사건에 반응하는 대신, 순간적으로 무의식적인 패턴을 중단하고 현명하게 선택할 수 있다. 자신에게 진정으로 최선인 것이 무엇인지에 따라 선택할 수 있다. 이러한 선택의 연습은 우리의 진정한 삶의 목표를 달성하는 데 도움이 될 수 있으며 심리적, 영적 성장의 열쇠이다.

정체 영역에서 우리 유형의 접근 방식은 선택지가 없는 것처럼 일부 전략을 과도하게 사용하는 매우 제한적인 방식이나. 그러나 모든 성격 유형은 실제로 날개와 화살이라는 매우 다양한 자원과 선택권을 가지고 있다. 예를 들어, 5번 유형은 4번 날개를 통해 마음과 연결되고, 6번 날개를 통해 분석 능력을 통합하며, 8번 화살표를 통해 단호함과 실용성을 얻고, 7번 화살표를 통해 경쾌함과 긍정적인 성향 등 다양한 자원을 활용할 수 있다. 3부에서 각 성격 유형이 자신에게 주어진 다양한 자원을 어떻게 활용할 수 있는지 보여주고자 한다.

셋째, 코칭 목표를 인식하라. 이제 자신의 자원과 잠재력을 인식했으니, 이를 어떻게 사용할 것인지 생각해 보라. 어떤 목표를 달성하고 싶은가? 어떤 문제를 해결하고 싶은가? 이루고 싶은 꿈은 무엇인가? 길을 떠나기 전에 비전과 목표를 명확히 하는 것은 매우 중요한 단계이다.

넷째, 마지막으로 필요한 초점을 설정하고 행동을 취하는 것에 집중할 필요가 있다. 이제 자신의 성격 유형과 그에 따른 메커니즘 및 도전 과제를 인식하고, 자신의 심리적 자원과 잠재력을 인식하고, 달성하고자 하는 목표를 명확히 파악했다면 이제는 행동할 시간이다! 자신의 성격 유형을 인식하지 못한 채 반복적으로 무의식적으로 실행되는 행동은 특정한 부정적인 방식으로 상황에 반응하도록 길들여져 있다. 우리의 뇌는 특정한 트리거 사건을 마주할 때마다 이러한 무의식적인 반응을 생성하도록 "설계" 되어 있다.

인생의 목표를 달성하기 위해서는 이 습관을 새로운 패턴으로 대체함으로써 이러한 반응을 재설계해야 한다. 이러한 새로운 통합 패턴에 대해 일관된 행동을 취하면 새로운 패턴을 설계하고 오래된 패턴을 사라지게 하는데 도움이 된다. 3부의 코칭 프로토콜에서는 각 성격 유형이 여기에 설명된 과정에서 사용할 수 있는 다양한 도구를 제공한다.

패턴 멈춤 순서 예시

이것은 우리의 고객 중 2번 유형인 고객 클라라 Clara 와 함께 한 코칭 과정의 일부이다. 한 세션에서 그녀는 조카 엔리케 Enrique 와의 관계에 대해 이야기를 꺼냈다. 엔리케는 고향에서 클라라가 사는 곳에서 몇 블록 떨어진 집으로 이사했다. 엔리케는 회사에서 재배치되었고, 클라라는 엔리케와 그의 아내가 이사할 아파트를 찾는 것을 도와주었다. 이 과정에서 클라라는 엔리케 부부가 도착하기 전에 모든 준비를 완료하는 등 자신의 신체적, 재정적 자원을 초과한 무리수를 두었다. 과도한 업무량으로 인해 그녀는 직장에서 중요한 마감일을 놓치게 되었다. 긴 비행 끝에 짐까지 잃어버려 지친 엔리케 부부가 마침내 도착했고, 곧바로 바쁜 일정을 소화했다. 엔리케 부부는 감사의 마음을 표현하려고 노력했지만, 클라라는 여기저기 뛰어다니느라 바빴던 혼란스러운 첫날을 거절로 오해했다. 그녀는 자신이 많은 일을 했는데도 엔리케 부부가 자신의 노력에 대해 적절한 감사를 표시하지 않았다고 느꼈다.

우리는 그녀와 함께 패턴 멈춤 순서를 단계별로 진행했다.

- **현실과 현실에 대한 해석** : 분명한 사실은 엔리케 부부가 이사로 인한 신체적, 정신적 어려움으로 지쳐 있었다는 것이었다. 이와 반대로, 클라라가 자신의 유형에 따른 무의식적인 반응을 통

해 현실을 해석한 것은 엔리케 부부가 자신의 노력에 대해 감사하지 않는다는 것이었다.

• **비현실적인 기대와 환상** : 그녀의 성격 유형의 무의식적인 반응은 클라라가 비현실적인 기대를 갖게 만들었다. 그녀는 피로에 지친 엔리케 부부가 극도로 스트레스가 많은 시기에 감정을 드러낼 것이라고 기대했다.

• **호흡과 순서 멈춤** : 명상 상태를 유도하기 위해 우리는 호흡 연습을 시작했다. 이는 공정한 관찰자와 함께 작업을 시작하기 위한 분위기를 조성한다.
  공정한 관찰자로 세 지능 중심에너지의 활동을 인정하기.

• **생각 살펴보기** : "그들이 도착하기 전 2주 동안 정말 열심히 일했어. 눈에 띄지 않는 집 안의 많은 세세한 것까지 처리했어. 왜 그들은 내 노력에 대해 더 많은 감사를 표현하지 않는 걸까? 나는 그들을 돌보기 위해 모든 걸 희생했는데."

• **감정** : "상처받았어. 원망스러워. 실망스러워. 이용당한 기분이야. 거절당했어."

• **신체 감각** : "피곤해. 가슴과 다리에 통증이 느껴져."

- **현실로 다시 주의를 돌리기** : 우리는 이러한 연습을 꾸준히 수행했고, 시간이 지나면서 클라라는 자신의 성격 유형에 대한 인식이 많이 향상되었다. 비록 그녀가 성격 유형이 무의식적으로 활성화되는 것을 더 잘 목격할 수 있게 되었지만, 이 특별한 세션에서는 호흡 연습을 계속하면서 공정한 관찰자가 그녀의 성격 유형 반응을 염두에 두지 않도록 요청했다.

다음 세션에서는 명상 호흡을 통해 항상 자기 성찰 연습을 지속하며 점차 통합 단계로 이동했다.

- **현실적인 기대와 환상** : 클라라는 자신의 '받기 위해 주는' 패턴이 자신의 필요를 소홀히 하는 원인이라는 것을 깨달았다. 그녀는 자신에 대한 인간적인 기대가 더 필요하다는 것을 이해했다. 자신의 해야 하는 일은 소홀히 하면서까지 과도하게 기대하는 것은 비인간적인 것이라는 것을 알았다. 또한, 그녀는 엔리케 부부가 처음 며칠 동안 피곤한 것은 인간적이며, 그런 스트레스가 많은 시기에 과도하게 감사를 기대하는 것은 비인간적인 기대라는 것도 이해했다.

- **사용 가능한 선택의 폭 인식** : 무의식적인 모드에 있을 때, 클라라는 모든 것을 처리하고 제한 없이 과도하게 자신을 희생하는 것이 유일한 선택이라고 생각했다. 세션에서 그녀와 함께 브레인

스토밍을 하면서 우리는 다양한 선택지를 찾아냈다. 그녀는 자신의 성격 유형이 가진 날개와 화살표에 대해 알게 되었다. 4번 화살표를 사용하여, 그녀는 외부에 집중하는 것을 보완하고 자신의 내면을 들여다보면서 무엇보다도 자신의 욕구가 무엇인지 파악할 수 있었다. 8번 화살표를 사용하여 그녀는 자신을 주장하고 딸들에게 도움을 요청할 수 있었을 것이다. 3번 날개를 사용하여 그녀는 자신의 신체적, 감정적, 재정적 자원을 보다 현실적이고 효율적으로 바라볼 수 있었을 것이다. 1번 날개를 사용하여 그녀는 자신의 직무와 약속을 소홀히 하지 않고 엔리케를 도울 수 있었을 것이다.

- **목표와 비전** : 우리는 처음 세션에서 정한 코칭 목표를 상기시키고, 클라라가 다시 그 목표에 집중할 수 있도록 도와주었다.

  - 다른 사람들을 돕는 행동과는 별개로 외부의 승인과 검증에 의존하지 않고 독립적으로 자존감과 자기 가치를 쌓는 것
  - 자신의 필요를 인식하고 체계적으로 돌보는 것

- **강점과 잠재력 인식** : 그녀의 과거를 참고하여, 우리는 그녀가 건강한 경계를 유지하고 자신의 필요를 주장하면서 이타적이고 공감적인 성향을 다른 사람들에게 선물로 제공할 수 있었던 순간들을 재현했다. 그 기억은 오래전, 그녀가 우루과이에 살고 있었

을 때의 일이었다. 이 기억은 그녀의 강점과 잠재력을 다시금 일깨워주는 계기가 되었다.

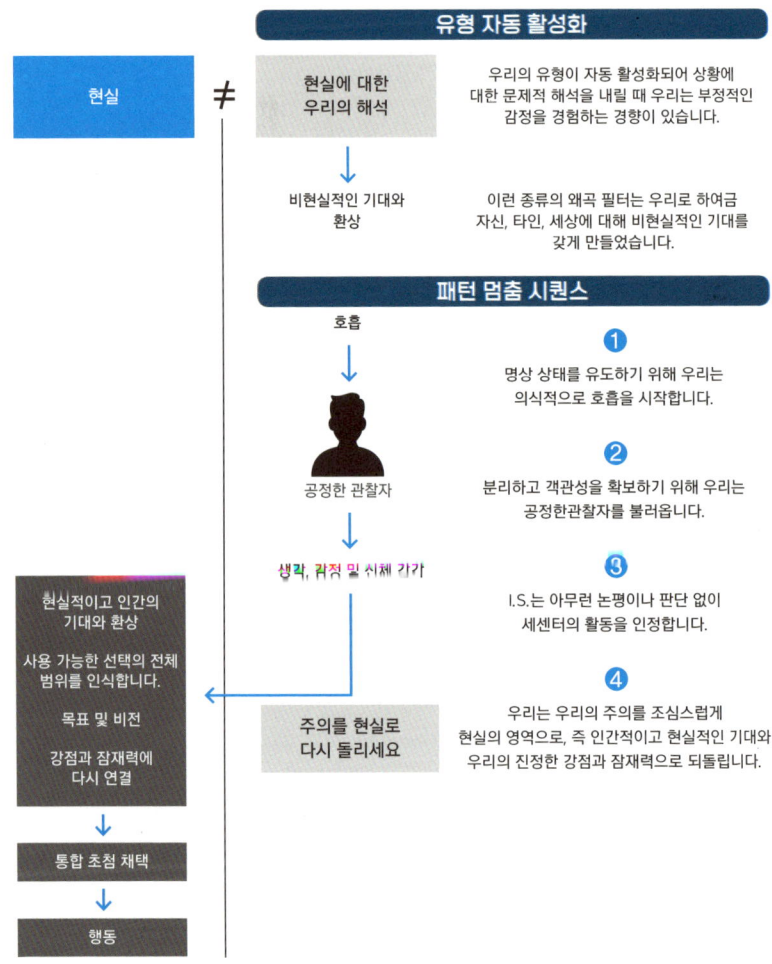

그림 2-7 패턴 멈춤 및 통합 프로세스

통합적인 초점 채택 및 행동

그녀가 4번 화살표를 연습할 수 있도록 우리는 그녀에게 혼자서 자신을 위한 즐거운 활동을 찾으라는 지시를 내렸다. 그녀는 4번 에너지와 단절된 상태였기 때문에 첫 주에는 이 연습을 어디서부터 시작해야 할지 전혀 감을 잡지 못했다. 다음 세션에서는 그녀가 예전에 좋아했던 활동에 대해 이야기하도록 권유했다. 그 중 하나는 마을의 멋진 서점에서 중고 소설을 사서 조용한 카페에 가서 책을 읽는 것이었다. 시간이 흐르면서 2번 유형의 구조가 강해져 이러한 '이기적인' 활동을 방해하게 되었다. 우리는 그녀에게 일주일에 한 번 자신이 좋아하는 카페에 가서 소설을 읽는 것부터 시작하자고 제안했다. 나중에 우리는 그녀의 유형의 어려움을 더 많이 다루기 위해 더 복잡한 전략을 개발했다. 예를 들어, 가족 모임(엔리케가 이사 온 이후로 매주 토요일마다 온 가족이 모임)에서 요청하지 않은 조언을 하는 등 다른 사람들을 위해 뭔가를 하고 싶은 충동을 느낄 때마다 소설책을 손에 들고 다니면서 혼자서 읽을 수 있는 공간을 찾으라고 요청했다. 이 의식은 그녀가 자신의 필요를 생각하도록 마음을 다스리기 위한 방법으로 사용되었다.

우리의 잠재력을 발견하기

　에니어그램을 활용한 코칭은 증상 중심 모델(Symptom-Centered Model)의 '회피 지향적(To-move-away-from)' 동기 부여 방식과 달리, '접근 지향적(Towards)' 동기 부여 방식을 취한다.

　우리의 성격 유형 방어기제를 완화하면, 우리의 재능들이 표면으로 드러날 수 있다. 예를 들어, 1번 유형이 정체 영역에서 비판하는 습관을 완화하면, 지금까지 숨겨져 있던 자신의 리더십 능력을 발견하게 된다. 이들은 다른 사람을 모범으로 이끄는 관용있는 비전가가 된다. 모든 1번 유형은 이러한 잠재력을 가지고 있다. 그리고 코치는 고객이 이러한 잠재력을 포함하는 연속선상에서 움직이고 있다는 것을 항상 염두에 두는 것이 중요하다. 예를 들어, 1번 유형의 고객이 결함을 찾는 습관이 잘 배어 있는 경우, 우리는 그것에 주의를 빼앗기지 말고 고객이 성취할 수 있는 것을 염두에 두어야 한다. 우리는 고객의 잠재력을 개인적 정체성의 필수적인 부분으로 보아야 한다.

　에니어그램은 우리가 용기의 지점 너머에 무엇이 나타나기를 기다리고 있는 지를 보여준다. 이는 우리의 잠재된 강점과 재능을 설명한다. 성장으로 가는 경로를 보여준다. 우리에게 주어진 독특한 재능들을 보여주며, 그 재능들로 어떻게 세상에 기여할 수 있는지를 알려준다.

통합 : 성장과 기여

더 높은 인식 수준으로 나아갈수록, 우리는 우리 자신을 더 잘 알 수 있다. 우리가 용기의 지점을 통과하는 여정을 밟을 때, 우리는 덜 긍정적인 면을 포함하여 우리 자신의 모든 측면을 인식하게 된다. 이를 위해서는 정직함과 강인함이 필요하다. 때때로, 특히 스트레스를 많이 받을 때, 우리의 성격 유형이 다시 지배하여 잘못된 결정의 결과를 초래할 수 있다. 이러한 성장의 여정에서, 때로는 올라가기 위해 내려가는 일이 발생하기도 한다. 이러한 과정은 성장의 필수적인 부분이다. 그러나 궁극적으로 성장은 우리가 자아실현과 성취감을 가져다 줄 것이다. 그리고 우리가 성격을 통합하고, 성장할 때, 항상 타인에게 기여하는 것이 있다. 사람들이 정체 영역에서 벗어나 부정적인 방향으로 나아갈 때, 그들은 고통을 겪고, 다른 사람들에게 고통을 준다. 대칭적으로, 사람들이 용기의 지점을 통과하여 정체 영역에서 긍정적인 방향으로 나아갈 때, 그들은 성장하고 타인에게 기여하게 된다.(이는 1부에서 더 자세히 설명되며, 3부에서 각 유형의 프로토콜에서 설명되어 있다.)

1부에서 우리는 인생의 기술은 결코 넘어지지 않거나 실수하지 않는 것, 즉 불가능에 가깝다는 중요한 원칙에 대해 이야기했다. 인간은 실패하고 넘어진다. 우리는 우리의 진정한 본성, 우리의 영혼에서 100% 행동하지 않는다. 하루에도 여러 번 우리는 자아, 즉 성격 유형에 따라 무의식적으로 반응한다. 그래서 우리가 에니어그램을 숙달하고, 자신의 본성을 발견하며, 패턴을 멈추는 데 성공하더라도, 우리는 인간이기 때문에, 평생 동안 무의식적으로 활성화된 성격 유형이 계속될 가능성이 높다.

물론 시간이 지나면 우리는 점점 더 자각하게 되고, 우리의 패턴을 더 잘 발견하고, 질문하고, 지연시키고, 유연하게 대처하고, 멈추고 심지어 대체할 수 있게 된다. 1부에서 인용했던 말을 기억하라.

> "스승님, 믿을 수 없어요. 스승님은 절대 균형을 잃지 않네요. 그 비결이 뭔가요?"
>
> "제자야, 나도 항상 균형을 잃는단다. 내가 평생 배우고자 했던 것은 균형을 빨리 회복하는 기술이란다."
>
> <합기도 창시자 모리헤이 우에시바와 제자 사이의 대화로 전해짐>

우리는 균형을 회복하는 기술을 잘 익힐 수 있다. 인간 발달에는 지름길이 없기 때문에, 시간이 걸린다. 자기 발견은 우리 삶에서 가장 길지만, 가장 즐거운 여정이 될 수 있다.

당신이 자신의 인간성을 받아들일 때, 비현실적인 기대에 맞춰 사는 것을 멈추고 스스로에게 넘어질 수 있는 권한을 부여한다. 이러한 태도는 마음을 열고, 자신과 다른 사람들을 향한 연민, 수용, 감사의 마음이 흘러나오게 한다. 무의식적인 모드에서 벗어나 자신의 진정한 본성으로 주위를 부드럽게, 신중하게, 그리고 판단하지 않는 태도로 주의를 돌릴 때마다 우리는 더욱 성숙하고 지혜로워진다. 그렇기 때문에 이 작업은 당신의 심리적, 영적 성장의 열쇠이다. 또한 지속적인 성취의 열쇠이기도 하다.

· 3부 ·

9가지 성격 유형 코칭

FROM
STUCKNESS
TO
GROWTH

이 장에서는 9가지 성격 유형 각각에 대한 코칭 프로토콜을 제시한다. 프로토콜은 각 유형을 코칭할 때 사용할 수 있는 수많은 도구를 제공하도록 설계되었다. 이러한 도구를 통해 여러분은 즉시 코칭 실습에서 각 프로토콜을 활용할 수 있다. 항상 코칭은 예술이라는 점을 기억하라. 프로토콜이 특정 방식으로 구조화되어 있지만, 열린 마음을 가지고 창의적으로 접근하며, 현재 코칭 대상자에게 가장 적합한 전략과 도구를 사용하라.

1번 유형

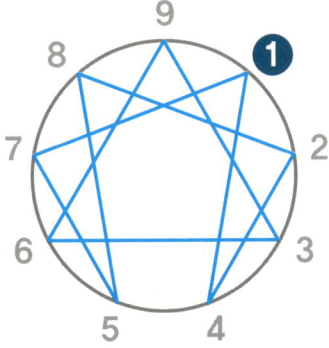

　사람들은 나를 매우 책임감 있는 사람으로 보며, 때로는 악산 완벽주의자라고 생각합니다. 나는 일이 잘 되거나 못 되거나 둘 중 하나라고 생각합니다. 우리는 우리가 해야 할 일을 하거나, 그렇지 않으면 나쁜 결과를 낼 수밖에 없다고 생각합니다. 중간에 회색 영역이 없다고 느낍니다. 때로는 내 일을 완벽해 보이도록 다시 하기도 합니다. 나는 실수를 정말 싫어합니다. 내 실수든 다른 사람의 실수든 말입니다. 그래서 항상 체계적이고 조직적으로 행동하려고 노력합니다. 다른 사람에게 도움을 요청하거나 일을

위임하는 것이 어렵습니다. 왜냐하면 아무도 나만큼 일을 잘할 수 없다고 생각하기 때문입니다. 내 안에는 어떤 일이 잘못되고 있는지를 발견해 수정할 수 있도록 도와주는 일종의 내부 심판이 있는 것 같습니다. 모든 일에는 항상 올바른 방법, **정답**이 있다고 믿습니다. 그런데 직장이나 개인적인 삶에서 많은 사람이 이를 이해하지 못한다는 점이 실망스럽습니다. 그들은 내가 **흑백논리** (Black and White)로 생각한다고 믿고, 내가 너무 판단적이며 비판적이고 화를 자주 낸다고 생각합니다.(마이클 Michael, 1번 유형)

1번 유형에 대한 설명

1번 유형은 책임감이 강하고 성실하며, 꾸준히 자신과 주변 세상을 개선하려고 노력하는 사람들이다.

최상의 상태일 때 이들은 끊임없는 자기 개선의 필요성을 느끼고 다른 사람들에게 성장하도록 격려한다. 그러나 이를 관용적이고 자비로운 태도로 행한다. 자신을 완전한 인간으로 받아들이며, 즉 긍정적이지 않은 면도 포함하여 받아들일 수 있기 때문에 다른 사람도 받아들일 수 있는 힘을 가지고 있다. 이들은 비전을 지닌 사람들로서 강한 목적의식을 가지고 이상을 추구하지만,

동시에 인간적으로 가능한 것이 무엇인지도 알고 있으며, 따라서 현실적이다. 이들은 현명하고, 분별력 있으며, 공정하고, 객관적이며, 정직하고, 열린 마음을 가지고 있어서 자신의 기준조차 재검토할 준비가 되어 있다. 이들은 높은 도덕적, 윤리적 기준을 가지고 있으며, 남에게 도덕적 가르침을 주기보다는 모범을 보임으로써 가르친다. 이들은 체계적이고, 꼼꼼하며, 생산적이고, 헌신적이며, 맡은 일에 최선을 다하는 사람들이다. 이들은 세부 사항에 주의를 기울이면서도 큰 그림을 유지하고 현명한 결정을 내릴 수 있다.

정체 영역에 있을 때는 내면의 비판적인 목소리가 이들을 사로잡고, 자신과 타인에 대해 비판적으로 변한다. 이때 이들은 완벽주의적이 되며 실수를 용납하지 못하고, 모든 것을 '올바른 Right' 방식으로 처리하고, 항상 옳아야 한다고 생각하여 지나치게 노력한다.

이들은 현실을 '그래야만 하는 Should' 또는 '반드시 그래야만 하는 Must' 것과 비교하고, 맞지 않는 것을 찾는다. 이들은 오류나 실수, 자신과 다른 사람들이 잘못한 일, 결과적으로 수정해야 할 일에 무의식적으로 관심을 가지는 경향이 있다. 때로는 아주 작은 결함 하나가 전체를 망칠 수도 있고, 이들은 '사소한 실수를 집요하게 따지는 사람 Comma-Counters'처럼 행동한다. 이들은 거의 모든 일을 처리하는 올바른 방법을 알고 있는 것처럼 행동한다. 흑백논리가 이들의 지배적인 사고방식이며, 모든 것은 좋거나 나쁘거나 둘 중 하나로 중간에 회색 영역Grey Area은 없다. 이로 인해 이들은 경직되고 융통성이 없다. 아무도 자기만큼 완벽하게 일을 할 수 없다고 생각하기 때문에 일을 위임할 수 없다. 이들은 타인의 부주의로 인해 자신이 너무 많은 책임을 짊어져야 한다고 느낄 때 과부하가 걸린 듯한 긴장을 느끼게 된다. 너무 많은 것을 고쳐야 하거나, 너무 많은 사람이 규칙을 따르지 않고 일을 잘못하고 있기 때문에 분노가 일어난다. 하지만 이들은 항상 자신 스스로를 자제해야 한다고 생각하기 때문에 분노는 항상 직접적으로 표현되지 않으며, 이들은 원한을 오래 품고, 쉽게 용서하거나 잊지 못한다. 비록 대부분의 경우 이들은 분노를 표현하지 않고 참으려고 노력하지만, 이들의 긴장된 몸짓과 얼굴 표정에서 쉽게 알아차릴 수 있다.

이들의 완벽주의적이고 비판적인 성향은 이들을 너무 열심히 일하게 만들어, 삶의 여유나 즐거움, 재미를 느끼지 못하여 지나치게 심각해진다. 또한, 자신과 타인의 노력과 성취를 당연하게 여기고, 모범을 보임으로써 가르치는 대신 도덕화하거나 설교하는 경향이 있다.

1번 유형의 코칭 프로토콜

1. 세션의 분위기 조성하기

고객과 코칭 세션을 시작하기 전에 먼저 스스로를 점검한다.

▷ **세션에 수용적인 태도로 임하기**

다음 질문을 스스로에게 물어본다.

- 나는 지금 비판적이지 않은 상태인가?
- 내 특정 성격 유형이 1번 유형에 대해 거부감을 가지고 있는가?

▷ **다양한 방식으로 경청하기**

모든 코칭 세션 동안 모든 지능의 중심에너지(사고, 가슴, 본능)를 사용하는 것이 매우 중요하다. 세 가지 중심을 모두 활용하여 적극적으로 듣는 것에 주의해야 한다.

▷ **사고 중심에너지로 경청하기**

- 말하는 패턴과 언어 사용에 주의를 기울인다.
- 신체 언어와 자세를 분석한다.

- 반복되는 행동 패턴을 파악하고 어떻게 끊을 수 있을지 생각해본다.

▷ **가슴 중심에너지로 경청하기**

- 공감한다.

- 고객을 **유형**이 아닌 인간 자체로 바라본다.

- 겉으로 드러나는 모습 이면을 본다.

- 어떠한 저항이 있더라도 고객과 연결을 시도하라.(당신은 고객의 성장을 돕기 위해 여기에 있다).

▷ **본능 중심에너지로 경청하기**

- 고객이 코칭 세션에 어떤 에너지를 가져오고 있는가?

- 고객이 말하는 내용과 그 말에 담긴 에너지가 일치하는가?

- 이 코칭 과정에서 최근에 있었던 전개들에 대해 당신의 직관이 무엇을 말해 주는가?

- "사람들이 말하는 것을 들되, 이들이 실제로 하는 행동에 주목하라(Madanes, 1995)."

2. 도전 과제 정의하기

고객이 원하는 것이 무엇인지, 코칭을 받는 목적이 무엇인지 파악한다.

1번 유형의 일반적인 도전 과제는 다음과 같다.

- 자신과 타인에 대한 비판을 줄이고 인내심을 기르며, 끊임없이 무엇을 고쳐야 한다는 생각으로 자신에게 미치는 고통과 관계에서 발생하는 고통을 줄이기
- 타인을 더 너그럽고 수용적이며 용서하는 방법 배우기
- 스트레스, 분노, 억울함, 긴장을 줄이기
- 휴식을 취하는 법 배우기

3. 고객의 세계관과 정체성 영역 이해하기

다음 질문을 스스로에게 해본다.
고객은 왜 그렇게 행동하는가? 고객의 행동을 형성하는 것은 무엇인가? 고객의 내면 이야기는 무엇인가? 고객은 어떤 필터를 통해 세상을 바라보고 인식하는가? 고객에게서 유형의 고정관념이

어느 정도 활성화되고 작용하는가?

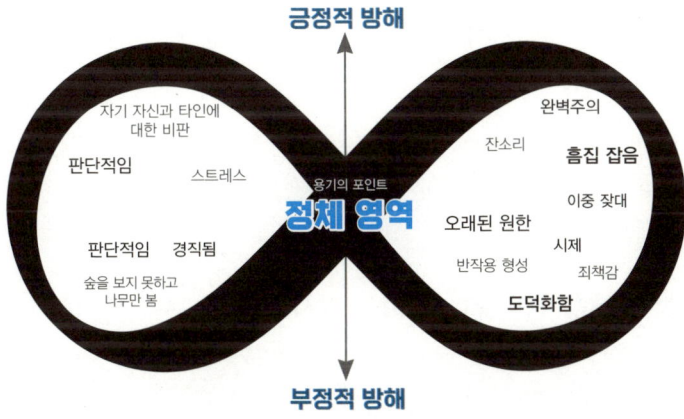

그림 3-1. 1번 유형의 정체 영역과 탈출 전략

　　1번 유형이 무의식적으로 반응하거나 스트레스를 받으면 완벽에 대한 추구로 사로잡히거나 주의력이 흐트러진다. 이 상태에서는 보통 현실과 자신이 생각하는 이상을 비교하기 때문에 '해야 한다', '반드시 해야 한다'와 같은 단어와 대개 경직된 바디 랭귀지를 사용한다.

4. 여섯 가지 인간의 욕구에 대한 자각 일으키기

인간 욕구 심리학에 따르면, 우리는 확실성, 다양성, 사랑/연결, 중요성, 성장, 기여 등 모두 여섯 가지 기본적인 인간 욕구를 가지고 있다(Madanes, 2009). 이 욕구들은 단순한 바램이 아니라 우리의 행동을 움직이는 진정한 동기이다.

1번 유형을 위한 연습 : 여섯 가지 인간의 욕구 탐색하기

정체 영역을 살펴보고, 그곳에 나열된 행동들 중에서 자신이 가장 자주 보이는 행동을 선택한다. "이 행동을 통해 충족하려는 인간의 기본 욕구는 무엇인가?" 자신이 특정 행동을 하는 이유가 어떤 욕구에서 비롯되었는지 탐색한다.

각 욕구를 0점에서 10점까지 평가해 보기

▷ **확실성** : 이러한 행동을 하면 확신이 생기는가? 당신에게 안정감을 주는가? 이러한 행동 외에 더 긍정적인 방법으로 확실성

을 얻는 방법을 알고 있는가?

▷ **다양성** : 이러한 행동이 당신에게 다양성을 느끼게 하는가? 이러한 행동 외에 더 긍정적인 방법으로 다양성을 얻는 방법을 알고 있는가?

▷ **사랑/연결** : 이러한 행동을 통해 다른 사람과 연결감을 느끼거나 사랑을 경험하는가? 이러한 행동 외에 더 긍정적인 방법으로 사랑/연결을 얻는 방법을 알고 있는가?

▷ **중요성** : 이러한 행동을 통해 스스로를 중요하게 느끼거나 특별하다고 느끼는가? 이러한 행동 외에 더 긍정적인 방법으로 중요성을 얻는 방법을 알고 있는가?

▷ **성장** : 이러한 행동을 통해 발전하고 성장하고 있다고 느끼는가? 이러한 행동 외에 더 긍정적인 방법으로 성장을 얻는 방법을 알고 있는가?

▷ **기여** : 이러한 행동을 통해 나의 필요를 넘어 다른 사람들에게 기여하고 있다고 느끼는가? 이러한 행동 외에 더 긍정적인 방법으로 기여를 얻는 방법을 알고 있는가?

▷ **코칭 사례 연구** : 우리의 고객 중에 1번 유형을 가진 다니엘 사례를 예로 들어 보겠다. 그녀에 따르면, 남편을 비판하는 습관이 사랑/연결(그녀는 이것이 남편에게 사랑을 보여주는 방식이라고 생각함), 성장, 그리고 기여(남편을 더 나은 사람으로 "만들어"

줌으로써 그녀 자신이 성장하고 있다고 느낌)의 세 가지 인간 욕구를 충족시켰다고 한다. 정체 영역에 있을 때, 1번 유형은 타인을 변화시켜 이들이 1번 유형이 생각하는 대로 되게 하려고 노력하는 경향이 있다. 이는 보통 수정과 비판을 통해 이루어진다. 이러한 행동의 근저에는 특정 인간의 필요를 충족시키려는 시도가 깔려 있지만, 자연스럽게도 그녀의 이러한 방식은 관계에 부정적인 영향을 미쳤으며, 부부는 이혼 직전의 상황에 놓이게 되었다. 돌파구는 그녀가 자신의 인간적 필요를 더 긍정적이고 건설적인 방식으로 충족해야 한다는 것을 깨달았을 때 찾아왔다. 그녀는 사랑하는 사람들을 고치려 하기보다는 모범을 보이며 가르치고, 이들의 성격 유형의 자연스러운 선호를 존중하며 비판 없이 이들의 속도에 맞춰 양육적이고 인내심 있게 대하기로 했다.

고려해야 할 한 가지 중요한 점은 성장과 기여의 욕구에 특히 주의를 기울여야 한다는 것이다. **고객이 이러한 욕구를 건강한 방식으로 충족시키고 있는가? 아니면 파괴적인 방식으로 충족시키고 있는가?** 성격을 통합할수록 성장과 기여의 욕구가 높은 점수를 받기 시작하면서 긍정적이고 건강한 방식으로 충족되기 시작한다. 그 이유는 우리가 정체 영역에서 벗어나면 새롭고 의식적으로 선택한 반응으로 행동하기 때문이다. 이를 통해 우리는 오래된 습관을 극복하고 성장할 수 있다. 이러한 통합은 결국 다른 사람들에게 더 큰 기여를 가져다줄 것이다. 반대로, 의식하지 않고 기존의 반응 패턴에 따라 계속 행동한다면 우리는 스스로의 힘을 잃고 자아가 우리의 삶을 관리하도록 내버려두게 된다. 이는 항상 자신과 타인에게 고통을 초래한다.

5. 레버리지 확보하기

다음 단계는 해당 유형의 도움이 되지 않는 패턴이 고객에게 얼마나 큰 대가와 고통을 야기하는지 인식하게 하여 레버리지를 확보하는 것이다.

1번 유형을 위한 연습 : 패턴이 초래하는 대가 인식하기

- 당신의 인간관계 측면에서 경직되고, 비판적이며, 결점을 찾는 데 얼마나 많은 대가가 드는가?
- 당신의 건강 측면에서 긴장되고, 대부분의 시간을 분노하며 지내는 데 드는 얼마나 많은 대가가 드는가?
- 당신의 직업적 경력과 동료들의 사기 측면에서 완벽을 요구하고, 다른 사람을 세세하게 관리하며 세부 사항에 지나치게 신경을 쓰는데 드는 얼마나 많은 대가가 드는가?
- 당신의 개인적인 성취감과 자신의 행복감 측면에서 자신에 대해 끊임없이 비판하는 데 드는 얼마나 많은 대가가 드는가?

6. 패턴 멈춤 : 주의력을 키우기 위한 연습

1번 유형을 위한 시각화

시각화는 코칭에서 특히 성격 유형 코칭에서 매우 효과적인 도구이다. 다음은 1번 유형을 위한 포괄적인 시각화/명상 스크립트이다. 이 스크립트는 유형의 강점과 약점을 다루고, '공정한 관찰자'를 통해 주의력 훈련을 하고, 의식적인 호흡, 수용, 그리고 이완을 연습한다. 코칭 세션 한 번에 모든 부분을 사용할 필요는 없다. 아래의 섹션 중 한두 개를 선택하여 모듈화해 사용할 수 있다.

1번 유형을 위한 스크립트 : 시각화 / 명상

▷ 이완

먼저 편안한 자세로 앉는다. 척추는 자연스럽게 곧게 세우고 팔은 느슨하게 풀어둔다. 손바닥을 위나 아래로 하여 가볍게 무릎 위에 올려 놓는다. 몸 전체를 이완시키기 위해 깊게 숨을 한 번 들이마셔 본다.

숨을 들이마시고, 내쉬고, 이제 천천히 눈을 감고, 다시 한 번 깊게 숨을 들이마시면서 중심에너지를 잡고 집중한다. 숨을 마시고, 내쉰다.

▷ **공정한 관찰자 훈련**

공정한 관찰자에 대한 인식을 의식하는 것으로 시작해보겠다. 공정한 관찰자는 당신의 행동을 객관적으로 외부에서 관찰하는 친구라고 생각해보자. 이는 당신이 현명한 결정을 내리도록 도와주며, 무의식적인 상태에서 벗어나도록 도와준다. 공정한 관찰자는 본능(신체감각), 사고(생각, 계획, 미래, 과거, 이미지, 아이디어, 상상력), 가슴(감정)의 세 가지 중심에너지에서 일어나는 활동에 민감하게 반응하도록 마음을 훈련함으로써 그렇게 할 수 있다. 영혼과의 연결을 상징적으로 나타내는 우리의 호흡은 우리가 중심에너지를 유지하고, 한 중심에너지에서 다른 중심에너지로 관심을 옮길 수 있게 해준다. 또한 이는 비판적이지 않은 상태를 유지하게 하며, 감사, 연민, 수용의 자질을 이 연습에 적용할 수 있게 해준다. 마음이 방황할 때마다, 그 순간을 이용해 감사, 연민, 수용의 자질을 적용할 수 있게 해준다. 이러한 순간은 우리의 관심을 다시 바꾸는 방법을 배울 수 있는 귀중한 기회를 제공한다.

먼저 주의를 본능 중심에너지로 부드럽게 천천히 옮긴다. 깊게 숨을 들이마시고, 공기가 몸 안팎으로 흐르는 경로를 따라간다. 천천히 진행한다. 다시 숨을 들이마시고, 이번에는 숨을 내쉬는 시간을 조금 더 길게 가져본다. 공기가 몸 안팎으로 흐르는 경로에 전적으로 집중하며, 시작부터 끝까지 주의를 기울인다. 이제 몸의 감각을 느끼기 시작한다. 발이 바닥에 닿는 접촉점을 느껴본다. 지금 그곳에 어떤 감각이 있는가? 주의를 등으로 옮겨서 의자가 주는 지지를 느껴본다. 그 감각을 잠시 음미한다. 이제 손으로 주의를 옮기고, 손과 무릎이 닿는 접촉점을 느껴본다.

이제 두 손을 가슴 위에 포개어 올리고, 가슴 중심에너지로 주의를 옮겨본다. 지금 이 순간 어떤 감정이 느껴지고 있는가?

이제 주의를 사고 중심에너지로 옮겨본다. 당신의 감정에 대해 어떤 마음속 이야기가 들려 오는가? 당신의 마음은 이 감정에 대해 뭐라고 말하고 있는가? 이 명상 전체에 대해 뭐라고 말하고 있는가? 떠오르는 마음속 이야기를 고요히 지켜본다. 숨을 들이마시고, 내쉬고, 사고 중심에너지에 머물면서, 이제 당신의 기억으로 주의를 옮겨본다. 흑백 TV에서 과거의 역사가 방송되고 있는 모습을 상상해 보며, TV 속에 있는 당신을 본다. 인생의 각 단계를 화면에서 느린 동작으로 보고 있다. 그 모습을 실제로 보게 되면 고개를 끄덕여본다. 숨을 들이마시고, 내쉬고, 사고 중심에너지에 머무르면서, 이제 미래에 대한 생각으로 주의를 옮긴다. 아래의 질문들에 차분하게 반응해 본다. 각 질문 사이에 잠시 멈춰 생각할 시간을 가진다. 당신은 미래가 어떻게 되기를 원하는가? 미래의 자신은 어떤 모습인가? 어떤 계획을 가지고 있는가?

▷ **시각화**

계속해서 사고 중심에너지에 있으면서, 이제 상상력으로 주의를 옮겨본다. 해변, 바닷가, 약간 젖은 모래 위에 있는 자신을 상상해 본다. 바닷가의 공기를 들이마셔 본다. 숨을 들이마시고, 내쉬고, 바람을 느껴본다. 파도 소리를 들어본다. 발 밑으로 모래의 감촉을 느껴본다. 손가락으로 수평으로 누운 8자 모양(마음의 무한루프)를 천천히, 아주 천천히 젖은 모래 위에 그려 본다. 손가락과 모래 사이의 접촉을 느껴본다.

▷ **정체 영역과 그 비용에 대한 시각화**

이제 당신의 모든 문제와 도전 과제들을 그 모래 위에 그려진 **마음의 무한루프**안에 하나씩 넣는 장면을 상상한다.

- 내가 세세한 부분에 집중하고, 실수를 두려워하는 모든 것
- 나의 완벽주의와 끊임없이 나와 타인을 이상적인 기준에 맞추어 평가하는 모든 것
- 모든 **~해야 한다**와 **반드시**라는 생각들
- 나 자신과 타인을 이상과 비교하며 끊임없이 평가하고 비판하는 태도
- 모든 긴장, 분노, 그리고 고통

그 긴장과 분노를 느껴본다. 모래 위 **마음의 무한루프**안에 있는 모든 문제들을 바라보면서 몸 전체에서 그것이 어떻게 느껴지는지 느껴본다. 몸 전체에서 긴장을 느껴본다. 잠시 그 자리에 머문다.

이 모래 위 **마음의 무한루프**는 우리의 정체 영역을 상징한다. 이것은 우리가 부정적인 초점과 부정적인 감정에 갇혀 있는 곳이다.

▷ '인간이다'라는 깨달음

모든 인간에게는 그 사람을 인간 답게 만드는 문제들을 가지고 있다. 그것은 개인적이며, 맞춤형으로 주어진 삶의 도전들이다. 자신의 개인적인 도전들을 판단없이 지켜본다. 만약 당신의 마음이 어떤 존재를 낫들이니라고 팬샀나. 새생이시 받고 네 빈드를 **제대로** 하려고 애쓰지 않아도 된다. 만약 판단이 생긴다면 그 판단을 그냥 지켜보면 된다. 그 대사를 들어본다. 그것이 생겨나는 모습을 당신 바깥에서 벌어지는 일처럼 지켜 보면 된다.

우리의 경험에 대해 판단을 갖는 것은 인간적인 일이다. 괜찮다. 이제 주의를 당신의 마음에 집중한다. 방금 머릿속에서 들었던 판단과 내적인 의견을 감정 속으로 가져와서 그곳, 즉 감정에 담아본다. 감정의 에너지를 사용하여 그것들을 부드럽게 하고 온몸이 연민으로 채워지는 것을 느껴본다. 깊게 숨을 들이 마시고, 가슴의 에너지가 온몸으로 퍼지는 것을 느껴본다. 수용을 느낀다.

인생이 왜 당신에게 도전 과제를 주는 걸까? 인생은 당신이 그것을 극복함으로써, 다음 단계의 충만함과 생동감을 누릴 수 있도록 도전들을 준다. 그것은 성장할 수 있는 소중한 기회다. 단지 다시 활성화되기를 기다리고 있는 당신이 이미 가진 힘을 발견할 수 있는 소중한 기회. 이 힘은 당신이 도전 과제를 극복하도록 도와주고, 정체 영역에서 성장으로 나아가도록 도와줄 것이다.

당신 안에는 절대 포기하지 않으려는 부분이 있다. 인생을 온전히 살고자 하는 목소리이다. 그것은 당신의 영혼의 목소리이며, 자아와 성격의 목소리에 맞서 싸워 당신을 최고의 자신으로 만들고자 하는 목소리이다. 당신은 이미 그 자리에 있었고, 그것이 지금 이 순간까지 당신을 이끌어 왔다. 당신이 여기에서 스스로를 극복하고 더 나은 사람이 되려고 애쓰는 순간이다. 무의식적인 생각에 휘둘리지 않고, 당신의 성격과 자동적인 생각들에 굴복하지 않고 일어서 있다. 그것이 진짜 당신이며, 당신의 영혼의 힘이다.

이 지점에서 당신의 주의는 자동적으로 "생각에 대한 생각"을 만들어내는 쪽으로 향할지도 모른다. 괜찮다. 그저 의식적으로 계속 숨을 쉬고, 공기가 몸 안으로 들어오고 나가는 길을 따라가면서, 공정한 관찰자가 당신의 마음의 활동을 판단없이 지켜보게 하면 된다.

▷ **강점, 잠재력, 그리고 개인적 힘에 대한 시각화**

이제 당신 안에 포기하지 않으려는 그 부분으로 주의를 옮긴다. 모래 위에 그려진 **마음의 무한루프** 도형을 떠올려 본다. 그 **마음의 무한루프**의 중심에너지부, 즉 오른쪽과 왼쪽이 교차하는 지점에 한 점이 있다. 이 지점을 '용기의 지점(Point of Courage)'이라고 부른다. 이제 그 지점에서 위로 화살표를 그린다고 상상해 본다.

마음의 무한루프로부터 나가는 출구이다. 정체 영역에서 벗어나는 출구이다.

이 화살표는 **마음의 무한루프** 밖에 존재하는 것을 향한다. 이 화살표는 당신의 강점과 잠재력을 가리킨다. 당신이 언제든지 접속할 수 있는 미래를 가리킨다.

이제 **마음의 무한루프** 밖에 무엇이 있는지 살펴 본다.

과거에 정말 편안함을 느꼈던 순간, 자신과 타인에 대한 수용을 느꼈던 순간을 떠올려 본다. 가벼움을 느끼고 장난스러웠던 어떤 순간도 괜찮다. 인생의 어떤 영역에서든 가져올 수 있다. 혼자일 수도 있고, 친구와 함께, 친구 그룹, 가족과 함께 있을 수도 있다. 개인 생활이나 직업 생활에서, 과거로 가서 그 순간을 다시 불러온다. 그것은 특별한 순간일 수도 있고 단순한 순간일 수도 있다. 그 순간의 이완을 몸 전체, 특히 목과 어깨에서 느껴본다. 복부에서도 느껴본다.

당신이 현명했고, 관대했고, 수용적이었던 순간을 기억 속에서 찾아본다. 자신과 남을 고치려는 마음을 내려놓았던 그 순간의 이완을 느껴본다. 모든 것이 조화롭게 흘렀고, 당신의 개입이나 감독 없이도 모든 일이 잘 진행되고 잘 마무리되었던 그 순간을 느껴본다. 깊게 숨을 들이마시고, 그 순간을 느껴본다.

마음의 무한루프 밖에 또 무엇이 있는지 살펴본다.

당신 자신이 새로운 미래 속에 있다고 상상해 본다. 그 미래 속에서 당신은 생산적이지만 차분하다. 당신은 끊임없이 성장하며 다른 사람들도 성장하도록 독려한다. 하지만 그 과정에서 관대하고 연민을 가진다. 당신은 자신을 인간으로 받아들이고 있으며, 그 안에는 덜 긍정적인 면도 포함되어 있다. 당신은 현실적이고 지상에 발을 딛고 있는 자신을 자랑스러워 한다. 왜냐하면 당신은 자신을 온전하게, 즉 이상적이기보다는 진짜 모습으로 볼 수 있기 때문이다. 그 미래에서 당신은 자신의 마음과 연결되어 있으며, 자신과 타인이 인간으로서 자연스럽게 저지르는 실수를 용서할 수 있다. 이제 손을 다시 가슴 위에 올려놓고, 심장 박동을 느껴본다. 당신의 인간다움을 느껴본다. 당신이 인간이기 때문에 때때로 쉬어도 괜찮다. 때때로 즐거운 시간을 가져도 괜찮다. 이는 당신이 에너지를 재충전하고, 극도로 피로해지기 전에 더 생산적으로 만들기 위해 필요하다. 당신의 현실주의는 당신을 더 현명하게 만들고, 당신의 마음은 분노를 녹여주며, 그로 인해 엄청난 에너지가 생산성에 활용될 수 있게 된다. 그 에너지를 느껴본다. 분별력 덕분에 판단하지 않고 사려 깊은 선택을 할 수 있는 지혜가 어떻게 생기는지 느껴본다. 이 지혜 덕분에 당신은 모범을 보이며 가르칠 수 있으며, 모두가 당신의 성실함과 책임감을 통해 배울 수 있다. 그로 인해 얼마나 많은 에너지가 해방되고, 얼마나 많은 긴장과 분노가 녹아 없어지는지 느껴본다. 실수를 두려워하지 않기 때문에, 당신은 그것을 인정하고 배울 수 있다. 이는 당신이 진정으로 꿈꾸는 것을 실현하는 데 도움이 된다. 바로 사람으로서 성장하는 것이다. 미래에서 그 순간을 현재로 불러온다. 그 순간을 지금 이 순간 당신의 몸에서 느껴본다. 가슴과 마음에서 그 순간을 느껴본다. 사고와 감정, 본능이 함께 작동하는 그 힘을 느껴본다. 당신이 무엇을 이룰 수 있는지, 그리고 가장 중요한 것은, 당신이 항상 되고자 했던 바로 그 좋은 사람이 이미 당신 안에 있다는 사실을 깨닫는 것이다.

그 미래의 순간을 현재로 가져온다. 지금 이 순간 당신의 몸에서 그 순간을 느껴본다. 가슴에서 마음에서 그 순간을 느껴본다. 감정, 사고, 신체/본능이 함께 작용하는 그 힘을 느껴본다. 당신이 이루어낼 수 있는 것, 그리고 무엇보다도 당신 안에 이미 당신이 원하는 좋은 모습이 존재한다는 것을 느껴본다.

▷ **시각화 종료**

모래 위 그림, 마음의 무한루프와 용기의 지점, 그리고 당신 안에 있는 모든 잠재력을 바라보며 천천히 명상을 마무리한다.

나는 당신의 용기를 인정한다. 이 자리에 와서 인간으로서 성장하려고 애쓴 점, 자신을 극복하려고 한 점, 당신이 들인 노력, 포기하지 않은 점을 인정한다. 당신이 이 연습을 했다는 사실 그 자체가 당신 내면의 힘과 포기하지 않으려는 의지를 보여 주는 증거이다. 나는 또한 당신이 스스로의 용기, 포기하지 않은 점을 인정해 주기를 바란다. 그리고 삶이 당신에게 주는 도전들, 삶이 매일매일 당신에게 가져다주는 수많은 기회들에 대해 삶에 감사해 주기를 바란다. 그 도전들과 기회들을 통해 당신은 자신의 강점과 접속할 수 있고, 성장할 수 있으며, 또한 세상에 기여할 수 있다. 당신의 진정한 자아로부터 나오는 선물들을 당신을 둘러싼 세상에 나눌 수 있기 때문이다.

7. 재패턴화 : 필터 유연화 및 통합을 위한 연습

이분법적 사고 (흑백 사고)

흑백 사고는 정체 영역에 있는 1번 유형에게서 주로 나타나는 왜곡된 필터이다. 이 필터는 1번 유형으로 하여금 이분법적인 사고, 즉 모든 것을 좋은 것 아니면 나쁜 것, 옳은 것 아니면 틀린 것으로 생각하게 만든다. 많은 경우, 1번 유형의 경직성과 고통은 이 메커니즘에서 비롯된다. 이 무의식적인 경향을 극복하려면, 1번 유형은 7번 유형의 고유한 특성을 통합해야 한다. 즉, 색깔과 회색의 톤으로 생각하는 능력, 그리고 절대적인 것이 아닌 **정도의 차이**로 생각하는 능력을 길러야 한다.

1번 유형을 위한 연습 : 흑백 필터 유연성 기르기

- 당신이 말한 두 가지 가능성 외에 다른 가능성은 무엇이 있는가?
- 중간에 다른 선택지가 있는가?
- 당신은 상사가 나쁜 사람이라고 말했다. 이 사람에게서 좋은

점을 찾을 수 있는가? 모든 인간은 실수를 한다. 따라서 완벽한 사람은 없다. 그 점을 고려하여 0에서 100까지의 척도로 볼 때, 이 사람은 얼마나 "나쁜 사람인가?"

▷ **좋은 점 찾기**

1번 유형이 정체 영역에 있을 때, 사람이나 사물에서 좋은 점을 찾고 칭찬하는 것은 일반적으로 미숙한 능력이다.

1번 유형을 위한 연습 : 좋은 점 찾기

한 주 동안 주변의 모든 것에서 좋은 점을 찾아보라. 이를 두 개의 열로 된 표로 기록할 수 있다. A 열에는 수정이 필요하다고 인식되고 비판할 준비가 된 모든 것이 들어간다. B 열에는 한 주 동안 당신의 개인적 또는 직업적 생활에서 사람들이 잘한 것들이 들어간다. 이를 더 확장하려면 세 번째 열을 추가할 수 있다. B 열에 있는 사람이 잘한 일에 대해 어떻게 칭찬하고 좋은 말을 할 수 있을까?

긴장을 푸는 법 배우기

1번 유형은 무의식적인 행동 방식 모드에 있을 때, 자신을 과도한 책임으로 압도하는 경향이 있다. 이들은 심지어 짧은 시간 동안이라도 비생산적인 상태에 있으면 죄책감을 느낄 수 있다.

많은 1번 유형들이 과도하게 자신을 몰아붙인 끝에 번아웃 상태로 코칭을 받으러 오기도 한다. 또 하나의 미숙한 능력은 긴장을 풀고 이완하는 능력이다. 이것은 7번 유형을 통합함으로써 개선할 수 있다.

1번 유형의 긴장을 푸는 법 배우기

이번 주에 어떻게 시간을 멈추고 "장미꽃 향기를 맡을 수 있을까?"라고 자신에게 물어보라. 1번 유형의 조직력을 활용해 빠르게 자신과의 약속을 잡고, 그 시간을 단순히 자신과 함께하며 휴식하는 시간으로 할애하라. 그렇지 않으면 이 연습은 당신에게 이론적인 것에만 그칠 가능성이 크다.

유머 감각 키우기

정체 영역에 있는 1번 유형은 너무 진지해지고, 쉽게 짜증을 내며, 냉소적이 된다. 코치는 유머를 활용해 이러한 경향을 완화하고, 새로운 방식으로 삶과 사람들에게 접근하도록 돕는 데 기여할 수 있다. 유머의 이점은 잘 연구되어 있으며, 다양한 치료 방법에서 그 사용이 권장되고 있다. 유머는 고객의 경직된 내부 규칙을 거부하는 요소를 제공한다(Madanes, 1984, 2006). 1번 유형의 경향을 병리적 관점에서 접근해 경직된 내적 규범을 강박으로 낙인 찍는 대신 코칭의 주제를 변화시키고, 유머러스한 관점을 채택할 수 있다. 1번 유형은 내재된 7번 유형과의 연결을 통해 이러한 자원을 활용할 수 있다.

코치가 1번 유형에게 사용할 수 있는 몇 가지 지침은 지나치게 진지한 성향을 해소하고, 새로운 방식으로 삶과 사람들과의 관계를 맺을 수 있도록 하는 불일치 요소와 유머를 강조하는 것이다 (Madanes, 2010, 개인적 커뮤니케이션).

1번 유형을 위한 연습 : 불일치와 유머 사용하기

- 파트너를 놀라게 하기 위해 광대처럼 차려입어 보기
- 출근할 때, 잘못된 색상을 매치하거나 다림질이 안 되어 웃기는 옷을 입어 보기.
- 다음 사무실 회의에서 일부러 잘못된 답변을 하고 참석자들에게 농담을 해보기.

창의력 키우기

1번 유형이 정체 영역에서 너무 많은 시간을 보내면, 이분법적인 흑백 사고가 지배적이 되어 창의력이 저하될 수 있다.

1번 유형을 위한 연습 : 창의력 기르기

이번 주 동안의 상호작용과 활동에서 :

• **4번 유형처럼 묻기(관점의 깊이를 더하기 위해)** : 이 주제의 깊이는 무엇인가? 이 상황에 대한 진정한 의미는 무엇인가? 명백한 것 너머에는 무엇이 있을까? 감각으로 포착할 수 없는 그 이상의 것이 무엇인가?

• **7번 유형처럼 묻기(관점을 넓히기 위해)** : 여기서 어떤 기회가 있을까? 이 모든 것이 내가 이미 알고 있는 것과 어떻게 연결되는가? 큰 그림은 무엇인가? 이 상황을 1,000피트 높이에서 보면 어떨까? 10,000피트 높이에서 본다면 어떤 모습일까?

말하는 방식 점검하기

언어는 강력한 도구이다. 그것은 의미를 전달하는 매개체이다. 우리가 현실을 해석할 때, 우리는 그것을 언어로 표현한다. 따라서 우리가 경험에 붙이는 단어를 바꿀 수 있다면, 우리의 감정 상태에도 간접적으로 영향을 미칠 수 있다. 우리의 감정의 큰 부분은 언어에서 기인하기 때문이다. 사람들은 자신이 사용하는 언어 패턴에 의해 최면에 걸린 것처럼 현실을 정확하게 보지 못하게 하는 맹점이 생긴다(Robbins & Madanes, 2005). 항상 같은 문구와 단어로 자신의 경험을 설명함으로써, 각 성격 유형은 눈앞에 있는 것을 제대로 보지 못하게 된다. 말 그대로, 현실에 대한 설명이 실제 현실이 된다. 이러한 문구와 단어는 각 유형이 가지고 있는 근본적인 제한적인 믿음을 나타낸다. 따라서 말하는 방식을 바꾸면 우리의 참조 틀을 확장하여 일상 생활에서 여러 각도로 상황을 볼 수 있게 된다.

고객이 자신의 성격 메커니즘이 그들의 언어를 낚아채는 순간을 인식할 수 있는 능력을 개발하는 것이 중요하다. 1번 유형이 정체 영역에 있을 때, 이 현상은 요구적이고 비판적인 말투로 나타난다. 또한 이들의 의견을 강하게 주장하는 대화 방식과 책임감에 대한 이야기, 그리고 "누가 옳은가"에 관한 대화가 자주 나타난다.

1번 유형의 말하는 방식에 대한 유연성을 기르기 위한 연습

다음과 같은 단어들의 사용을 주의하라.

~ 해야 한다, ~하지 않으면 안 된다, 옳다/그르다, 책임 있다/없다, 좋다/나쁘다, 맞다/틀리다와 같은 단어를 사용하는 습관에 주목한다.

이 대신 더 유연한 표현을 대체해서 사용해본다.

융 선호도를 활용한 작업 : 덜 우세한 특성을 통합하기

1번 유형과 코칭을 할 때, 고객의 융 선호도(MBTI 프로파일)를 고려하는 것이 매우 중요하다. 만약 고객이 MBTI 검사를 했다면 이들의 네 글자 성격 유형을 요청하고, 이들의 융 선호도가 에니어그램 유형과 어떻게 함께 작동하는지 논의해 본다. 또한 고객이 이들의 융 선호도의 낮은 측면에서 정체될 때, 우리는 이 책에서 설명한 패턴 멈춤 기술을 사용하여 이들이 그 상태에서 벗어나 성장할 수 있도록 도울 수 있다. 융에 대한 설명은 이 책의 1부를 참조하면 된다.

1번 유형을 코칭할 때 융 선호도의 사용 예시

- 일반적으로 9번 날개를 갖고 있는 내향적인 사람들은 더 조용하고 더 개인적이다. 이들은 더 친밀하고 성찰적이며, 세션에서 주어진 내용을 생각할 시간이 더 필요하다. 이들과 함께하는 세션은 눈맞춤이 적고 천천히 진행된다. 따라서 이들을 너무 많은 대화나 통찰, 과제로 압도하지 않도록 하자(특히 당신이 외향성을 선호하는 경우).

- MBTI에서 직관형(N)의 차원은 1번 유형의 발전 목표를 잘 보여준다. 세션에서 이것에 대해 이야기하는 것이 좋다. 세상을 바

라보는 새로운 시각을 배우는 것, 즉 세부 사항에 대한 전달보다는 큰 그림을 보는 방식으로 세상을 바라보는 것, 변화에 더 적응하고 가능성에 대해 생각하는 능력을 개발하는 것이 얼마나 중요한지 언급해주는 것이 좋다.

- 1번 유형의 발전 목표를 잘 보여주는 차원은 판단형(J)과 인식형(P)이다. 이 차원 또한 세상을 바라보는 새로운 시각을 배우고, 새로운 능력을 개발하는 것이 중요하다고 언급하라. 과정 자체에서 즐거움을 찾는 것, 결과만이 아닌 과정에서도 의미를 찾는 것, 때로는 중요한 결정을 내리기 전에 더 많은 정보를 수집해야 한다는 사실을 배우는 것, 변화에 적응하고 유연성을 기르는 것이 필요하다.

1번 유형을 위한 세션 간 연습 : 자기관찰

한 주 동안, 당신의 성격 유형의 특히 도움이 되지 않는 패턴을 적극적으로 관찰해본다. 실시간으로 패턴을 인식하게 될 때, 한 사이클의 자발적인 호흡 명상을 시작한다. 이 책의 2부에서 설명된 절차를 따라 패턴을 관찰하고 그것을 늦추는 연습을 해보는 것이 좋다. 다음 세션에서 코치와 통찰을 공유한다.

2번 유형

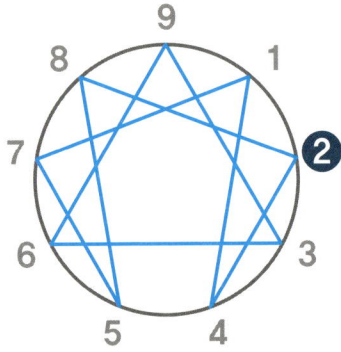

　나는 다른 사람들과 함께 있는 것을 정말 좋아합니다. 나는 다른 사람의 필요를 인식하는 특별한 감정을 가지고 있습니다. 상사나 동료에게 필요한 것이 있다고 느끼면 개입하지 않을 수 없습니다. 나는 때때로 나 자신보다 다른 사람을 위해 더 많은 시간을 쏟고 있다는 느낌을 받습니다. 그래서 공개적으로 내가 그런 말을 하는 것을 들을 가능성이 전혀 없음에도 불구하고, 다른 사람들이 나에게 감사하지 않을 때 마음이 아픕니다. 사람들은 내가 매우 친절하고 순한 마음을 갖고 있다고 말합니다. 사람들이

나에게 좋은 사람이라고 말하면 기분이 좋아집니다. 반면에, 나는 다른 사람들이 나에게 너무 많이 관여하고 때로는 참견한다고 말하는 것을 들었습니다. 대부분의 경우 나는 이들에게 진정으로 필요한 것이 무엇인지 다른 사람보다 더 잘 알고 있으며, 이들을 사랑하기 때문에 이들을 돕는 것입니다. 하지만 내가 도움을 요청해야 할 때는 그게 정말 힘듭니다(수잔, 2번 유형).

2번 유형에 대한 설명

2번 유형은 사람 중심적이고 따뜻하며 다른 사람의 필요, 욕구, 감정을 예리하게 통찰하는 성향을 가지고 있다.

최상의 상태일 때 이들은 다른 사람의 요구에 빠르게 공감할 수 있는 이타적인 사람들이다. 이들은 매우 사교적이며 다른 사람들과 즉각적인 관계를 구축하는 방법을 잘 알고 있다. 이들은 대가를 얻기 위해서가 아니라 지지와 사랑의 마음에서 자발적으로 타인을 돕는 관대한 사람들이다.

이들은 항상 다른 사람을 도울 준비가 되어 있지만, 자신의 필요를 존중하고 그에 맞춰 조정하며 거절하는 방법과 경계를 설정하는 방법을 알고 있다. 이들의 베풂은 자신의 필요를 희생하여 이루어지는 것이 아니다. 이들은 사람들과 함께 일하는 것을 사랑하며, 활력이 넘치고 매우 표현적이면서도 동시에 부드럽고, 동정심이 많고, 민감하다.

이들은 진정으로 다른 사람의 이야기를 공감적으로 들을 수 있으며, 그 사람이 원하는 방식으로 지원을 제공할 수 있다.

정체 영역에 있을 때 다른 사람에게 필요하고 없어서는 안 될 존재가 되고 싶은 강렬한 욕구가 내면에서 뛰기 시작한다. "사랑받기 위해서는 주어야 한다"는 믿음이 이들의 사고를 지배한다. 이들의 관심은 무의식적으로 다른 사람의 필요를 감지하고 예상하는 데 쏠리는 경향이 있다. 이들은 도우미, 구조자, 즐거움을 주는 사람이 되어 너무 많은 사람과 프로젝트에 없어서는 안 될 존재라고 느끼려고 노력하고, 자신의 관대한 행동에 대한 승인, 수용, 감사를 얻기 위해 너무 열심히 노력할 수 있다.(도움을 줄 사람을 고르는 데는 항상 어느 정도 최소한의 선택이 있기는 하지만) 이는 이들을 아첨하게 만들고 대부분의 경우 다른 사람에게 관심을 갖고 행동하게 만든다.

때때로 이들은 마치 다른 사람에게 도움과 조언을 강요하는 것처럼 방해적으로 행동할 수도 있고, 요청하지 않았을 때 통찰력을 제공할 수도 있다. 이들은 당신에게 진정으로 필요한 것이 무엇인지 당신보다 더 잘 아는 것처럼 행동할 수도 있다. 이들은 통제하고, 소유하고, 조종하고, 거만하며, 적대적일 수 있으며, 다른 사람을 겸손하게 대하고 "내 도움 없이는 결코 할 수 없었을 것이다"라는 태도를 가질 수 있다.

이들은 세 가지 방식으로 자신을 가두게 된다. 첫째, 다른 사람에게 요청하거나 도움을 받는 것이 어렵다. 둘째, 이들은 자신의 필요에 주의를 기울이면 이기적이라는 죄책감을 느낀다. 셋째, 이들은 자신이 다른 사람을 위해 하는 것처럼, 다른 사람도 자신의 필요를 알아차리고 채워주기를 기대한다(그래서 직접 요청하지 않아도 되기를 바란다).
그 결과, 자신의 개인적 욕구는 더욱 억압되고 충족되지 않게 된다.

자신의 필요를 억누른 채 너무 많은 것을 다른 사람들에게 쏟아부었다고 느끼면서 내면에 분노가 쌓이기 시작한다. 이들은 이용당하고, 통제당하며, 인정받지 못했다고 느끼게 된다. 이로 인해 갑작스러운 감정 폭발, 갈등, 비난이 흔히 나타날 수 있다. 또한 자신의 진짜 욕구를 혼란스러워하며, 과도한 스트레스가 쌓이고, 정신적, 신체적, 감정적, 경제적으로 소진되기 쉽다. 이는 이들이 다른 사람들로부터 인정과 수용, 사랑을 얻기 위해 자신의 모든 자원을 쏟아부었기 때문이다.

2번 유형의 코칭 프로토콜

1. 세션의 분위기 조성하기

고객과 코칭 세션을 시작하기 전에 자신을 점검해야 한다.

▷ **수용적인 태도로 임하기**

다음 질문을 스스로에게 물어본다.

- 나는 판단하지 않는 상태에 있는가?
- 내 특정 성격 유형이 2번 유형에 대해 거부감을 가지고 있는가?

▷ **다양한 방식으로 경청하기**

모든 코칭 세션 동안 모든 지능 중심에너지(사고, 가슴, 본능)를 사용하는 것이 매우 중요하다. 세 가지 중심을 모두 활용하여 적극적으로 듣는것에 주의해야 한다.

▷ **사고 중심에너지로 경청하기**

- 말하는 스타일과 언어 사용에 주목한다.
- 신체 언어와 자세를 분석한다.

- 반복되는 행동 패턴을 파악하고 어떻게 끊을 수 있을지 생각해본다.

▷ **가슴 중심에너지로 경청하기**

- 공감한다.
- 고객을 **유형**이 아닌 인간 자체로 바라본다.
- 겉으로 드러나는 모습 이면을 본다.
- 어떠한 저항이 있더라도 연결을 시도한다.(당신의 역할은 고객의 성장하도록 돕는 것이다).

▷ **본능 중심에너지로 경청하기**

- 고객은 세션에 어떤 종류의 에너지를 가져오고 있는가?
- 고객이 말하는 내용과 그 말에 담긴 에너지가 일치하는가?
- 이 코칭 과정의 최근 발전에 대해 당신의 직관이 무엇을 말해주는가?
- "사람들이 말하는 것을 들되, 이들이 실제로 하는 행동에 주목하라(Madanes, 1995)."

2. 도전 과제 정의하기

고객이 코칭을 통해 무엇을 다루고 싶은지, 코칭을 받는 목적이 무엇인지를 명료화 하기

2번 유형의 일반적인 도전 과제는 다음과 같다.

- 과도한 베풂의 패턴으로 인해 발생하는 스트레스와 고통을 줄인다.
- 다른 사람에게 베푸는 행동과 외부의 인정, 승인 없이도 자신의 자존감과 자기 가치를 확립한다.
- 자신의 욕구를 인식하고, 체계적으로 스스로를 돌보는 법을 익힌다.
- 사회적 활동이 강한 성향과 더불어 내면의 삶을 풍요롭게 하는 내향성의 가치를 배운다.
- 죄책감없이 자신의 의지를 주장하고 경계와 한계를 설정하는 방법을 배운다.

3. 고객의 세계관과 정체성 영역 이해하기

다음 질문을 스스로에게 해본다.

고객은 왜 그렇게 행동하는가? 고객의 행동을 형성하는 것은 무엇인가? 고객의 내면 이야기는 무엇인가? 고객은 어떤 필터를 통해 세상을 바라보고 인식하는가? 고객에게서 유형의 고정 관념이 어느 정도 활성화되고 작용하고 있는가?

그림 3-2. 2번 유형의 정체 영역과 탈출 전략

2번 유형이 자각이 부족하거나 스트레스를 받을 때, 주의 집중은 '필요한 존재가 되고 싶고, 다른 사람에게 없어서는 안 될 존재가 되고 싶다'는 강렬한 욕구에 의해 장악되거나 흔들릴 수 있다. 이러한 상태에서 이들은 충동적으로 다른 사람에게 베풀기 시작하지만, 사실 이는 결국 어떤 대가(예:사랑, 우정 등)를 얻기 위한 시도인 경우가 많다.

4. 여섯 가지 인간의 욕구에 대한 자각 일으키기

인간 욕구 심리학에 따르면 우리는 확실성, 다양성, 사랑/연결, 중요성, 성장, 기여 등 모두 여섯 가지 기본적인 인간 요구를 가지고 있다(Madanes, 2009). 이 욕구들은 단순한 바람이 아니라 우리의 행동을 움직이는 진정한 동기이다.

2번 유형을 위한 연습 : 여섯 가지 인간의 욕구 탐색하기

정체 영역을 살펴보고, 그곳에 나열된 행동들 중에서 자신이 가장 자주 보이는 행동을 선택한다. "이 행동을 통해 충족하려는 인간의 기본 욕구는 무엇인가?" 자신이 특정 행동을 하는 이유가 어떤 욕구에서 비롯되었는지 탐색한다.

각 욕구를 0점에서 10점까지 평가해 보기

▷ **확실성** : 이러한 행동을 하면 확신이 생기는가? 당신에게 안정감을 주나요? 이러한 행동 외에 더 긍정적인 방법으로 확실성을 얻는 방법을 알고 있는가?

▷ **다양성** : 이러한 행동에 참여하면 다양성을 느낄 수 있는가? 이러한 행동 외에 더 긍정적인 방법으로 다양성을 얻는 방법을 알고 있는가?

▷ **사랑/연결** : 이러한 행동을 하면 다른 사람과 연결되어 있다는 느낌이 드는가? 사랑의 감정을 경험하는가? 이러한 행동 외에 더 긍정적인 방법으로 사랑과 연결을 얻는 방법을 알고 있는가?

▷ **중요성** : 이러한 행동을 하면 자신이 중요하다고 느끼는가? 특별한 존재로 느끼게 하는가? 이러한 행동 외에 더 긍정적인 방법으로 의미를 얻는 방법을 알고 있는가?

▷ **성장** : 이러한 행동에 참여하는 것이 당신에게 발전감을 주고, 당신이 성장하고 있다는 느낌을 주는가? 이러한 행동 외에 더 긍정적인 방법으로 성장하는 방법을 알고 있는가?

▷ **기여** : 이러한 행동에 참여하면 자신의 필요를 뛰어넘고 다른 사람에게 베푸는 느낌을 갖게 되는가? 이러한 행동 외에 더 긍정적인 방법으로 기여도를 얻는 방법을 알고 있는가?

▷ **코칭 사례 연구** : 예를 들어 우리의 고객 중에 2번 유형인 소니아Sonia를 사례로 들어 보겠다. 그녀에 따르면, 다른 사람들이 요청하지 않더라도 다른 사람들을 돕는 것은 인간의 여섯 가지 욕구 중 세 가지를 충족시킬 수 있다고 한다. 가장 중요한 것은 사랑/연결이다. 다른 사람들이 그녀가 사랑받고 인정받고 싶은 욕구를 충족할 수 있도록 도와준다. 두번째로 중요한 것은 자기존중감이다. 다른 사람들을 돕는 것은 그녀로 하여금 자신이 특별하다고 느끼게 해준다. 왜냐하면 그녀는 항상 다른 사람에게 무엇이 더 좋은지 알고 있고 아마도 다른 사람이 그녀의 도움 없이는 성공할 수 없을 것이라고 생각하기 때문이다. 다른 사람을 도움으로써 그녀는 다양성에 대한 욕구도 충족시킨다. 그녀는 다른 사람을 돕는 것이 자신이 원할 때마다 다른 사람의 삶에 개입할 수 있는 수단이라고 생각한다. 그녀는 부정적인 방식으로 인간의 욕구를 충족시키고 있기 때문에 그녀가 그토록 간절히 원하는 사람들로부터 인정과 감사를 얻지 못하고 있다. 실제로 사람들은 그녀의 지속적인 간섭과 요청하지 않은 도움에 대해 약간 분개하며, 이는 그녀가 다른 사람들과의 관계를 손상시킨다. 소니아가 자신의 모든 필요를 긍정적인 방식으로 충족할 수 있다는 것을 깨달았을 때 돌파구가 생겼다. 그것은 얻기 위해 주는 습관을 버리고 대신 다른 사람에게 진정으로 필요한 것을 필요한 만큼 필요할 때 주고 이들의 의지와 성격 유형의 자연스러운 성향을 존중함으로써 가능하다.

고려해야 할 한 가지 중요한 점은 성장과 기여의 요구에 특별한 주의를 기울이는 것이다. 코칭을 받는 사람은 이러한 요구를 건강한 방식으로 충족하는가, 아니면 파괴적인 방식으로 충족하는가? 우리의 성격이 통합되면서 성장과 기여의 욕구가 높은 점수를 받기 시작하고 긍정적이고 건강한 방식으로 충족되기 시작한다. 그 이유는 우리가 정체 영역에서 벗어날 때 새롭고 의식적이며 선택된 반응에 따라 행동하기 때문이다. 이를 통해 우리는 오래된 습관을 극복하고 성장할 수 있다. 이러한 통합은 결국 다른 사람들에게 더 큰 기여를 가져올 것이다. 대조적으로, 우리가 인식하지 못한 채 계속해서 행동한다면, 우리의 오래된 반응 패턴에 따라 우리는 스스로를 무력화시키고 자존심이 우리의 삶을 관리하도록 놔두게 된다. 이것은 항상 우리 자신과 다른 사람들에게 고통을 안겨준다.

5. 레버리지 확보하기

다음 단계는 해당 유형의 도움이 되지 않는 패턴이 고객에게 초래하는 대가와 고통을 자각하도록 돕는 것이다.

2번 유형을 위한 연습 : 패턴이 초래하는 대가 인식하기

- '주는 것을 통해 얻으려는' 습관이 인간관계에서 당신에게 얼마나 많은 대가를 초래하는가?

- 타인을 돕느라 지나치게 자신을 소진시킨 결과, 신체적, 정신적, 건강에 어떤 영향을 받았는가?

- 대인관계와 타인의 감정에만 지나치게 집중하면서, 직업적으로 중요한 다른 요소들을 소홀히 한 대가는 무엇인가?

- 다른 사람들의 인정을 끊임없이 얻으려 하면서 당신의 개인적인 만족감과 행복감에 어떤 영향을 미쳤는가?

6. 패턴 멈춤 : 주의력을 키우기 위한 연습

2번 유형을 위한 시각화

시각화는 일반적인 코칭과 특히 성격 유형 코칭을 수행할 때 훌륭한 도구이다. 다음은 2번 유형에 대한 포괄적인 시각화/명상 스크립트이다. 이는 유형의 강점과 약점을 활용하는 작업, 공정한 관찰자를 통한 주의력 훈련, 의식적인 호흡 훈련, 수용 및 이완을 포함한다. 단일 코칭 세션에서 모든 기능을 사용할 필요는 없다. 다음 섹션 중 하나 이상을 선택하여 이러한 시각화를 모듈식으로 사용할 수 있다.

2번 유형을 위한 스크립트 : 시각화 / 명상

▷ **이완**

먼저 편안한 자세로 앉는다. 척추는 자연스럽게 곧게 세우고, 팔은 느슨하게 풀어둔다. 손바닥을 위나 아래로 하여 가볍게 무릎 위에 올려 놓는다. 몸 전체를 이완시키기 위해 깊게 숨을 한 번 들이마셔 본다. 숨을 들이마시고, 내쉬고, 이제 천천히 눈을 감고, 다시 한 번 깊게 숨을 들이마시면서 중심에너지를 잡고 집중한다. 숨을 들이쉬고, 내쉰다.

▷ **공정한 관찰자 훈련**

공정한 관찰자에 대한 인식을 의식하는 것으로 시작해보겠다. 공정한 관찰자는 당신의 행동을 객관적으로 외부에서 관찰하는 친구라고 생각해보자. 이는 당신이 현명한 결정을 내리도록 도와주며, 무의식적인 상태에서 벗어나도록 도와준다. 공정한 관찰자는 본능(신체감각), 사고(생각, 계획, 미래, 과거, 이미지, 아이디어, 상상력), 감정(감각)의 세 가지 중심에너지에서 일어나는 활동에 민감하게 반응하도록 마음을 훈련함으로써 그렇게 할 수 있다. 영혼과의 연결을 상징적으로 나타내는 우리의 호흡은 우리가 중심에너지를 유지하고, 한 중심에너지에서 다른 중심에너지로 관심을 옮길 수 있게 해준다. 또한 이는 비판적이지 않은 상태를 유지하게 하며 감사, 연민, 수용의 자질을 이 연습에 적용할 수 있게 해준다. 마음이 방황할 때마다 그 순간을 이용해 감사, 연민, 수용의 자질을 적용할 수 있게 해준다. 이러한 순간은 우리의 관심을 다시 바꾸는 방법을 배울 수 있는 귀중한 기회를 제공한다.

먼저 주의를 본능 중심에너지로 부드럽게 천천히 옮긴다. 깊게 숨을 들이마시고, 공기가 몸 안팎으로 흐르는 경로를 따라간다. 천천히 진행한다. 다시 숨을 들이마시고, 이번에는 숨을 내쉬는 시간을 조금 더 길게 가져본다. 공기가 몸 안팎으로 흐르는 경로에 전적으로 집중하며, 시작부터 끝까지 주의를 기울인다. 이제 몸의 감각을 느끼기 시작한다. 발이 바닥에 닿는 접촉점을 느껴본다. 지금 그곳에 어떤 감각이 있는가? 주의를 등으로 옮겨서 의자가 주는 지지를 느껴본다. 그 감각을 잠시 음미한다. 이제 손으로 주의를 옮기고 손과 무릎이 닿는 접촉점을 느껴본다.

이제 두 손을 가슴 위에 포개어 올리고, 감정 중심에너지로 주의를 옮겨본다. 지금 이 순간 어떤 감정이 느껴지고 있는가?

이제 주의를 사고 중심에너지로 옮겨본다. 당신의 감정에 대해 어떤 마음속 이야기가 들려 오는가? 당신의 마음은 이 감정에 대해 뭐라고 말하고 있는가? 이 명상 전체에 대해 뭐라고 말하고 있는가? 떠오르는 마음속 이야기를 고요히 생각해 본다. 숨을 들이마시고, 내쉬고, 사고 중심에너지에 머물면서, 이제 당신의 기억으로 주의를 옮겨본다. 흑백 TV에서 과거의 역사가 방송되고 있는 모습을 상상해 보며 TV 속에 있는 당신을 본다. 인생의 각 단계를 화면에서 느린 동작으로 보고 있다. 그 모습을 실제로 보게 되면 고개를 끄덕여본다. 숨을 들이마시고, 내쉬고, 사고 중심에너지에 머무르면서 이제 미래에 대한 생각으로 주의를 옮긴다. 아래의 질문들에 차분하게 반응해 본다. 각 질문 사이에 잠시 멈춰 생각할 시간을 가진다. 당신은 미래가 어떻게 되기를 원하는가? 미래의 자신은 어떤 모습인가? 어떤 계획을 가지고 있는가?

▷ **시각화**

계속해서 사고 중심에너지에 있으면서, 이제 상상력으로 주의를 옮겨본다. 해변, 바닷가, 약간 젖은 모래 위에 있는 자신을 상상해 본다. 바닷가의 공기를 들이마셔 본다. 숨을 들이마시고, 내쉬고, 바람을 느껴본다. 파도 소리를 들어본다. 발 밑으로 모래의 감촉을 느껴본다. 손가락으로 수평으로 누운 8자 모양(마음의 무한루프)를 천천히, 아주 천천히 젖은 모래 위에 그려 본다. 손가락과 모래 사이의 접촉을 느껴본다.

▷ **정체 영역과 그 비용의 시각화**

이제 당신의 모든 문제와 도전 과제들을 그 모래 위에 그려진 **마음의 무한루프** 안에 하나씩 넣는 장면을 상상한다.

내 필요는 무시한 채, 다른 사람의 필요에만 지속적으로 관심을 기울이는 것이다. 요청하지 않은 경우에도 도우려 애쓰는 동안, 내 자신을 과도하게 확장하여 육체적으로 지치고 말았다. 다른 사람의 인정과 사랑을 얻으려는 나의 모든 필사적인 시도. 내가 다른 사람들을 위해 행한 모든 선한 일에 대해 감사하지 않는다는 느낌에 대한 나의 모든 분노. 모든 고통.

긴장감과 분노를 느껴본다. 모래 위 마음의 무한루프 안에 있는 모든 문제를 볼 때 배 속에서 느껴본다. 몸 전체에 긴장감을 느껴보고. 잠시만 거기 있어본다.

모래 위 마음의 무한루프는 우리의 정체 영역을 나타낸다. 우리가 부정적인 초점과 부정적인 감정에 갇히게 되는 곳이다.

▷ **'인간이다'라는 깨달음**

모든 인간에게는 그 사람을 인간답게 만드는 문제들을 가지고 있다. 그것은 개인적이며, 맞춤형으로 주어진 삶의 도전들이다.

자신의 개인적인 도전들을 판단없이 지켜본다. 만약 당신의 마음이 어떤 논평을 덧붙이더라고 괜찮다. 걱정하지 말고 이 연습을 **제대로** 하려고 애쓰지 않아도 된다. 만약 판단이 생긴다면, 그 판단을 그냥 지켜보면 된다. 그 대사를 들어본다. 그것이 생겨나는 모습을 당신 바깥에서 벌어지는 일처럼 지켜 보면 된다.

 자신의 경험에 대해 판단을 갖는 것은 인간적인 일이다. 괜찮다. 이제 주의를 당신의 마음에 집중한다. 방금 머릿속에서 들었던 판단과 내적인 의견을 감정 속으로 가져와서 그곳, 즉 감정에 담아본다. 감정의 에너지를 사용하여 그것들을 부드럽게 하고 온몸이 연민으로 채워지는 것을 느껴본다. 깊게 숨을 들이 마시고, 가슴의 에너지가 온몸으로 퍼지는 것을 느껴본다. 수용을 느낀다.

 인생이 왜 당신에게 도전 과제를 주는 걸까? 인생은 당신이 그것을 극복함으로써, 다음 단계의 충만함과 생동감을 누릴 수 있도록 도전들을 준다. 그것은 성장할 수 있는 소중한 기회다. 단지 다시 활성화되기를 기다리고 있는 당신이 이미 가진 힘을 발견할 수 있는 소중한 기회다. 이 힘은 당신이 도전 과제를 극복하도록 도와주고, 정체 영역에서 성장으로 나아가도록 도와줄 것이다.

 당신 안에는 절대 포기하지 않으려는 부분이 있다. 인생을 온전히 살고자 하는 목소리이다. 그것은 당신의 영혼의 목소리이며, 자아와 성격의 목소리에 맞서 싸워 당신을 최고의 자신으로 만들고자 하는 목소리이다. 당신은 이미 그 자리에 있었고, 그것이 지금 이 순간까지 당신을 이끌어 왔다. 당신이 여기에서 스스로를 극복하고 더 나은 사람이 되려고 애쓰는 순간이다. 무의식적인 생각에 휘둘리지 않고, 당신의 성격과 자동적인 생각들에 굴복하지 않고 일어서 있다. 그것이 진짜 당신이며, 당신의 영혼의 힘이다.

이 지점에서 당신의 주의는 자동적으로 **생각에 대한 생각**을 만들어내는 쪽으로 향할지도 모른다. 괜찮다. 그저 의식적으로 계속 숨을 쉬고, 공기가 몸 안으로 들어오고 나가는 길을 따라가면서, 공정한 관찰자가 당신의 마음의 활동을 판단없이 지켜보게 하면 된다.

▷ 강점, 잠재력, 그리고 개인적 힘에 대한 시각화

이제 당신 안에 포기하지 않으려는 그 부분으로 주의를 옮긴다. 모래 위에 그려진 **마음의 무한루프** 도형을 떠올려 본다. 그 **마음의 무한루프**의 중심에너지부, 즉 오른쪽과 왼쪽이 교차하는 지점에 한 점이 있다. 이 지점을 '용기의 지점(Point of Courage)'이라고 부른다. 이제 그 지점에서 위로 화살표를 그린다고 상상해본다. **마음의 무한루프**로부터 나가는 출구이다. 정체 영역에서 벗어나는 출구이다.

이 화살표는 **마음의 무한루프** 밖에 존재하는 것을 향한다. 이 화살표는 당신의 강점과 잠재력을 가리킨다. 당신이 언제든지 접속할 수 있는 미래를 가리킨다.

이제 **마음의 무한루프** 밖에 무엇이 있는지 살펴 본다.

과거에 당신이 다른 사람을 위해 무엇을 했는지에 관계없이 무조건적인 사랑을 느꼈던 순간을 떠올려 본다. 인생의 어떤 영역에서든 가져오도록 한다. 혼자일 수도 있고, 친구와 함께, 친구 그룹, 가족과 함께 있을 수도 있다. 개인 생활이나 직업 생활에서. 과거로 가서 그 순간을 다시 가져온다. 그것은 특별한 순간일 수도 있고 단순한 순간일 수도 있다. 느껴본다. 그 순간의 이완을 온몸으로 느껴본다.

당신의 자존감이 다른 사람들이 당신을 좋아하는 것에 달려 있지 않았던 그 순간을 기억에서 찾아본다. 자신과 자신의 삶에 대해 좋은 느낌을 갖기 위해 다른 사람의 승인이 필요하지 않은 그 순간의 이완을 느껴본다. 모든 것이 조화롭게 흘러갔고, 어떤 조치도 취할 필요 없이 모든 것이 실제로 잘 작동하고 잘 진행되었다. 심호흡을 하고 그 순간을 느껴본다.

마음의 무한루프 밖에 또 무엇이 있는지 살펴본다.

이제 나는 당신이 새로운 미래를 상상해 보기를 바란다. 당신이 지지하고, 사랑하고, 공감하지만 고요한 미래. 당신이 도움이 되고 친절하지만 열정과 활력이 넘치는 미래. 당신의 타고난 한계를 포함하여 당신 자신을 인간으로 받아들이는 미래. 두 손을 서로 포개어 마음에 얹어 본다. 당신의 심장 박동을 느껴본다. 당신의 인간성을 느껴본다. 당신은 인간이기 때문에 쉴 수 있고 항상 다른 사람의 문제를 해결해야 한다는 느낌을 갖지 않아도 된다. 이를 통해 에너지를 재충전하고 지치지 않고 높은 에너지를 유지할 수 있다. 그로부터 얼마나 많은 에너지가 해방되고 얼마나 많은 원한과 분노가 해소되는지 느껴본다. 당신은 자신의 필요를 돌보기 때문에 다른 사람에게 대가를 기대하지 않는다. 이것은 당신의 인생 꿈 중 하나, 즉 진정으로 착하고 이타적이며 관대한 사람이 되는 꿈을 이루는 데 도움이 된다.

미래에서 그 순간을 가져와 현재 순간에 몸으로 느껴본다. 마음으로, 생각으로 느껴본다. 마음과 마음, 몸이 함께 일하는 힘을 느껴보고 무엇을 성취할 수 있는지 확인한다. 그리고 가장 중요한 것은 지금 당신 안에 있는 모든 것이 어떻게 당신이 항상 원했던 좋은 사람인지를 확인하는 것이다.

천천히 돌아가서 모래 위에 그림 전체를 바라보며 묵상을 부드럽게 마무리해본다. 당신 안에서 이용할 수 있는 모든 잠재력과 함께 마음의 무한루프를 지켜본다.

▷ **시각화 종료**

나는 당신의 용기, 여기에 있어 한 사람으로서 성장하려고 노력하고, 자신을 극복하려고 노력하고, 포기하지 않고 노력한 것에 대해 감사드린다. 당신이 이 훈련을 한다는 단순한 사실은 당신의 내면의 힘을 포기하지 않는다는 증거이다. 또한 포기하지 않은 용기를 인정해 주길 바란다. 그리고 인생이 가져다 주는 도전과 매일 주어지는 많은 기회에 대해 삶에 감사하기를 바란다. 이를 통해 당신은 자신의 강점을 접하고, 성장하고, 세상에 공헌하고, 인류에게 베풀 수 있다. 당신 주변의 세상은 당신의 진정한 자아의 선물이다.

7. 재패턴화 : 필터 유연화 및 통합을 위한 연습

긴장을 푸는 법 배우기

2번 유형은 무의식적인 상태에서 너무 많은 사람들을 돕느라 자신을 돌보는 것을 소홀히 하곤 한다. 잠시라도 남을 돕지 않으면 죄책감을 느끼는 경우도 많다. 이러한 이유로 많은 2번 유형은 오랜시간 자신을 지나치게 소진한 끝에 탈진 상태로 코칭을 찾곤 한다. 이러한 패턴을 극복하려면, 4번 유형의 관점을 활용하는 것이 도움이 된다.

2번 유형을 위한 연습 : 긴장을 푸는 법 배우기

다른 사람들에게 필요한 것이 무엇인지 알아내려고 애쓰는 대신 화살표를 4번 방향으로 사용하여 다음과 같이 질문한다. 지금 내 감정은 어떤가? 내 안에서 어떤 일이 일어나고 있는 걸까? 내가 지금 필요한 것은 무엇인가?

▷ **자기 주장이 강한 근육을 발달시키기 / 단호함 근육 키우기**

2번 유형이 정체 상태에서 너무 오래 머물게 되면, 자신의 욕구보다는 타인을 만족시키는 역할에만 몰두하게 된다. 이로 인해 "거절하는 것"이 이기적인 행동처럼 느껴지기도 한다. 결국, 자기 주장력이 약해지고, 인간관계에서 건강한 경계를 유지하지 못하는 경우가 많다.

2번 유형을 위한 연습 : 건강한 경계 설정하기

이번 주, 일상에서 다음과 같은 질문을 스스로 던지며 실천해

본다.

- 8번으로 향하는 화살표를 사용하여 다음과 같이 질문한다. 여기서 내가 원하는 것은 무엇인가? 건강한 8번 유형이 가진 단단함과 내면의 힘을 떠올려 본다. 이 에너지를 유지하며, 사람들과의 상호작용에서 흔들리지 않도록 한다.

- 3번 날개를 사용하여 다음과 같이 질문한다. 나의 목표는 무엇인가? 피곤함에도 불구하고 자신의 개인적인 필요에 주의를 기울이지 않고 자신의 계획을 무너뜨리지 않고 다시 자신을 과도하게 확장하고 다른 사람들을 위해 많은 노력을 기울이고 싶은 유혹을 느낄 때 건강한 3번 유형의 비즈니스 집중력을 사용한다. 신체적, 정서적, 재정적 자원을 현실적이고 좀 더 효율적으로 살펴본다.

- 1번 날개를 사용하여 다음과 같이 질문한다. 타인을 돕는 동시에 내 책임도 성실히 수행할 수 있는 방법은 무엇인가? 확인 : 가족이나 직장 내 역할을 소홀히 하면서 제3자의 문제를 돕고 있지는 않은가? 내가 한 약속을 제대로 지키고 있는가?

말하는 방식 점검하기

언어는 강력하다. 우리는 언어를 통해 현실을 해석하고 의미를 부여한다. 따라서, 자신의 경험을 표현하는 방식을 바꾸는 것만으로도 감정상태에 영향을 미칠 수 있다. 왜냐하면 우리 감정의 큰 부분이 언어에서 나오기 때문이다. 사람들은 자신의 언어 패턴에 의해 최면에 걸리며, 현실을 정확하게 볼 수 없는 사각지대를 만든다(Robbins & Madanes, 2005). 자신의 경험을 설명하기 위해 항상 동일한 문구와 단어를 사용함으로써 각 성격 유형은 결국 앞에 있는 것을 보지 못하게 된다. 말 그대로 현실에 대한 묘사가 실제 현실이 되는 것이다. 이러한 문구와 단어는 단순히 각 유형이 갖고 있는 근본적인 제한적 신념의 표현일 뿐이다. 따라서 말하는 방식을 바꾸는 것은 우리의 참조 틀을 확장하는 데 도움이 될 수 있으며 일상 생활의 상황을 더 많은 각도에서 볼 수 있게 해준다.

고객이 자신의 성격 메커니즘이 이들의 언어를 낚아채는 순간을 인식할 수 있는 능력을 개발하는 것이 중요하다 정체 영역에 있는 2번 유형의 경우 이는 일반적으로 다른 사람에게 더 집중하는 경향이 있는 말하는 방식으로 나타난다. 비록 대화에 참여하지만 2번 유형은 자신이 어떻게 느끼는지에 대해 덜 공유하며 대화는 자연스럽게 다른 사람에게 끌리게 된다.

2번 유형을 위한 연습 : 말하는 방식을 유연하게 활용하기

다음 질문을 스스로에게 물어보며 대화 주제와 형식에 주의를 기울인다. 우리는 당신에 대해 얼마나 오랫동안 이야기했는가? 그리고 내 내면의 감정과 생각에 대해 얼마나 이야기했는가? 내 개인적인 필요에 대해 이야기하는 것을 피하고 있는가? 상대방이 진정으로 필요로 하는 것을 듣고 있는가, 아니면 글들이 말하는 동안 이미 내가 그들의 필요를 결정해버렸는가?

융 선호도를 활용한 작업 : 덜 우세한 특성을 통합하기

2번 유형을 지도할 때 융 선호도에 주의를 기울이는 것이 매우 중요하다. 코칭을 받는 사람이 MBTI 프로필을 작성한 경우 4글자 유형을 물어보고 융 선호도가 코칭을 받는 사람의 에니어그램 유형과 어떻게 조화를 이룰 수 있는지 토론해본다. 또한 고객이 융 선호도의 낮은 면에 갇혀 있을 때, 우리는 이 책 전반에 걸쳐 설명된 것과 동일한 패턴 멈춤 기술을 사용하여 이들이 벗어나 성장하도록 도울 수 있다. 융 선호도에 대한 설명은 이 책의 1부를 참고한다.

2번 유형을 코칭할 때 융 선호도를 사용하는 몇 가지 예는 다음과 같다.

• 마이어스 브릭스 Myers-Briggs의 전체 내향성 차원은 2번 유형의 일부 개발 목표를 매우 잘 보여준다. 코칭 세션에서 이에 대해 이야기해본다. 이 각도에서 세상을 보고 인식하는 법을 배우는 것의 중요성을 언급한다. 보다 성찰적이고 내면 지향적인 법을 배우는 것은 즉시 외향적인 생각을 하는 대신, 생각을 내면으로 받아들이고 처리하는 능력을 개발한다. 사람들과 공간과 경계를 만드는 것은 상황을 바라보는 사려 깊은 방법을 개발한다. 철저하게 생각 하는 시간을 갖는다.

• 2번 유형의 일부 개발 목표에 매우 유용한 또 다른 차원은 사고이다. 여기에서도 이러한 각도에서 세상을 보는 법을 배우는 것의 중요성에 대해 언급한다. 즉, 상황을 비인격적으로 분석하는 능력을 개발하는 것이다. 논리적으로 결정을 내린다. 조치를 취할 때 예상되는 이익과 비용을 비교한다. 논리적인 질문을 하고 작업 중심 에너지를 유지한다. 원인과 결과를 분석한다. 이 모든 것은 2유형의 발달에 매우 중요하다. 왜냐하면 2유형은 감정에 대한 융의 분명한 선호를 갖고 있기 때문이다.

2번 유형을 위한 세션 간 연습 : 자기 관찰

한 주 동안, 당신의 성격 유형의 특히 도움이 되지 않는 패턴을 적극적으로 관찰해본다. 실시간으로 패턴을 인식하게 될 때, 한 사이클의 자발적인 호흡 명상을 시작한다. 이 책의 2부에서 설명된 절차를 따라 패턴을 관찰하고 그것을 늦추는 연습을 해본다. 다음 세션에서 코치와 통찰을 공유한다.

3번 유형

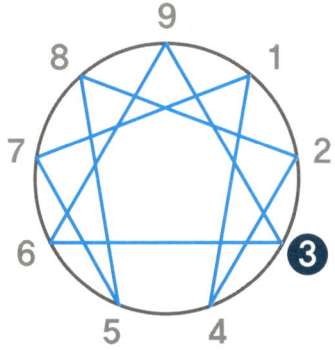

　다른 사람들이 2등에 만족하는 모습을 보면, 나는 도저히 이해할 수 없습니다. 내가 내 자신을 기억할 수 있는 순간부터, 나는 항상 1등이 되고 싶었습니다. 최고가 되고 싶었습니다. 그리고 그것을 이루기 위해 정말 열심히 노력합니다. 내 삶의 모든 영역에서 나는 최고가 되려고 합니다. 친구들과 농구를 할 때도, 대학에서 최고 성적을 받을 때도, 무엇을 하든지 나는 끊임없이 노력하고 또 노력합니다. 필요하다면 잠을 줄여서라도 말입니다. 나는 이 세상에서 **누군가**가 되고 싶습니다. 그리고 내가 진정으

로 원하면 반드시 해낼 수 있다고 믿습니다. 나는 이미지가 중요하다고 생각합니다. **패배자**처럼 보이면서 성공할 수는 없습니다. 성공하고 싶다면, 자신을 적절한 방식으로 보여줄 수 있어야 합니다. 그래야만 경력에서 앞서 나갈 수 있습니다. 진정한 프로페셔널이 되어야 한다고 믿습니다. 집에서는 나에게 감정이 없다고 말합니다. 하지만 그것은 그들이 이해하지 못하기 때문입니다. 내가 다음 목표에 집중하고 있을 때, 감정은 행동에 들어서는 데 방해가 될 수 있습니다. 나처럼 끊임없이 움직이고 행동하는 사람에게는 감정을 드러내는 것이 어려울 때도 있습니다. (스티븐, 3번 유형)

3번 유형에 대한 설명

3번 유형은 성공과 이미지에 민감하며, 역동적이고 자기 주도적인 사람들로 탁월하고 최고가 되고 싶어하는 사람들이다.

최상의 상태일 때 이들은 탁월함을 성취하기 위해 노력하며, 자신이 숙달한 영역에서 모범이 되고 롤모델이 될 수 있다. 이들은 집중력이 뛰어나며 목표를 효과적으로 설정하고 달성하는 방법을 알고 있다. 이들은 자신의 최고를 이끌어내고 싶어하며 탁월함을 달성하기 위해 계속해서 많은 희생을 할 의향이 있지만 동시에 자신을 있는 그대로 받아들이고 있다. 이들의 자기 수용과 자신감은 다른 사람에게 좋은 인상을 주거나 외부 검증을 얻으려는 욕구에서 나오는 것이 아니라 내부에서 나온다. 이들은 자기 자신에 대해 성실하고 현실적이며, 평소 활발한 태도와 함께 이들의 마음을 함께 볼 수 있다. 이들은 당신의 목표 달성을 돕는 데 영감과 동기를 부여하고, 당신이 잠재력을 달성할 수 있다는 희망을 심어준다. 이들은 야망이 있고 자신이 하는 모든 일에서 탁월함을 달성하기 위해 현재의 요구 사항을 충족시킬 수 있지만, 다른 팀원을 정중하고 영감을 주는 방식으로 지도하고 뒤떨어져 있다고 느끼는 사람들에게 희망을 불어넣을 수 있는 지원적인 팀 플레이어가 되는 방법을 알고 있다. 이들은 열심히 일하는 사람들이지만 일이 이들에게 전부가 되는 것은 아니다. 이들은 또한 가족과 친구들에게도 헌신한다. 이들은 훌륭한 의사소통자이며, 사람들에게 개방적이고 친근하며 사교적이고 빠르게 움직인다. 배우는데 빠르고, 열정적이고 진취적인 에너지가 넘치며, 기업가적이고 효율적이며 실용적이고 독립적이다. 야망이 크고 유능하고, 끈기 있고, 근면하다.

정체 영역에 있을 때 다른 사람에게 좋은 인상을 주고 싶은 강렬한 욕구가 이들을 지배하기 시작한다. "나는 반드시 성공해야 하고 성공한 모습으로 보여야 한다"라는 믿음이 이들의 사고를 지배한다. 결과적으로 이들의 관심은 무의식적으로 다음 두 가지 방향으로 간다. 한편으로는 어떻게 성공할 것인가, 다른 한편으로는 어떻게 성공적으로 보일 것인가, 성공하려면 일을 빠르고 효율적으로 처리하기 위해 열심히 노력해야 한다고 이들은 믿는다. 이들의 관심은 무의식적으로 작업과 목표에 쏠리며, 이는 그 자체로 좋은 것일 수 있지만, 결코 휴식을 취하지 않고 속도와 속도를 늦출 수 없는 지나치게 활동적인 일 중독자가 될 수 있다. 일이 이들의 유일한 초점이 된다. 자신의 감정(그리고 다른 사람의 감정)은 마치 비효율적이고 기계처럼 성과를 방해하는 장애물처럼 느껴진다. 심지어 3번 유형은 다른 사람들조차도 자신의 목표를 달성하는 데 방해가 되는 존재로 보이기 시작하며, 협력적인 팀플레이어로 행동하기보다는 개인적인 성과에 집중하는 경향이 강해진다. 이들은 사람들에게 더 강하고 조급하게 대하며, 특히 비효율적이거나 무능하거나 망설이는 사람들에게 인내심이 부족해진다. 이때 강한 경쟁심이 나타나며 마치 인생이 이겨야만 하는 게임인 것처럼 가능한 영역에서 다른 사람들보다 우위에 서고자 하는 욕구가 생긴다. 실패는 이들에게 선택 사항이 아니다. 이들이 "빠를수록 좋다."는 성공을 얻으려고 노력한다면 "목적이 수단을 정당화한다."는 사고방식을 채택할 수도 있다. 이로 인해 조작적이고 원칙이 없으며, 수단과 방법을 가리지 않는 모습이 나타날 수 있다.

성공한 것처럼 보이기 위해서는 성공적인 이미지를 신중하게 구축하고 자신을 홍보해야 한다고 믿는다. 이들의 관심은 무의식적으로 자신의 외모와 다른 사람들이 어떻게 인식하는지에 집중되는 경향이 있다. 이들은 이미지에 민감한 연기자가 되어 성공한 사람으로 보이고 자신의 성취에 대해 외부 승인, 수용 및 감사를 얻기 위해 자신의 실제 모습을 가리기 위해 너무 열심히 노력할 수 있다. 이들은 판매와 자기 홍보의 언어를 채택한다. 이는 이들을 카멜레온처럼 만들고 모든 상황과 맥락에서 다른 사람들의 존경을 받을 것이라고 믿는 모든 것에 적응하도록 행동하게 만든다. 이들은 명성, 지위, 전문성, 아름다움 또는 사회적 맥락에서 이상적으로 평가하는 모든 것을 투영하려고 노력할 것이다. 인간의 **불완전함**에 대한 병행 접근 방식에서 이들은 그것에 대해 이야기하는 것을 피하고 삶의 가능한 한 많은 영역에서 완벽하게 기능하는 이미지를 투사하려고 노력한다.

완벽하고 **성공적인** 이미지를 오랫동안 유지하는 것은 매우 어렵기 때문에 스트레스와 정서적 고갈이 발생한다. 육체적 피로는 바쁘고 일 중독적인 생활 방식으로 인해 발생한다.

3번 유형의 코칭 프로토콜

1. 세션의 분위기 조성하기

고객과 코칭 세션을 시작하기 전에 자신을 점검한다.

▷ **세션에 수용적인 태도로 임하기**

다음 질문을 스스로에게 물어본다.

- 나는 지금 비판적이지 않은 상태인가?
- 내 특정 성격 유형이 3번 유형에 대해 거부감을 가지고 있는가?

▷ **다양한 방식으로 경청하기**

모든 코칭 세션 동안 모든 지능의 중심에너지(사고, 가슴, 본능)를 사용하는 것이 매우 중요하다. 세 가지 중심을 모두 활용하여 적극적으로 듣는 것에 주의해야 한다.

▷ **사고 중심에너지로 경청하기**

- 말하는 패턴과 언어 사용에 주목한다.
- 신체 언어와 자세를 분석한다.

• 반복되는 행동 패턴을 파악하고 어떻게 끊을 수 있을지 생각해본다.

▷ **가슴 중심에너지로 경청하기**

• 공감한다.

• 고객을 **유형**이 아닌 인간 자체로 바라본다.

• 겉으로 드러나는 모습 이면을 본다.

• 어떠한 저항이 있더라도 연결을 시도한다(당신의 역할은 고객의 성장하도록 돕는 것이다).

▷ **본능 중심에너지로 경청하기**

• 고객은 세션에 어떤 종류의 에너지를 가져오고 있는가?

• 고객이 말하는 내용과 그 말에 담긴 에너지가 일치하는가?

• 이 코칭 과정의 최근 발전에 대해 당신의 직관이 무엇을 말해주는가?

• "사람들이 말하는 것을 들되, 이들이 실제로 하는 행동에 주목하라(Madanes, 1995)."

2. 도전 과제 정의하기

고객이 원하는 것이 무엇인지, 코칭을 받는 목적이 무엇인지 명료화 하기.

1번 유형의 일반적인 도전 과제는 다음과 같다.

- 개인 생활과 직업 생활 모두에서 경쟁 욕구와 자신을 증명하고 다른 사람에게 깊은 인상을 남기려는 끊임없는 욕구에서 발생하는 스트레스와 긴장을 줄인다.
- 관계를 소진시키거나 망치지 않고 목표를 달성하기 위한 전략을 개발하는 방법을 배운다.
- 자신의 성취와 외부 검증으로부터 독립적으로 자기 가치와 자부심을 구축한다.

3. 고객의 세계관과 정체성 영역 이해하기

다음 질문을 스스로에게 해본다.
고객은 왜 그렇게 행동하는가? 고객의 행동을 형성하는 것은 무엇인가? 고객의 내면 이야기는 무엇인가? 고객은 어떤 필터를 통해 세상을 바라보고 인식하는가? 고객에게서 유형의 고정관념이 어느 정도 활성화되고 작용하는가?

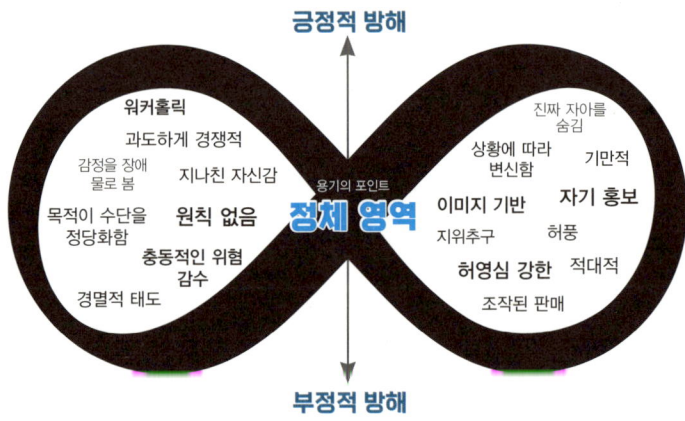

그림 3-3. 3번 유형의 정체 영역과 탈출 전략

의식이 부족하거나 스트레스를 받을 때, 3번 유형의 주의는 다른 사람에게 깊은 인상을 주고 싶은 강렬한 욕구에 사로잡혀 탈선하게 된다. "저는 반드시 성공적이어야 하고 성공적으로 보여야 한다"는 믿음이 이들의 사고를 지배한다. 결과적으로 이들의 관심은 무의식적으로 두 가지 방향으로 쏠린다. 따라서 이들의 주의는 무의식적으로 두 가지 방향으로 흐른다. 한편으로는 어떻게 성공할 것인가? 다른 한편으로는 어떻게 성공적으로 보일 것인가?

4. 여섯 가지 인간의 욕구에 대한 자각 일으키기

인간 욕구 심리학(Human Needs Psychology)에 따르면 우리 모두는 확실성, 다양성, 사랑/연결, 중요성, 성장, 기여라는 여섯 가지 기본적인 인간 욕구를 가지고 있다(Madanes, 2009). 이 필요들은 단순한 욕구가 아니라 우리의 행동을 이끄는 진정한 동기이다.

3번 유형을 위한 연습 : 여섯 가지 인간의 욕구 탐색하기

정체 영역을 살펴보고 거기에 설명된 전체 행동 범위 중에서 가장 빈번한 행동을 선택하라. "이러한 행동을 통해 충족시키려는 인간의 욕구는 무엇인가?" 자신이 특정 행동을 하는 이유가 어떤 욕구에서 비롯되었는지 탐색한다.

각 욕구를 0점에서 10점까지 평가해 보기

▶ **확실성** : 이러한 행동을 하면 확신이 생기는가? 당신에게 안정감을 주는가? 이러한 행동 외에도 보다 긍정적인 방법으로 확실성을 얻는 방법을 알고 있는가?

▶ **다양성** : 이러한 행동에 참여하면 다양성을 느낄 수 있는가? 이러한 행동 외에도 보다 긍정적인 방법으로 다양성을 얻는 방법을 알고 있는가?

▶ **사랑/연결** : 이러한 행동을 하면 다른 사람과 연결되어 있다는 느낌이 드는가? 사랑의 감정을 경험하는가? 이러한 행동 외에도 보다 긍정적인 방법으로 사랑/연결을 얻는 방법을 알고 있는가?

▶ **중요성** : 이러한 행동을 하면 자신이 중요하다고 느끼는가? 이러한 행동 외에도 보다 긍정적인 방법으로 의미를 얻는 특별한 방법을 알고 있는가?

▶ **성장** : 이러한 행동에 참여하는 것이 당신에게 발전감을 주고, 당신이 성장하고 있다는 느낌을 주는가? 이러한 행동 외에도 보다 긍정적인 방법으로 성장하는 방법을 알고 있는가?

▶ **기여** : 이러한 행동에 참여하면 자신의 필요를 뛰어넘고 다른 사람에게 베푸는 느낌을 갖게 되는가? 이러한 행동 외에도 보다 긍정적인 방법으로 기여도를 얻는 방법을 알고 있는가?

▷ **코칭 사례 연구** : 우리의 고객 중 한 명인 3번 유형 피터(Peter)를 예로 들어 보겠습니다. 제조 회사의 생산 관리자인 그는 "비용에 관계없이" 자신이 하는 일에서 최고가 되고 싶어한다. 그의 일이 무엇보다 중요하기 때문에 집에서는 아내, 사무실에서는 동료들과의 관계가 소홀해진다. 그의 일 중독적인 행동은 인간의 세 가지 욕구인 성장, 중요감, 확실성을 충족시킨다. 성장, 자신이 하는 일에서 탁월해지려고 노력하는 것은 자신의 성과에서 새로운 최고점을 달성하기 위해 끊임없이 최선을 다하게 만들기 때문이다. 중요감: 최고가 되려고 노력하면 다른 사람보다 우월하다고 느끼기 때문이다. 확실성, 그는 자신의 길에 어떤 장애물이 나타나더라도 달성 목표로 설정한 것은 무엇이든 달성할 것이라고 확신하기 때문이다("나는 내가 할 수 있다는 것을 알고 있다"라고 그는 말한다.).

공허함과 삶의 의미 부족. 이제 그는 인간의 욕구를 부정적인 방식으로 충족시키는 것은 비용이 많이 들고 자신의 삶에 부정적인 영향을 미친다는 것을 이해한다. 피터 Peter가 자신이 하는 일에 탁월한 능력을 발휘하는 것과 자신의 건강 및 인간 관계를 돌보는 것 사이에서 균형을 이루었을 때 획기적인 발전이 이루어졌다. 우리는 그의 미개발된 감정 및 관계 근육을 개발하기 위해 그가 일할 때와 동일한 훈련을 사용했다. 피터는 **대가를 치르고 얻은** 것들이 반드시 진정한 **성공**으로 이어지는 것은 아니라는 것을 깨달았다.

그가 주간 일정에 가족과 함께하는 활동과 일대일 시간을 포함하기 시작했을 때, 그는 자신의 직업뿐만 아니라 삶의 다른 영역에서도 성장할 수 있고 긍정적인 방식으로 성장의 필요성을 충족할 수 있다는 것을 발견했다. 팀과 함께 경쟁적인 접근 방식을 계속하는 대신 피터는 두 명의 직원을 개인적으로 코칭하기 시작하여 이들이 최고가 될 수 있도록 힘을 실어주었다. 첫 달 말의 결과는 놀라웠다. 부서 생산성이 25% 증가했고 팀 사기가 크게 바뀌었다. 이것이 그에게 중요한 의미의 원천이었다. 이러한 모든 변화를 구현한 후, 그는 자신이 그토록 원하는 성공을 얻기 위해 어떤 비용도 지불하지 않을 준비가 되어 있을 때 그 어느 때보다 더 큰 확신을 갖게 된다. 이런 식으로 그는 긍정적이고 건설적인 방식으로 인간의 지배적인 모든 욕구를 충족시킬 수 있었다.

고려해야 할 한 가지 중요한 점은 성장과 기여의 요구에 특별한 주의를 기울이는 것이다. 코칭을 받는 사람은 이러한 요구를 건강한 방식으로 충족하는가? 아니면 파괴적인 방식으로 충족하는가?

우리의 성격이 통합되면서 성장과 기여의 욕구가 높은 점수를 받기 시작하고 긍정적이고 건강한 방식으로 충족되기 시작한다. 그 이유는 우리가 정체 영역에서 벗어날 때 새롭고 의식적이며 선택된 반응에 따라 행동하기 때문이다. 이를 통해 우리는 오래된 습관을 극복하고 성장할 수 있다. 이러한 통합은 결국 다른 사람들에게 더 큰 기여를 가져올 것이다. 대조적으로, 우리가 인식하지 못한 채 계속해서 행동한다면, 우리의 오래된 반응 패턴에 따라 우리는 스스로를 무력화시키고 자존심이 우리의 삶을 관리하도록 놔두게 된다. 이것은 항상 우리 자신과 다른 사람들에게 고통을 안겨준다.

5. 레버리지 확보하기

다음 단계는 해당 유형의 도움이 되지 않는 패턴이 고객에게 초래하는 대가와 고통을 자각하도록 돕는 것이다.

3번 유형을 위한 연습 : 패턴이 초래하는 대가 인식하기

- 관계 측면에서 감정을 억누르고 가족과 친구에게 충분한 시간을 할애하지 않는 데 얼마나 많은 대가가 드는가?
- 일 중독자가 되어 속도를 늦출 수 없으면 건강 측면에서 얼마나 많은 대가가 드는가?
- 직업적 경력 측면에서 경쟁적이고 적대적이며 팀의 이익을 위해 헌신하는 데 얼마나 많은 대가가 드는가?
- 개인적인 성취감과 행복감 측면에서 자신의 진짜 모습을 끊

임없이 가리고 이미지를 카멜레온처럼 투사하는 데 얼마나 많은 대가가 드는가?

6. 패턴 멈춤 : 주의력을 키우기 위한 연습

3번 유형을 위한 시각화

시각화는 일반적인 코칭과 특히 성격 유형 코칭을 수행할 때 훌륭한 도구이다. 다음은 3번 유형에 대한 포괄적인 시각화/명상 스크립트이다. 이는 유형의 강점과 약점을 활용하는 작업, 공정한 관찰자를 통한 주의력 훈련, 의식적인 호흡 훈련, 수용 및 이완을 포함한다. 단일 코칭 세션에서 모든 기능을 사용할 필요는 없다. 다음 섹션 중 하나 이상을 선택하여 이러한 시각화를 모듈식으로 사용할 수 있다.

3번 유형을 위한 스크립트 : 시각화 / 명상

▷ **이완**

편안한 앉는 자세를 찾는 것부터 시작한다. 척추를 자연스럽게 곧게 유지하고, 팔을 느슨하게 한다. 손바닥이 위 또는 아래를 향하도록 가볍게 무릎 위에 손을 올려 놓는다. 심호흡을 한 번 하여 몸 전체의 이완을 시작한다. 들이마시고, 내쉬고, 중심에너지를 잡고 집중하는 방법으로 부드럽게 눈을 감고 다시 심호흡을 할 수 있다. 들이마시고, 내쉰다.

▷ **공정한 관찰자 훈련하기**

공정한 관찰자에 대한 인식을 의식하는 것으로 시작하겠다. 공정한 관찰자를 외부에서 객관적으로 관찰하는 친구라고 생각해 본다. 이는 현명한 결정을 내리는 데 도움이 되며 무의식적인 상태에서 벗어나도록 도와준다.

공정한 관찰자는 본능(신체적 감각), 사고(생각, 계획, 미래, 과거, 이미지, 아이디어, 상상력), 그리고 감정(감각)의 세 가지 중심에너지에서 일어나는 활동에 민감하게 반응하도록 마음을 훈련함으로써 그렇게 할 수 있다. 우리의 영혼과의 연결을 상징적으로 나타내는 우리의 호흡은 우리가 중심에너지를 유지하고 주의를 한 중심에너지에서 다른 중심에너지로 관심을 옮기게 해준다. 이는 또한 우리가 비 판단적인 태도를 유지하고 이 훈련에 감사, 연민, 수용의 자질을 가져오는 데 도움이 될 것이다. 마음이 방황할 때마다 그 순간을 활용하여 감사, 연민, 수용의 자질을 행사할 수 있다. 왜냐하면 그러한 순간 각각은 우리의 주의 방향을 바꾸는 방법을 배울 수 있는 기회를 제공하기 때문이다.

본능 지능 중심에너지로 주의를 부드럽게 옮기는 것으로 시작한다. 심호흡을 하고 몸 안팎으로 공기의 경로를 따라간다. 천천히 한다. 다시 호흡한다. 이번에는 날숨을 조금 더 길게 만들어보라. 처음부터 끝까지 공기가 몸에 들어오고 나가는 경로에 주의를 집중해본다. 몸의 감정을 알아차리기 시작하고, 발과 바닥 사이의 접촉점을 느껴본다. 지금 거기에는 어떤 신체 감정이 있는가? 주의를 뒤쪽으로 옮겨, 의자가 몸을 지지해주는 느낌에 잠시 머물러 본다. 잠시 동안 그 느낌을 유지하고, 주의를 손으로 옮겨본다. 손과 무릎 사이의 접촉점에 집중해 본다.

이제 손을 가슴 위에 포개어 올려놓고 감정 중심에너지로 주의를 옮겨 본다. 지금 이 순간 당신은 어떤 감정을 느끼고 있는가?

이제 주의를 사고 중심에너지로 옮겨보라. 당신의 감각에 대해 어떤 생각이 떠오르고 있는가? 감각에 대한 판단이나 수용이 있는가? 마음이 감각에 대해 뭐라고 말하고 있는가? 이 연습 전체에 대해 뭐라고 생각하고 있는가? 마음의 대화를 차분하게 지켜본다. 숨을 들이마시고, 내쉬고, 사고 중심에너지에 머물면서, 이제 당신의 기억으로 주의를 옮겨본다. 흑백 TV에서 과거의 역사가 방송되고 있는 모습을 상상해 보며, TV 속에 있는 당신을 본다. 인생의 각 단계를 화면에서 느린 동작으로 보고 있다. 그 모습을 실제로 보게 되면 고개를 끄덕여본다. 숨을 들이마시고, 내쉬고,

사고 중심에너지에 머무르면서, 이제 미래에 대한 생각으로 주의를 옮긴다. 아래의 질문들에 차분하게 반응해 본다. 각 질문 사이에 잠시 멈춰 생각할 시간을 가진다. 당신은 미래가 어떻게 되기를 원하는가? 미래의 자신은 어떤 모습인가? 어떤 계획을 가지고 있는가?

▷ **시각화**

사고 중심에너지에 머무르면 이제 당신의 주의가 상상으로 옮겨질 것이다. 사고 중심에너지에 머물면서 이제 상상력으로 주의를 옮겨본다. 해변에 있다고 상상해 본다. 바닷가의 약간 젖은 모래 위에 서 있다. 해변의 공기를 들이마셔 본다. 숨을 들이마시고, 내쉬고, 바람을 느껴본다. 파도 소리를 들어본다. 발 아래의 모래를 느껴본다. 모래 위에 가로로 그려진 마음의 무한루프, 즉 무한대 기호를 상상해 본다. 천천히 그려본다. 손가락이 모래에 닿는 느낌을 느껴본다.

▷ **정체 영역 및 비용 시각화**

이제 당신의 모든 문제와 도전 과제들을 그 모래 위에 그려진 **마음의 무한루프** 안에 하나씩 넣는 장면을 상상해 본다.
이미지에 대한 나의 모든 지속적인 관심과 나의 실제 모습을 가리려고 노력한다. 다른 사람에게 깊은 인상을 주기 위해 올바른 이미지를 투영하는 나의 모든 자기 노예적인 행동. 나의 모든 경쟁적인 행동과 **성공**이라는 외부 이상에 맞서 사물과 사람(나 자신 포함)을 지속적으로 측정하는 것이다. 모든 고통, 다른 사람에 대한 나의 모든 적대감과 조바심, 민감성 부족으로 최고가 되기 위해 노력하는 데에 지치고 탈진했다.

긴장과 분노를 느껴본다. 모래 위 **마음의 무한루프**안에 있는 모든 문제들을 바라보면서 몸 전체에서 그것을 느껴본다. 온몸의 긴장을 느껴보고, 잠시 그 자리에 머물러 본다.

모래 위 마음의 무한루프는 우리의 정체 영역을 상징한다. 이것은 우리가 부정적인 초점과 부정적인 감정에 갇히게 되는 곳이다.

▷ **'인간이다'라는 깨달음**

모든 인간에게는 그 사람을 인간답게 만드는 문제가 있다. 그것은 인생의 개인적이고 맞춤화된 도전 과제이다. 편견 없이 자신의 개인적인 도전을 지켜본다. 여러분의 마음속이 해설을 지나쳐도 괜찮다. 걱정하지 말고 이 운동을 **제대로** 해본다. 판단이 있으면 판단을 지켜보고, 그 대본을 들어본다. 여러분의 밖에서 일어나는 그대로 지켜본다. 마음에 어떤 판단이 떠오르더라도 괜찮다. 그 판단을 그냥 지켜본다.

경험에 대한 판단을 내리는 것은 인간적인 일이다. 괜찮다. 마음에 관심을 집중한다. 이제 방금 머릿속에서 들었던 판단과 내적인 의견을 감정 속으로 가져와서 그곳, 즉 감정에 담아본다. 감정의 에너지를 사용하여 그것들을 부드럽게 하고 온몸이 연민으로 채워지는 것을 느껴본다. 심호흡을 하고 온몸으로 감정의 에너지를 느낀다. 수용을 느껴본다.

인생이 왜 당신에게 도전 과제를 주는 걸까? 인생은 당신이 그 도전 과제를 극복할 수 있도록 새로운 수준의 충만함과 활력을 제공해 준다. 이 도전들은 당신이 이미 가지고 있는 힘을 다시 활성화할 수 있는 귀중한 기회이다. 이 힘이 당신이 도전 과제를 극복하도록 도와주고, 정체 영역에서 성장으로 나아가게 할 것이다.

당신 안에는 절대 포기하지 않으려는 부분이 있다. 인생을 최대한으로 살고자 하는 목소리이다. 그것은 영혼의 목소리이며, 자아와 성격의 목소리에 맞서 싸워 당신을 최고의 당신으로 만들고자 하는 목소리이다. 당신은 이미 그 자리에 있었고, 그것이 지금 이 순간까지 당신을 이끌어 왔다. 당신이 여기에서 스스로를 극복하고 더 나은 사람이 되려고 애쓰는 순간이다. 무의식적인 생각에 휘둘리지 않고, 당신의 진정한 자아를 드러내기 위해 서 있는 순간이다. 그것이 바로 당신의 영혼의 힘이다.

이 시점에서 당신의 관심은 무의식적으로 당신의 생각에 대한 생각을 만드는 데로 갈 수 있다. 괜찮다. 단순히 의식적으로 호흡을 계속하면서 몸 안팎으로 공기의 경로를 따라가며 공정한 관찰자가 판단하지 않고 마음의 활동을 비판없이 지켜보게 한다.

▷ **강점, 잠재력, 그리고 개인적 힘에 대한 시각화**

이제 당신 안에 포기하지 않으려는 그 부분으로 주의를 옮겨 본다. 모래 위에 그려진 **마음의 무한루프** 도형을 본다. 그 **마음의 무한루프**의 중심에너지부, 즉 오른쪽과 왼쪽이 교차하는 지점에 한 점이 있다. 이 지점을 '용기의 지점(Point of Courage)'이라고 부른다. 그 지점에서 상향하는 화살표를 상상해 본다. **마음의 무한루프**로부터 나가는 출구이다. 정체 영역에서 벗어나는 출구이다.

이 화살표는 **마음의 무한루프** 밖에서 사용할 수 있는 것을 가리킨다. 이 화살표는 당신의 강점과 잠재력을 언제든지 접근 가능한 미래를 가리킨다.

이제 **마음의 무한루프** 밖에 무엇이 있는지 살펴 본다.

과거에 다른 사람에게 감동을 줄 필요 없이 정말로 자기 수용을 느꼈던 순간을 떠올려보길 바란다. 마스크를 떨어뜨리는 것이 편안하다고 느끼는 순간은 언제든지 가능하다. 인생의 어떤 영역에서든 가져오라. 혼자일 수도 있고, 친구와 함께, 친구 그룹, 가족과 함께 있을 수도 있다. 개인 생활이나 직업 생활에서 과거로 가서 그 순간을 다시 가져오라. 그것은 특별한 순간일 수도 있고 단순한 순간일 수도 있다. 느껴보라. 그 순간의 이완을 온몸으로 느껴보라.

진정으로 성공했던 그 순간을 기억에서 찾아보라. 진실되고 수용적인 동기를 부여한다. 당신은 당신 자신이었다. 자신이 가치 있다고 느끼기 위해 다른 사람에게 감동을 주려는 노력을 버리고 그 순간의 휴식을 느껴보라. 당신이 아무것도 하지 않고, 가장하지 않고, 당신이 부지런하거나 무언가를 달성하는 데 의존하지 않고도 모든 것이 조화롭게 흘러갔고 모든 것이 실제로 잘 작동하고 잘 되었다. 심호흡을 하고 그 순간을 느껴보라.

마음의 무한루프 밖에 무엇이 있는지 살펴본다.

이제 당신이 새로운 미래를 상상해 보기를 바란다. 당신이 모범이 되고 다른 사람들의 멘토가 되는 미래, 당신이 끊임없이 성장하고 다른 사람들이 성장하도록 격려하는 미래, 그러나 당신은 다른 사람들에게 희망을 주입하면서 관용적이고 자비롭게 그렇게 한다. 덜 긍정적인 측면을 포함하여 자신을 인간으로 받아들이는 것이다. 실패를 삶의 자연스러운 일부로 받아들이고 어떤 식으로든 실패를 숨길 필요를 느끼지 않는다. 두 손을 서로 포개어 마음에 얹어 보라. 당신의 심장 박동을 느껴보라. 당신의 인간성을 느껴보라. 당신은 인간이기 때문에 때때로 실패하는 것이 허용된다. 역설적이게도, 올바른 이미지를 투영하는 데 대한 노예 상태를 놓으면 더 많은 감정적 에너지를 사용할 수 있고 그 어느 때보다 더 효율적이 된다. 실패를 두려워하지 않기 때문에 실패를 인정하고 배울 수 있다. 가면을 벗고 성실해질 수 있다. 이는 당신의 진정한 꿈 중 하나, 즉 진정한 성공한 인간이 되는 꿈을 이루는 데 도움이 된다.

미래에서 그 순간을 가져와 현재 순간에 몸으로 느껴본다. 마음으로, 생각으로 느껴본다. 마음과 마음, 몸이 함께 일하는 힘을 느껴보고 무엇을 성취할 수 있는지 확인한다. 그리고 가장 중요한 것은 지금 당신 안에 있는 모든 것이 얼마나 많은지, 그리고 당신은 이미 당신이 항상 원했던 성공적인 사람인지 느껴본다.

모래 위 그림, 마음의 무한루프와 용기의 지점, 그리고 당신 안에 있는 모든 잠재력을 바라보며 천천히 명상을 마무리한다.

당신 안에서 이용할 수 있는 모든 잠재력과 함께 마음의 무한 루프를 지켜본다.

▷ **시각화 종료**

저는 당신의 용기, 여기에 있어 한 사람으로서 성장하려고 노력하고, 자신을 극복하려고 노력하고, 포기하지 않고 노력한 것에 대해 감사한다. 당신이 이 훈련을 한다는 단순한 사실은 당신의 내면의 힘과 포기하지 않는다는 증거이다. 또한 포기하지 않은 용기를 인정해 주길 바란다. 그리고 인생이 가져다주는 도전과 매일 주어지는 많은 기회에 대해 삶에 감사하기를 바란다. 이를 통해 당신은 자신의 강점을 접하고, 성장하고, 세상에 공헌하고, 인류에게 베풀 수 있다. 당신 주변의 세상은 당신의 진정한 자아의 선물이다.

7. 재패턴화 : 필터 유연화 및 통합을 위한 연습

긴장을 푸는 법 배우기

무의식적인 행동 방식을 사용하는 3번 유형은 일로 인해 자신을 압도하는 경향이 있다. 짧은 시간이라도 비생산적인 상태로 방치되면 두려움이 생길 수 있다. 3번 유형이 코칭을 받으러 오는 것을 수년간 너무 몰아붙인 끝에 지치는 것을 보는 것은 드문 일이 아니다. 건강한 9번에 대한 연결 화살을 사용하여 3번 유형은 자신의 행동과 성취, 현재 추구하는 외부 검증과 관계없이 삶의 흐름의 가치를 배운다. 이를 통해 일반적으로 바쁜 생활 속에서도 다음 라운드를 위해 기계를 식히고 재충전할 수 있다.

헌신의 가치

매우 바쁜 생활 속에서 발달하지 못한 또 다른 근육은 3유형의 가족과 동료에게 헌신하는 능력이 부족하다는 것이다. 많은 3번 유형이 이러한 영역의 불균형 때문에 코칭을 받으러 온다. 성공을 향한 야망과 끊임없는 추진력으로 인해 3번 유형은 배우자, 자녀, 동료 또는 친구를 성공을 가로막는 잠재적인 장애물로 보게 될 수 있다. 이들의 경력과 일은 이들에게 가장 중요한 것이 된다. 이 점에서 6번 유형에 대한 연결 화살표가 도움이 될 수 있다. 함께, 우리가 발전해야 한다.

3번 유형 연습 : 헌신의 가치 배우기

6번 유형으로서 물어보라 : 오늘 어떻게 가족에게 충성심을 보여줄 수 있는가? 어떻게 더 헌신할 수 있는가? 주중에 배우자나 자녀와 일대일 시간을 계획하는가(휴대폰을 끄고)? 그리고 직장에서 다음과 같이 질문하라. 모든 구성원이 자신이 팀의 소중한 구성원임을 느끼게 하려면 직장에서 무엇을 할 수 있는가? 어떻게 함께 시너지 효과를 낼 수 있을까요?

말하는 방식에 주목하기

언어는 강력한다. 의미를 전달하는 수단이다. 필터를 통해 현실을 해석할 때 우리는 그것에 단어를 집어넣는다. 그러므로 우리가 경험에 붙이는 단어를 바꿀 수 있다면 감정 상태에 간접적으로 영향을 미칠 수 있다. 왜냐하면 우리 감정의 큰 부분이 언어에서 나오기 때문이다. 사람들은 자신의 언어 패턴에 의해 최면에 걸리며, 현실을 정확하게 볼 수 없는 사각지대를 만든다(Robbins & Madanes, 2005). 자신의 경험을 설명하기 위해 항상 동일한 문구와 단어를 사용함으로써 각 성격 유형은 결국 앞에 있는 것을 보지 못하게 된다. 말 그대로 현실에 대한 묘사가 실제 현실이 되는 것이다. 이러한 문구와 단어는 단순히 각 유형이 갖고 있는 근본적인 제한적 신념의 표현일 뿐이다. 따라서 말하는 방식을 바꾸는 것은 우리의 참조 틀을 확장하는 데 도움이 될 수 있으며 일상 생활의 상황을 더 많은 각도에서 볼 수 있게 해준다.

코칭을 받는 사람은 자신의 성격 메커니즘이 언어를 가로채는 시기, 그것이 발생하는 시기를 인식하는 능력을 개발하는 것이 중요하다. 정체 지대에 있는 3번 유형의 경우 이는 자기 홍보, 경쟁력 또는 폄하(직접적 또는 간접적인 농담 형태)를 포함하는 자신감 있는 말하는 방식으로도 나타난다.

3번 유형을 위한 연습 : 말하는 방식을 유연하게 활용하기

대화 주제와 형식에 주의를 기울여라. 효과를 일으키고 좋은 인상을 주기 위해 단어와 문구를 신중하게 사용하고 있는가? 나는 이 대화에서 내 감정을 왜곡하는 역할을 하고 있는가? 내가 내 일에 대해 너무 많이 말하고 있는 걸까? 내 경력, 자격 및 업적에 대해 다른 사람들이 자신의 업적을 언급하고 이를 이기기 위해 경쟁적인 대화에 참여할 때 불편함을 느끼는가?

융 선호도를 활용한 작업 : 덜 우세한 특성을 통합하기

3번 유형을 지도할 때 융 선호도에 주의를 기울이는 것이 매우 중요하다. 코칭을 받는 사람이 MBTI 프로필을 작성한 경우 4글자 유형을 물어보고 융 선호도가 코칭을 받는 사람의 에니어그램 유형과 어떻게 조화를 이룰 수 있는지 토론하라. 또한 고객이 융 선호도의 낮은 면에 갇혀 있을 때, 우리는 이 책 전반에 걸쳐 설명된 것과 동일한 패턴 멈춤 기술을 사용하여 이들이 벗어나 성장하도록 도울 수 있다. 융 선호도에 대한 설명은 이 책의 1부를 참조하라.

3번 유형을 코칭할 때 융 선호도를 사용하는 몇 가지 예는 다음과 같다.

- MBTI의 전체 감정 차원은 3번 유형의 일부 개발 목표를 매우 잘 보여준다. 코칭 세션에서 이에 대해 이야기하라. 이러한 각도에서 세상을 보고 인식하는 법을 배우는 것의 중요성을 언급하라. 다른 사람의 개인적인 필요를 인식하는 법을 배우고 다른 사람의 말을 수용하고 공감적으로 듣는 법을 배워라. 지나치게 업무적인 방식보다는 좀 더 개인적인 방식으로 상호 작용한다. 결정을 내릴 때 그 결정이 사람들에게 어떤 영향을 미칠지 고려한다.

- 3번 유형의 일부 개발 목표에 매우 유용한 또 다른 차원은 인식이다. 여기서도 세상을 이런 각도에서 보는 법을 배우는 것이 중요하다고 언급한다. 최종 결과 달성에만 집착하는 것이 아니라, 필요할 때 즉흥적이고 유연하게 대처할 수 있는 능력을 키우는 것이다. 정체 영역에 있는 3번 유형은 다음 목표를 향해 너무 빠르고 기계적으로 너무 빠르게 이동할 수 있으며, 방해하는 사람은 전혀 용납하지 않는다. 3번 유형은 삶의 일부 영역에서 긴장을 풀고 편안함을 느낄 수 있는 능력을 개발해야 하며, 몇 가지 영역은 열어두고 아직 달성하지 못한 상태로 남겨둔다.

3번 유형을 위한 세션 간 연습 : 자기 관찰

한 주 동안, 당신의 성격 유형의 특히 도움이 되지 않는 패턴을 적극적으로 관찰해본다. 실시간으로 패턴을 인식하게 될 때, 한 사이클의 자발적인 호흡 명상을 시작한다. 이 책의 2부에서 설명된 절차를 따라 패턴을 관찰하고 그것을 늦추는 연습을 해보는 것이 좋다. 다음 세션에서 코치와 통찰을 공유한다.

4번 유형

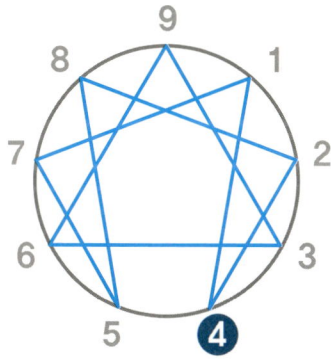

　사람들은 때때로 내 기분이 얼마나 빠르게 변하는지 보고 놀라곤 합니다. 그들은 내가 너무 예민하고 나 때문에 사람들 발걸음이 조심스러워진다고 말합니다. 나는 이해받지 못하고, 끝까지 내 말을 들어주는 사람이 없다고 느낍니다. 그래, 맞다. 나는 내가 아는 그 누구보다도 감정을 표현할 필요가 크다고 느낍니다. 그것은 내가 더 깊게 사물을 경험하기 때문입니다. 때때로 나는 감정의 롤러코스터를 타는 기분이 듭니다. 아주 어릴때부터 나는 모든 것을 과장한다고 들어 왔습니다. 솔직히 말해서, 나는 그

런 극적인 면이 더 좋습니다. 반복되는 일상을 사는 것보다 낫다고 생각합니다. 일상의 평범함은 마치 죽음처럼 느껴집니다. 극단, 양극에 있는 것이 훨씬 더 매력적입니다. 나는 일상적인 삶과 평범한 사람들을 지루하게 느낍니다. 나는 특별한 것, 예술, 연극, 영화, 음악을 더 좋아합니다. 상상된 것, 이상적인 것, 예상치 못한 것, 신비로운 것, 도달할 수 없는 것들이 저를 더 끌어당깁니다.(티나, 4번 유형).

4번 유형에 대한 설명

4번 유형은 내성적이고 정서적으로 깊이 있는 사람들이며, 독창적이고 창의적이며 상상력이 풍부한 사람들이다.

최상의 상태일 때 자기 성찰의 달인이며, 자신의 감정과 내면 생활의 복잡성을 이해하는 데 감정적으로 능숙하다. 하지만 이들은 공감적 경청의 달인이기도 하다. 따라서 자신뿐만 아니라 다른 사람들의 내면 세계, 필요, 고통을 이해할 수 있다. 이들은 다른 사람의 기분에 대해 관대하며 동정심 많고 세심한 조언을 해 줄 수 있다.

이들은 다른 사람이 경험하는 것을 감정적으로 이해하고 공감할 수 있으며, 상대방의 입장에서 상황을 바라볼 수 있다. 이들은 마치 자신이 그 사람인 것처럼 상대방의 내부적 관점을 즉각적으로 이해할 수 있다. 그러나 이들은 항상 "마치 그런 것처럼"이라는 조건을 유지한다. 즉, 다른 사람의 상처나 기쁨을 느끼지만, 그것이 마치 자신이 상처받거나 기쁜 것처럼 인식할 수 있다. 이들의 감정적 반응은 다른 사람이 진정으로 도움을 받을 수 있도록 적절하게 이루어진다. 이들은 말하기보다 듣는 것을 더 많이 하며, 이들의 공감은 상대방에게 힘을 실어주는 방식으로 작용하며, 상대방이 얼마나 깊고 특별한 존재인지 깨닫게 해준다. 이것은 단순한 동정심이나 연민이 아니라 상대방의 내면을 진정으로 이해하고 존중하는 태도다. 이들은 이런 종류의 공감에서 결코 지치지 않으며, 오히려 그 반대이다. 이들의 성장은 자기 실현뿐만 아니라 다른 사람에게 공감적 기여를 통해 이루어진다. 이 내적 초점과 외적 초점의 균형은 이들을 매우 일관되게 하고, 이들의 삶에 안정성과 객관성의 요소를 더해준다. 이들은 통찰력이 뛰어나며 감정적으로 깊이 있는 사람들이다. 따뜻하고, 통찰력이 있으며, 의식적이고, 사람들을 인정하고 지지하며, 양육적이고 격려한다.

이들은 철학, 영성, 삶과 존재의 의미와 신비에 관심이 있는 명상적이고 성찰적인 사람들이다. 이들은 다음과 같은 질문에 대한 답을 찾는다. 삶이란 무엇인가? 우리는 왜 여기에 있는가?

나는 누구인가? 이 모든 것의 의미는 무엇인가? 살아가는 이유가 무엇인가? 이들은 인생을 하나의 여정으로 받아들이며, 열린 마음과 가슴으로 이러한 질문에 대한 답을 인내심 있게 찾으려고 노력한다.

이들은 창의적인 방향과 매우 풍부한 상상력을 가지고 있다. 이들은 자신을 잘 표현하고 표현하는 능력이 있으며, 창의적이고 유창하며 단어와 은유를 유창하게 사용한다. 예술을 통해서도 자신을 표현할 수 있다. 이들의 상상력은 강력한 감정을 전달하는 수단이 되는 방식으로 상징을 배열할 수 있게 해준다. 이들은 세련된 감각을 지니고 있으며, 미적 요소에 끌리며 타인의 미적 감수성을 자극하는 방법을 잘 알고 있다. 비록 많은 4번 유형이 예술가이기는 하지만 모두가 예술가인 것은 아니지만 대부분은 직업에 관계없이 미적 대상, 환경 또는 경험을 창조하는 데 자신의 상상력과 기술을 사용하는 방법을 알고 있다.

이들은 창의적이지만 현실에 기반하고 있으며, 상상력이 풍부하지만 실용적이다. 이들은 일상적이고 평범한 것을 삶의 일부로 받아들이며, 특정한 감정 상태에 국한되지 않고 어떤 기분 속에서도 창조성을 유지할 수 있다. 즉, 우울하거나 어두운 감정 속에서만 창작하는 것이 아니라 안정적이거나 긍정적인 기분일 때도 창의성을 발휘할 수 있다.

이들은 독창적이고 일반적으로 사물을 보는 새로운 방식을 가지고 있으며, 무엇을 하든 뚜렷하고 독특한 기여를 한다. 이들은 진정성과 솔직함을 중요하게 생각한다.

정체 영역에 있을 때 내면에서 끊임없이 부족한 것, 자신이 가지지 못한 것에 초점을 맞추는 목소리가 들려오기 시작한다. 이는 자신과의 관계뿐 아니라 다른 사람과의 관계, 그리고 전반적인 삶에도 영향을 미친다.

자기 자신과의 관계에서는 주로 강렬한 내면 세계에 초점을 맞추면서 성찰에서 자기 몰입으로 옮겨가고, 자신의 감정과 삶에 몰두하게 된다. 기분이 급격하게 또는 심지어 극단적으로 변하면서 변덕스러워진다. 이들은 한편으로는 지속적인 슬픔, 우울, 동기 부여 부족과 다른 한편으로는 높은 에너지 수준 사이를 번갈아 가며 나타날 수 있다. 이들은 자신의 불완전함, 후회, 절망감에 압도될 수도 있다. 한때 의미에 대한 건강한 탐색이 중단되고, 상상력을 사용하여 그 탐색을 환상적이고 비현실적인 이상으로 대체할 수 있다. 상상력을 통해 이들은 이상적인 과거나 이상적인 미래에 살 수 있다. 현재의 순간에서는 "반쯤 비어 있는 잔"에 집중하게 된다. 이로 인해 비극적이고 비판적이며 부정적인 사고방식이 강화된다 . 이들의 초점은 자신이 가지지 못한 것, 될 수 없는 것, 반면 다른 사람들이 가진 것과 이들이 될 수 있는 것에 맞춰지며 이러한 습관적인 비교로 인해 시기심이 생겨날 수 있다. 이들은 또한 **반쯤 찬 유리 잔**조차도 비판적이고 냉소적인 시선으로 바라볼 수 있다. 이들은 자신의 감정을 통찰력 있게 마주하기보다 자신이 만들어낸 이야기에 감정적으로 과잉 반응하며 감정을 통제할 수 없다고 느끼거나 자기 비난과 수치심에 빠져 좌절하고 낙담하며, 비판에 극도로 예민해질 수 있다.

타인과의 관계에서 4번 유형은 깊은 만족감을 주는 관계를 통해 사랑과 의미를 찾고 싶어하지만, 무의식적으로 '이상적인 사랑'을 찾는 데 빠져들 수도 있다. 이들은 이상적인 자질을 다른 사람에게 투영하고 이들의 상상을 통해 이들과 관계를 맺을 수 있다. 이것은 이들의 감정을 강화하고 이들의 삶에 드라마를 더해 준다. 왜냐하면 이들은 달성할 수 없는 것을 갈망하고 바라는 상태에 있기 때문이다. 만약 관계(혹은 이들이 이루고 싶은 것)가 현실이 된다면, 이들은 그것을 다시 갈망하고 다시 한번 감정을 강화하기 위해(또는 상대방의 보살핌을 받기 위해) 그것을 철회하고 거부할 수 있다.

마치 **보통** 사람들과 다른 것처럼 특별하다는 느낌과 특별하고 독특하게 보이고 싶은 욕구가 생긴다. 이는 마치 대부분의 사람들이 가지고 있는 일상적인 의무와 업무에서 면제된 것처럼 자격과 엘리트주의를 유발할 수 있다. 이들은 또한 타인에게 깊이와 본질이 부족하다고 느끼게 만들거나 그들이 단조롭고 평범하며, 개성이 없고 세련되지 못하다고 여기게 만들 수도 있다.

4번 유형의 코칭 프로토콜

1. 세션의 분위기 조성하기

고객과 코칭 세션을 시작하기 전에 자신을 점검한다.

▷ **세션에 수용적인 태도로 임하기**

다음 질문을 스스로에게 물어본다.

- 나는 지금 비판적이지 않은 상태인가?
- 내 특정 성격 유형이 4번 유형에 대해 거부감을 가지고 있는가?

▷ **다양한 방식으로 경청하기**

모든 코칭 세션 동안 모든 지능의 중심에너지(사고, 가슴, 본능)를 사용하는 것이 매우 중요하다. 세 가지 중심을 모두 활용하여 적극적으로 듣는 것에 주의해야 한다.

▷ **사고 중심에너지로 경청하기**

- 말하는 패턴과 언어 사용에 주목한다.

- 신체 언어와 자세를 분석한다.

- 반복되는 행동패턴을 파악하고 어떻게 끊을 수 있을지 생각해본다.

▷ **가슴 중심에너지로 경청하기**

- 공감한다.

- 고객을 **유형**이 아닌 인간 자체로 바라본다.

- 겉으로 드러나는 모습 이면을 본다.

- 어떠한 저항이 있더라도 연결을 시도한다.(당신의 역할은 고객의 성장하도록 돕는 것이다.)

▷ **본능 중심에너지로 경청하기**

- 고객은 세션에 어떤 종류의 에너지를 가져오고 있는가?

- 고객이 말하는 내용과 그 말에 담긴 에너지가 일치하는가?

- 이 코칭 과정의 최근 발전에 대해 당신의 직관이 무엇을 말해주는가?

- "사람들이 말하는 것을 듣되, 이들이 실제로 하는 행동에 주목하라(Madanes, 1995)."

2. 도전 과제 정의하기

고객이 원하는 것이 무엇인지, 코칭을 받는 목적이 무엇인지 명료화 하기.

4번 유형의 일반적인 도전 과제는 다음과 같다.

- 자신의 경험 중 부정적인 부분에 끊임없이 집중함으로써 자신이 겪는 고통을 줄이는 것이다.
- 창의적이면서도 일상 생활에서 완벽하게 기능할 수 있고, 일을 실현하고 세상에 창의성을 선물할 수 있다.
- 현재 순간과 삶이 주는 선물들을 온전히 즐길 수 있게 되는 것이다.
- 반응하는 대신 반응할 수 있도록 정서적 지혜를 되찾아 내면의 풍요로움을 완전히 탐구하고 다른 사람의 정서적 안녕에도 기여할 수 있다.

3. 고객의 세계관과 정체성 영역 이해하기

다음 질문을 스스로에게 해본다.

고객은 왜 그렇게 행동하는가? 고객의 행동을 형성하는 것은 무엇인가? 고객의 내면 이야기는 무엇인가? 고객은 어떤 필터를 통해 세상을 바라보고 인식하는가? 고객에게서 유형의 고정관념이 어느 정도 활성화되고 작용하는가?

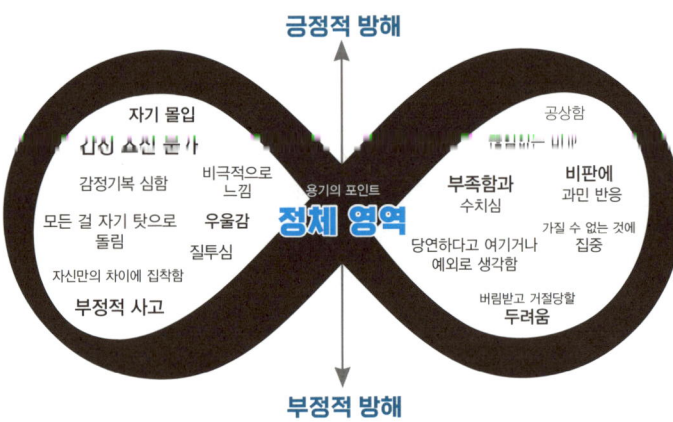

그림 3-4. 4번 유형의 정체 영역과 탈출 전략

4번 유형이 의식이 부족하거나 스트레스를 받을 때, 무엇이 빠졌거나 이용할 수 없는지에 초점을 맞춰 내부에서 뛰기 시작하는 목소리에 주의가 빼앗기거나 탈선한다. 이는 4번 유형의 자기 자신과의 관계, 타인과의 관계 및 전반적인 삶에 영향을 미친다.

4. 여섯 가지 인간의 욕구에 대한 자각 일으키기

인간 욕구 심리학(Human Needs Psychology)에 따르면 우리 모두는 확실성, 다양성, 사랑/연결, 중요성, 성장, 기여라는 여섯 가지 기본적인 인간 욕구를 가지고 있다(Madanes, 2009). 이러한 욕구는 단순한 욕구가 아니라 우리 행동을 동원하는 진정한 동인이다.

4번 유형을 위한 연습 : 여섯 가지 인간의 욕구 탐색하기

정체 영역을 살펴보고 거기에 설명된 전체 행동 범위 중에서 가장 빈번한 행동을 선택하라. "이러한 행동을 통해 충족시키려는 인간의 욕구는 무엇인가?" 자신이 특정 행동을 하는 이유가 어떤 욕구에서 비롯되었는지 탐색한다.

각 욕구를 0점에서 10점까지 평가해 보기

▷ **확실성** : 이러한 행동을 하면 확신이 생기는가? 당신에게 안정감을 주는가? 이러한 행동 외에도 보다 긍정적인 방법으로 확실성을 얻는 방법을 알고 있는가?

▷ **다양성** : 이러한 행동에 참여하면 다양성을 느낄 수 있는가? 이러한 행동 외에도 보다 긍정적인 방법으로 다양성을 얻는 방법을 알고 있는가?

▷ **사랑/연결** : 이러한 행동을 하면 다른 사람과 연결되어 있다는 느낌이 드는가? 사랑의 감정을 경험하는가? 이러한 행동 외에도 보다 긍정적인 방법으로 사랑/연결을 얻는 방법을 알고 있는가?

▷ **중요성** : 이러한 행동을 하면 자신이 중요하다고 느끼는가? 특별한? 이러한 행동 외에도 보다 긍정적인 방법으로 의미를 얻는 방법을 알고 있는가?

▷ **성장** : 이러한 행동에 참여하는 것이 당신에게 발전감을 주고, 당신이 성장하고 있다는 느낌을 주는가? 이러한 행동 외에도 보다 긍정적인 방법으로 성장하는 방법을 알고 있는가?

▷ **기여** : 이러한 행동에 참여하면 자신의 필요를 뛰어넘고 다른 사람에게 베푸는 느낌을 갖게 되는가? 이러한 행동 외에도 보다 긍정적인 방법으로 기여도를 얻는 방법을 알고 있는가?

▷ **코칭 사례 연구 :** 우리의 고객 중 한 명이자 도서 편집자이자 카피라이터인 4번 유형인 마사 Martha를 예로 들어 보겠다. 그녀는 우울한 기분으로 코칭에 왔지만 자신의 부족함과 대부분의 사람들과 다르다는 느낌을 해결하기 위해 기꺼이 노력했다. 그녀에 따르면 이러한 모든 행동은 인간의 세 가지 욕구인 중요성, 사랑/연결, 확실성을 충족시킨다. 마사는 정체 영역에 있으며 세 가지 요구 사항 모두 대부분 부정적인 방식으로 충족된다. 첫 번째인 중요성(Significance)는 자신이 다른 사람들보다 더 깊은 존재라고 느끼기 때문에 성취된다. 그녀는 특별하다고 느낀다. 그녀의 우울한 기분은 자신과 연결되는 방법으로 사랑/연결에 대한 인간의 욕구를 충족시킨다. 그녀의 우울하고 우울한 기분은 그녀가 가는 데 익숙해진 곳이기도 하며, 일종의 "당신이 아는 악마보다 더 나은" 확신이 도달되는 곳이기도 한다. 그녀가 우울함과 부적절함을 동시에 느낄 때, 그녀는 또한 자신의 창의성에 대한 확신을 느낀다. 즉, 그녀는 두 가지 감정(우울증과 부적절함)을 창의적인 상태를 보장하는 데 필요한 것으로 인식한다. 정체 영역의 많은 4번 유형은 이러한 믿음을 갖고 있다.

마사는 지속적인 절망감과 정서적 불안정으로 인한 결혼 생활의 큰 문제를 안고 코칭을 받으러 왔다. 그녀는 이 세 가지 인간의 욕구를 충족시키기 위해 자신의 부정적인 습관을 유지하는 것이 자신의 삶과 인간관계에 큰 대가를 치르게 한다는 사실을 이해했다. 그녀에게 돌파구는 그녀가 인간의 필요를 보다 긍정적이고 건설적인 방식으로 충족시켜야 한다는 필요성을 깨닫게 되었을 때 찾아왔다. 우리는 마사가 완전한 기능을 갖춘 일상생활을 회복할 수 있도록 점차적으로 도와줌으로써 부족함을 극복하기 위해 노력했다. 질서와 구조를 통합하는 것은 쉽지 않았지만 보상을 꽤 빨리 가져왔다. 마사는 그 기간 동안 큰 통찰력을 얻었다. 그녀는 자신의 유형이 이전에 자신을 우울하게 유지하도록 "설득"했지만 창의성에 대한 환상을 갖게 되었던 방법을 설명했다. 이제 그녀는 자아실현을 느꼈고 자신의 환경을 보살피고 긍정하는 자원이 되었다. 그녀의 결혼 생활은 활력을 얻었고(사랑/연결) 그녀의 창의성은 그녀의 글에서 표현되었다(중요성). 이런 식으로 구조와 건강한 일상(확실함)을 통합하면 세 가지 욕구를 모두 긍정적인 방식으로 충족시키는 데 도움이 되었다.

고려해야 할 한 가지 중요한 점은 성장과 기여의 요구에 특별한 주의를 기울이는 것이다. 코칭을 받는 사람은 이러한 요구를 건강한 방식으로 충족하는가, 아니면 파괴적인 방식으로 충족하는가?

우리의 성격이 통합되면서 성장과 기여의 욕구가 높은 점수를 받기 시작하고 긍정적이고 건강한 방식으로 충족되기 시작한다. 그 이유는 우리가 정체 영역에서 벗어날 때 새롭고 의식적이며 선택된 반응에 따라 행동하기 때문이다. 이를 통해 우리는 오래된 습관을 극복하고 성장할 수 있다. 이러한 통합은 결국 다른 사람들에게 더 큰 기여를 가져올 것이다. 대조적으로, 우리가 인식하지 못한 채 계속해서 행동한다면, 우리의 오래된 반응 패턴에 따라 우리는 스스로를 무력화시키고 자존심이 우리의 삶을 관리하도록 놔두게 된다. 이것은 항상 우리 자신과 다른 사람들에게 고통을 안겨준다.

5. 레버리지 확보하기

다음 단계는 해당 유형의 도움이 되지 않는 패턴이 고객에게 초래하는 대가와 고통을 자각하도록 돕는 것이다.

4번 유형을 위한 연습 : 패턴이 초래하는 대가 인식하기

- 당신의 관계 측면에서 자기 몰입적이고 드라마틱한 데에는 얼마나 많은 대가가 드는가?
- 대부분의 경우 극심한 기분 변화를 겪는 데 건강상의 얼마나 많은 대가가 드는가?
- 직업적 경력 측면에서 부적절하다고 느끼고 비판에 과민하게 반응하는 데 얼마나 많은 대가가 드는가?

- 당신의 개인적인 성취감과 행복감 측면에서 누락되고 사용할 수 없는 것에 지속적으로 집중하는 데 얼마나 많은 대가가 드는가?

6. 패턴 멈춤 : 주의력을 키우기 위한 연습

4번 유형을 위한 시각화

시각화는 일반적인 코칭과 특히 성격 유형 코칭을 수행할 때 훌륭한 도구이다. 다음은 4번 유형에 대한 포괄적인 시각화/명상 스크립트이다. 이는 유형의 강점과 약점을 활용하는 작업, 공정한 관찰자를 통한 주의력 훈련, 의식적인 호흡 훈련, 수용 및 이완을 포함한다. 단일 코칭 세션에서 모든 기능을 사용할 필요는 없다. 다음 섹션 중 하나 이상을 선택하여 이러한 시각화를 모듈식으로 사용할 수 있다.

4번 유형을 위한 스크립트 : 시각화 / 명상

▷ 이완

먼저 편안한 자세로 앉는다. 척추는 자연스럽게 곧게 세우고, 팔은 느슨하게 풀어둔다. 손바닥을 위나 아래로 하여 가볍게 무

르 위에 올려 놓는다. 몸 전체를 이완시키기 위해 깊게 숨을 한 번 들이마셔 본다. 숨을 들이마시고, 내쉬고, 이제 천천히 눈을 감고, 다시 한 번 깊게 숨을 들이마시면서 중심에너지를 잡고 집중한다. 숨을 들이쉬고, 내쉰다.

공정한 관찰자에 대한 인식을 의식하는 것으로 시작해보겠다. 공정한 관찰자는 당신의 행동을 객관적으로 외부에서 관찰하는 친구라고 생각해보자. 이는 당신이 현명한 결정을 내리도록 도와주며, 무의식적인 상태에서 벗어나도록 도와준다. 공정한 관찰자는 본능(신체감각), 사고(생각, 계획, 미래, 과거, 이미지, 아이디어, 상상력), 감정(감각)의 세 가지 중심에너지에서 일어나는 활동에 민감하게 반응하도록 마음을 훈련함으로써 그렇게 할 수 있다. 영혼과의 연결을 상징적으로 나타내는 우리의 호흡은 우리가 중심에너지를 유지하고, 한 중심에너지에서 다른 중심에너지로 관심을 옮길 수 있게 해준다. 또한 이는 비판적이지 않은 상태를 유지하게 하며 감사, 연민, 수용의 자질을 이 연습에 적용할 수 있게 해준다. 마음이 방황할 때마다 그 순간을 이용해 감사, 연민, 수용의 자질을 적용할 수 있게 해준다. 이러한 순간은 우리의 관심을 다시 바꾸는 방법을 배울 수 있는 귀중한 기회를 제공한다.

먼저 주의를 본능 중심에너지로 부드럽게 천천히 옮긴다. 깊게 숨을 들이마시고, 공기가 몸 안팎으로 흐르는 경로를 따라간다. 천천히 진행한다. 다시 숨을 들이마시고, 이번에는 숨을 내쉬는 시간을 조금 더 길게 가져본다. 공기가 몸 안팎으로 흐르는 경로에 전적으로 집중하며, 시작부터 끝까지 주의를 기울인다. 이제 몸의 감각을 느끼기 시작한다. 발이 바닥에 닿는 접촉점을 느껴본다. 지금 그곳에 어떤 감각이 있는가? 주의를 등으로 옮겨서, 의자가 주는 지지를 느껴본다. 그 감각을 잠시 음미한다. 이제 손으로 주의를 옮기고, 손과 무릎이 닿는 접촉점을 느껴본다.

이제 두 손을 가슴 위에 포개어 올리고, 감정 중심에너지로 주의를 옮겨본다. 지금 이 순간 어떤 감정이 느껴지고 있는가?

이제 주의를 사고 중심에너지로 옮겨본다. 당신의 감정에 대해 어떤 마음속 이야기가 들려 오는가? 당신의 마음은 이 감정에 대해 뭐라고 말하고 있는가? 이 명상 전체에 대해 뭐라고 말하고 있는가? 떠오르는 마음속 이야기를 고요히 생각해 본다. 숨을 들이마시고, 내쉬고, 사고 중심에너지에 머물면서, 이제 당신의 기억으로 주의를 옮겨본다. 흑백 TV에서 과거의 역사가 방송되고 있는 모습을 상상해 보며, TV 속에 있는 당신을 본다. 인생의 각 단계를 화면에서 느린 동작으로 보고 있다. 그 모습을 실제로 보게 되면 고개를 끄덕여본다. 숨을 들이마시고, 내쉬고, 사고 중심에너지에 머무르면서, 이제 미래에 대한 생각으로 주의를 옮긴다. 아래의 질문들에 차분하게 반응해 본다. 각 질문 사이에 잠시 멈춰 생각할 시간을 가진다. 당신은 미래가 어떻게 되기를 원하는가? 미래의 자신은 어떤 모습인가? 어떤 계획을 가지고 있는가?

▷ **시각화**

계속해서 사고 중심에너지에 있으면서, 이제 상상력으로 주의를 옮겨본다. 해변, 바닷가, 약간 젖은 모래 위에 있는 자신을 상상해 본다. 바닷가의 공기를 들이마셔 본다. 숨을 들이마시고, 내쉬고, 바람을 느껴본다. 파도 소리를 들어본다. 발 밑으로 모래의 감촉을 느껴본다. 손가락으로 수평으로 누운 8자 모양(마음의 무한루프)를 천천히, 아주 천천히 젖은 모래 위에 그려 본다. 손가락과 모래 사이의 접촉을 느껴본다.

▷ **정체 영역과 그 비용의 시각화**

이제 당신의 모든 문제와 도전 과제들을 그 모래 위에 그려진 **마음의 무한루프** 안에 하나씩 넣는 장면을 상상해 본다.

사용할 수 없는 것, 누락된 것에 대한 나의 지속적인 관심이다. 부끄러움과 부적절함에 대한 나의 모든 감정. 나 자신에 대한 과도한 집착, 자기 몰입. 항상 특별하고 달라지려고 노력하는 나의 노예. 나에게 없는 것에 집중하면서 내 인생을 흘러가게 내버려 두는 것. 나의 모든 환상과 현재 순간에 살 수 없는 것. 나 자신을 다른 사람들과 끊임없이 비교하면서 자초한 모든 고통. 모든 부러움. 모든 슬픔. 모든 고통.

슬픔과 분노를 느껴보라. 모래 위 마음의 무한루프 안에 있는 모든 문제를 보면서 마음과 몸으로 느껴보라. 잠시만 거기 있어 보라.

이 모래 위 **마음의 무한루프**는 우리의 **정체 영역**을 상징한다. 이것은 우리가 부정적인 초점과 부정적인 감정에 갇혀 있는 곳이다.

▷ '인간이다'라는 깨달음

모든 인간에게는 그 사람을 인간답게 만드는 문제들을 가지고 있다. 그것은 개인적이며, 맞춤형으로 주어진 삶의 도전들이다. 자신의 개인적인 도전들을 판단없이 지켜본다. 만약 당신의 마음이 어떤 논평을 덧붙이더라고 괜찮다. 걱정하지 말고 이 연습을 **제대로** 하려고 애쓰지 않아도 된다. 만약 판단이 생긴다면, 그 판단을 그냥 지켜보면 된다. 그 대사를 들어본다. 그것이 생겨나는 모습을, 당신 바깥에서 벌어지는 일처럼 **지켜보면** 된다.

자신의 경험에 대해 판단을 갖는 것은 인간적인 일이다. 괜찮다. 이제 주의를 당신의 마음에 집중한다. 방금 머릿속에서 들었던 판단과 내적인 의견을 감정 속으로 가져와서 그곳, 즉 감정에 담아본다. 감정의 에너지를 사용하여 그것들을 부드럽게 하고 온몸이 연민으로 채워지는 것을 느껴본다. 깊게 숨을 들이 마시고, 가슴의 에너지가 온몸으로 퍼지는 것을 느껴본다. 수용을 느낀다.

인생이 왜 당신에게 도전 과제를 주는 걸까? 인생은 당신이 그것을 극복함으로써, 다음 단계의 충만함과 생동감을 누릴 수 있도록 도전들을 준다. 그것은 성장할 수 있는 소중한 기회다. 단지 다시 활성화되기를 기다리고 있는 당신이 이미 가진 힘을 발견할 수 있는 소중한 기회다. 이 힘은 당신이 도전 과제를 극복하도록 도와주고, 정체 영역에서 성장으로 나아가도록 도와줄 것이다.

당신 안에는 절대 포기하지 않으려는 부분이 있다. 인생을 온전히 살고자 하는 목소리이다. 그것은 당신의 영혼의 목소리이며, 자아와 성격의 목소리에 맞서 싸워 당신을 최고의 자신으로 만들고자 하는 목소리이다. 당신은 이미 그 자리에 있었고, 그것이 지금 이 순간까지 당신을 이끌어 왔다. 당신이 여기에서 스스로를 극복하고 더 나은 사람이 되려고 애쓰는 순간이다. 무의식적인 생각에 휘둘리지 않고, 당신의 성격과 자동적인 생각들에 굴복하지 않고 일어서 있다. 그것이 진짜 당신이며, 당신의 영혼의 힘이다.

이 지점에서 당신의 주의는 자동적으로 "생각에 대한 생각"을 만들어내는 쪽으로 향할지도 모른다. 괜찮다. 그저 의식적으로 계속 숨을 쉬고, 공기가 몸 안으로 들어오고 나가는 길을 따라가면서, 공정한 관찰자가 당신의 마음의 활동을 판단없이 지켜보게 하면 된다.

▷ **강점, 잠재력, 그리고 개인적 힘에 대한 시각화**

이제 당신 안에 포기하지 않으려는 그 부분으로 주의를 옮긴다. 모래 위에 그려진 **마음의 무한루프** 도형을 떠올려 본다. 그 **마음의 무한루프**의 중심에너지부, 즉 오른쪽과 왼쪽이 교차하는 지점에 한 점이 있다. 이 지점을 '용기의 지점(Point of Courage)'이라고 부른다. 이제 그 지점에서 위로 화살표를 그린다고 상상해 본다. **마음의 무한루프**로부터 나가는 출구이다. 정체 영역에서 벗어나는 출구이다.

이 화살표는 **마음의 무한루프** 밖에 존재하는 것을 향한다. 이 화살표는 당신의 강점과 잠재력을 가리킨다. 당신이 언제든지 접속할 수 있는 미래를 가리킨다.

이제 **마음의 무한루프** 밖에 무엇이 있는지 살펴 본다.

과거에 당신이 다른 사람을 위해 무엇을 했는지에 관계없이 무조건적인 사랑을 느꼈던 순간을 떠올려 본다. 인생의 어떤 영역에서든 가져오라. 혼자일 수도 있고, 친구와 함께, 친구 그룹, 가족과 함께 있을 수도 있다. 개인 생활이나 직업 생활에서. 과거로 가서 그 순간을 다시 가져온다. 그것은 특별한 순간일 수도 있고 단순한 순간일 수도 있다. 느껴본다. 그 순간의 이완을 온몸으로 느껴본다.

당신이 받아들였던 그 순간을 기억에서 찾아보라. 의식하는 자신과 다른 사람을 확인한다. 통찰력이 있다. 영적인. 자신을 차별화하려는 노력을 놓아버리는 그 순간의 이완을 느껴보라. 모든 것이 조화롭게 흘러갔고 여러분의 개입 없이도 모든 것이 실제로 잘 작동하고 잘 진행되었다. 심호흡을 하고 그 순간을 느껴보라.

마음의 무한루프 밖에 무엇이 있는지 보자.

이제 저는 당신이 새로운 미래를 상상해 보기를 바란다. 당신이 창의적이고 독창적이며 감정적으로 깊으면서도 고요한 미래. 자신을 알고 자아실현하며, 다른 사람도 양육하고 긍정하는 미래. 덜 긍정적인 측면을 포함하여 자신을 인간으로 받아들이는 것이다. 당신은 진정으로 자신의 마음과 접촉하고 인간이 자연스럽게 저지르는 실수에 대해 자신과 다른 사람을 용서할 수 있다. 두 손을 서로 포개어 마음에 얹어 보라. 당신의 심장 박동을 느껴보라. 당신의 인간성을 느껴보라. 당신은 인간이기 때문에 독창적이지 않고 창의적이지 않으며 때때로 세속적인 일을 하는 것이 허용된다. 이를 통해 감정적으로 지칠 때보다 배터리를 재충전하고 더 독창적이 될 수 있다. 당신의 현실주의는 당신을 더 깊게 만들고, 당신의 마음은 분노를 해소하여 창의성을 위한 많은 에너지를 해방시킨다. 그로부터 얼마나 많은 에너지가 해방되고 얼마나 많은 슬픔과 분노가 해소되는지 느껴보라. 역설적이게도 당신은 진정한 자아를 가리기 위해 특별한 정체성에 대한 애착을 놓았기 때문에 당신의 진정한 꿈 중 하나, 즉 진정으로 의미 있고 독특한 인간으로 성장하는 꿈을 이룰 수 있다.

그 미래의 순간을 현재로 가져온다. 지금 이순간 당신의 몸에서 그 순간을 느껴본다. 가슴에서 마음에서 그 순간을 느껴본다. 마음, 가슴, 몸이 함께 작용하는 그 힘을 느껴본다. 당신이 이루어낼 수 있는 것, 그리고 무엇보다도 당신 안에 이미 당신이 원하는 좋은 모습이 존재한다는 것을 느껴본다.

모래 위 그림, 마음의 무한루프와 용기의 지점, 그리고 당신 안에 있는 모든 잠재력을 바라보며 천천히 명상을 마무리한다.

▷ **시각화 종료**

나는 당신의 용기, 여기에 있어 한 사람으로서 성장하려고 노력하고, 자신을 극복하려고 노력하고, 포기하지 않고 노력한 것에 대해 감사한다. 당신이 이 훈련을 한다는 단순한 사실은 당신의 내면의 힘과 포기하지 않는다는 증거이다. 또한 포기하지 않은 용기를 인정해 주시길 바란다. 그리고 인생이 가져다주는 도전과 매일 주어지는 많은 기회에 대해 삶에 감사하기를 바란다. 이를 통해 당신은 자신의 강점을 접하고, 성장하고, 세상에 공헌하고, 인류에게 베풀 수 있다. 당신 주변의 세상은 당신의 진정한 자아의 선물이다.

7. 재패턴화 : 필터 유연화 및 통합을 위한 연습

개인화 필터

개인화는 일반적으로 정체 영역에서 4번 유형의 사고를 지배할 수 있는 인지 왜곡 필터이다. 이는 **점프 결론** 종류의 필터이다. 이 필터를 사용하면 4번 유형은 주변에서 일어나는 사건을 항상 자신과 관련이 있는 것으로 해석하게 된다. 주변에서 일어나는 모든 일을 포착하여 무의식적으로 개인화한다. 예를 들어, 배우자가 오늘 밤 밖에 나가고 싶지 않다고 하면 이들은 이를 "내 배우자가 더 이상 나를 사랑하지 않는다."라고 해석할 수 있다. 이 왜곡 필터가 활성화된 직후에는 항상 감정적인 반응이 나타난다. 4번 유형의 고통의 대부분은 이 메커니즘으로 인해 발생한다.

이러한 무의식적 경향을 극복하기 위해 4번 유형은 고도로 기능하는 1번 유형의 자질, 즉 근거 있고 현실적이며 상상 없이 사건을 **있는 그대로** 볼 수 있는 능력을 통합할 수 있다.

4번 유형을 위한 연습 : "무엇"과 "어떻게" 질문을 하기

- 상상보다 감정에 더 의존한다면 무엇을 보게 될까? 상황을 어떻게 재해석할 수 있는가?

- 구체적인 사실은 무엇인가?

- 내 상상력은 매우 풍부하지만 때로는 나에게 도움이 되지 않는다. 그 반대가 사실인 것 같다. 저는 내 자신의 상상력에 봉사하고 있는 것 같다. 그럼 실용적으로 생각해본다. 어떻게 하면 이 상황을 흑백으로 단순화하여 이해하기 쉽고 간단하며 복잡하지 않게 하여 사고와 마음에 질서를 부여할 수 있는가?

좋은 점 찾기

4번 유형의 주의 집중은 달성할 수 없는 것과 부족한 것에 집중하는 경향이 있다. 환상을 통해 이 필터는 현재의 순간에서 과거

또는 미래로 탈출하는 수단이 되어 4번 유형을 현재에 비참하게 남겨둔다. 결과적으로 사람, 사건 또는 그 자체에서 좋은 점을 찾는 것은 일반적으로 정체 영역에 있는 4번 유형의 근육이 덜 발달된 것이다.

4번 유형 연습 : 좋은 점 찾기

일주일 동안 주변의 모든 것에서 좋은 점을 적극적으로 찾아보라. 그것은 모두 2열 테이블에 기록될 수 있다. A열에는 부정적으로 인식되는 모든 내용이 포함된다. B열에는 현재 당신의 삶에서 잘 진행되고 있는 모든 것이 포함될 것이다. 더 확장하기 위해 세 번째 열을 추가할 수 있다. B열의 항목을 어떻게 축하할 수 있는가(하나를 선택하고 그 가치에 집중하고 그 항목에 대한 감사와 기쁨을 어떻게 표현할 수 있는지)?

말하는 방식에 주목하기

언어는 강력한다. 의미를 전달하는 수단이다. 필터를 통해 현실을 해석할 때 우리는 그것에 단어를 집어넣는다. 그러므로 우리가 경험에 붙이는 단어를 바꿀 수 있다면 감정 상태에 간접적으로 영향을 미칠 수 있다. 왜냐하면 우리 감정의 큰 부분이 언어에서 나오기 때문이다. 사람들은 자신의 언어 패턴에 의해 최면에 걸리며, 현실을 정확하게 볼 수 없는 사각지대를 만든다 (Robbins & Madanes, 2005). 자신의 경험을 설명하기 위해 항상 동일한 문구와 단어를 사용함으로써 각 성격 유형은 결국 앞에 있는 것을 보지 못하게 된다. 말 그대로 현실에 대한 묘사가 실제 현실이 되는 것이다. 이러한 문구와 단어는 단순히 각 유형이 갖고 있는 근본적인 제한적 신념의 표현일 뿐이다. 따라서 말하는 방식을 바꾸는 것은 우리의 참조 틀을 확장하는 데 도움이 될 수 있으며 일상 생활의 상황을 더 많은 각도에서 볼 수 있게 해준다.

코칭을 받는 사람은 자신의 성격 메커니즘이 자신의 언어를 가로채는 순간, 그것이 발생하는 순간을 인식할 수 있는 능력을 개발하는 것이 중요하다. 정체 영역에 있는 4번 유형의 경우 이는 다음과 같이 나타난다.

1. 자기 몰입을 반영하는 말하는 방식.
2. 사실에 근거할 수 없고 해석 없이 의사소통할 수 없다.
3. 은유적 언어의 남용.

4번 유형을 위한 연습 : 말하는 방식 활용하기 #1

대화 주제와 형식에 주의를 기울이세요. 저는 나 자신에 대해 몇 퍼센트나 이야기했는가? 내가 지나치게 자기중심적인가? 상대방이 이야기할 때, 나는 상대방의 이야기에서 나 자신에 대한 대화를 다시 되돌릴 수 있는 요점을 찾았는가? 나는 다른 사람의 정서적 필요에 진정으로 관심이 있는가, 아니면 단지 내 것을 공유하는 것에만 관심이 있는가?

4번 유형의 의사소통 스타일에서 또 다른 중요한 문제는 사실과 해석을 분리하는 것이다. 정체 영역에 있을 때 이들의 상상력 필터는 매우 활동적이며 사실에 대한 해석을 첨부하지 않고 단순한 사실을 고수하는 데 어려움을 겪는다. 그 안에는 일반적으로 사실의 주관적인 재배치가 있다.

4번 유형 연습 : 말하는 방식 활용하기 #2

다음과 같이 질문하도록 훈련하라. 무슨 일이 일어났나요? 사실은 무엇인가? 무슨 일이 일어났는지에 대한 나의 해석은 무엇인가? 무슨 일이 일어났는지 나 자신에게 말하고 있는 이야기는 무엇인가? 저는 내 상상력이 어떻게 작동하고 그것이 객관적인 사건에 관해 무엇을 말하는지 의식하고 있는가? 아니면 그것은 무의식적이고 그 메커니즘과 역동성을 인식하지 못하는 걸까?

마지막으로, 4번 유형은 은유적 언어를 매우 잘 사용하지만 정체 영역에서는 이를 과도하게 사용한다. 1번 유형에 통합될 때 이들은 의사소통이 간단해지는 방법, 즉 사실에 입각하고 세부적인 사항을 지향하는 방법을 배운다. 철학적 지향보다는 행동에 더 가깝다. 덜 다채로운 언어를 사용하고 더 문자 그대로 표현한다. 왜라는 질문 대신에 , 무엇을, 어떻게, 그것이 효과가 있을지, 그리고 어떤 일이 이루어졌는지에 대한 질문이다.

융 선호도를 활용한 작업 : 덜 우세한 특성을 통합하기

4번 유형을 지도할 때 융 선호도에 주의를 기울이는 것이 매우 중요하다. 코칭을 받는 사람이 MBTI 프로필을 작성한 경우 4글자 유형을 물어보고 융 선호도가 코칭을 받는 사람의 에니어그램 유형과 어떻게 조화를 이룰 수 있는지 토론하라. 또한 고객이 융 선호도의 낮은 면에 갇혀 있을 때, 우리는 이 책 전반에 걸쳐 설명된 것과 동일한 패턴 멈춤 기술을 사용하여 이들이 벗어나 성장하도록 도울 수 있다. 융 선호도에 대한 설명은 이 책의 1부를 참조하라.

4번 유형을 코칭할 때 융 선호도를 사용하는 몇 가지 예는 다음과 같다.

- 외향적이고 사교적인 4번 유형을 많이 볼 수 있지만 4번 유형과 내향성 사이에는 높은 상관관계가 있다(특히 5번 유형 날

개를 가진 4번 유형에서). 특히 당신이 외향적인 코치라면 이 점을 고려해야 한다. 이들의 속도에 맞춰 속도를 늦춘다. 내향적인 사람들은 더 조용하고 사적인 경향이 있다. 이들은 친밀하고 성찰적이어서 세션에서 말하는 내용에 대해 생각할 더 많은 공간과 시간이 필요하다. 이들과 함께 라면 눈맞춤이 줄어들고 세션이 천천히 진행될 것이므로 너무 많이 또는 너무 빠른 말로 이들을 압도하지 않는다. 때때로 심호흡을 하면서 4번 유형이 말하고 느끼는 것을 깊이 반성하면서 이들의 속도에 맞춰준다.

- 4번 유형의 일부 개발 목표에 매우 유용한 차원은 사고이다. 여기에서도 이러한 각도에서 세상을 보는 법을 배우는 것의 중요성에 대해 언급한다. 즉, 상황을 비인격적으로 분석하는 능력을 개발하는 것이다. 논리적으로 결정을 내리는 법을 배운다. 조치를 취할 때 예상되는 이익과 비용을 비교한다. 논리적인 질문을 하고 작업 중심에너지를 유지한다. 원인과 결과를 분석한다. 이 모든 것은 4번 유형의 발달에 매우 중요하다. 왜냐하면 4번 유형은 감정(Feeling)에 대한 융 선호도가 뚜렷하기 때문이다.

- 4번 유형의 일부 개발 목표에 매우 유용한 또 다른 차원은 감지이다. 여기에서도 이 각도에서 세상을 인식하는 방법을 배우는 것의 중요성에 대해 언급한다. 현실적이고 구체적이다.

실용적이고, 자신이 느끼는 것을 실제 적용으로 전환하고, 잠시 상상을 멈추고 사물을 있는 그대로 보는 능력을 개발한다. 명확성에 대한 필요성을 키우는 것; 독창적이지 않거나 창의적이지 않은 것처럼 보일 수 있는 좋은 아이디어를 무의식적으로 배제하는 대신 고려한다. 구체적인 질문을 하고, 구체적인 답변을 제공하고, 해석 없이 사실을 전달하는 등 의사소통에 있어서 구체적이어야 한다. 이 작업은 하나에 대한 강한 화살을 가지고 있는 4번 유형과 함께하면 더 쉽다.

- 4명의 코치 대상에서 심판 선호도가 얼마나 활발한지 주의 깊게 살펴보라. 건전한 판단 차원의 작동 정도는 1번 유형의 4가지 통합 정도를 나타낼 수 있다. 질문하라: 프로젝트를 마무리하려고 하는가? 구조와 질서를 중시하는가? 일정과 기간을 책임감 있게 지킬 수 있는가? 정체 영역에서는 이러한 각 질문이 4번 유형에 의해 창의성의 한계로 경험되며 이에 대해 많은 저항이 있다. 역설적이게도 이 요소를 감정적 무기고에 통합할 수 있을 때 이들의 창의성은 더욱 꽃피우고 새로운 차원에 도달한다. 이는 4번 유형 모두가 바라고 즐기는 것이다. 음악가, 작가, 기업가 등 직업이 무엇이든 많은 유명한 4번 유형은 J 차원의 건강한 척도를 삶에 통합할 때 상당히 규율이 잘 잡혀 있고 가장 건강한 상태에 도달한다.

4번 유형을 위한 세션간 연습 : 자기 관찰

한 주 동안, 당신의 성격 유형의 특히 도움이 되지 않는 패턴을 적극적으로 관찰해본다. 실시간으로 패턴을 인식하게 될 때, 한 사이클의 자발적인 호흡 명상을 시작한다. 이 책의 2부에서 설명된 절차를 따라 패턴을 관찰하고 그것을 늦추는 연습을 해보는 것이 좋다. 다음 세션에서 코치와 통찰을 공유한다.

5번 유형

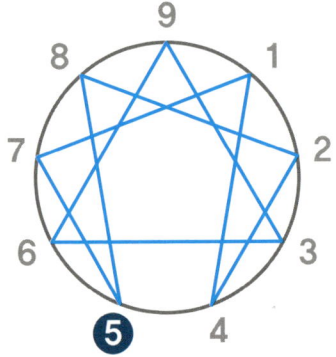

나는 항상 혼자 있는 것을 좋아했고, 혼자 시간을 보내는 것을 즐깁니다. 나는 사회적 모임을 그다지 즐기지 않았습니다. 항상 한쪽에서 관찰자로서 바라보는 느낌이었습니다. 왠지 대부분의 사람들을 이해할 수 없었습니다. 이들은 사소하고 중요하지 않은 일들로 바쁘게 움직이고, 아무 상관없는 것들에 대해 이야기하곤 합니다. 나는 그런 것에 관심이 없습니다. 나는 좋은 책을 선호하며, 내 자원을 투자할 가치가 있는 무언가를 원합니다. 그리고 누군가가 방해하거나 끼어드는 것은 나를 정말 불쾌하게 만듭니다.

나는 내 개인적인 공간에 대한 침해에 매우 민감합니다. 집에서는 내가 너무 고립되어 있다고, 자주 **동굴** 속으로 들어간다고 말합니다. 솔직히 맞는 말입니다. 나는 가끔씩 스스로를 차단하고 에너지를 재충전해야 합니다. 특히 사회적 활동 후에는 완전히 방전된 느낌이 듭니다. 내 주변 사람들은 내 재능, 특히 제 분석 능력을 인정해줍니다. 하지만 감정적으로 차갑고 표현이 없다는 이야기도 듣습니다. 상사도 배우는 데만 집착하지 말고 더 빠르게 행동해야 한다고 말합니다. 나는 항상 철저하게 준비하고 많은 자료를 모으려는 습관이 있습니다. 사실 나는 배우는 것을 정말 즐기고, 나의 지적 능력을 도전하는 것을 좋아합니다.(존, 5번 유형)

5번 유형에 대한 설명

5번 유형은 지적인 방식으로 삶을 접근하는 경향이 있으며, 지각력이 뛰어나고 독립적인 관찰자이다.

최상의 상태일 때 끊임없이 배우고 지적 능력을 확장하려는 욕구를 가지고 있다. 이들은 세상을 이해하려는 욕구에 의해 동기 부여되며, 아이디어에 자극 받고 강한 분석 능력을 가지고 있다. 이들은 지각력이 뛰어나고, 똑똑하며, 논리적이다. 집중력이 뛰어나고, 혁신적이고, 학문적이며, 박식하고, 비 순응적이며 유능하다.

이들은 관찰과 분석의 대가이다. 예리한 눈과 강한 독립적 의지를 가지고 있어 다른 사람의 영향을 받지 않고 거리를 두며 문제에 대한 객관적인 관점을 유지할 수 있다. 이들은 통찰력 있고 독창적인 사고를 할 수 있으며, 관심 있는 분야에서 설명, 모델, 이론을 정립하는 능력이 탁월하다.

자신의 분야에서 전문가가 될 수 있으며, 지적 성장과 함께 겸손하고 여유로운 태도를 동반한다. 어떤 주제에 대해 모든 것을 알고 있다고 보여주려는 강박을 느끼지 않으며, **모르겠습니다**라고 답하는 것도 아무런 부담 없이 받아들인다. 또한, 이들은 논리의 한계를 인식할 줄 알며, 자신의 사고방식과 지적 구조를 끊임없이 도전하는 것을 두려워하지 않는다. 아이러니하게도, 이러한 태도를 가질 때 이들은 가장 크게 성장한다. 이러한 열린 자세가 끊임없는 호기심과 새로운 배움의 가능성을 유지하는 데 도움을 주기 때문이다.

정체 영역에 있을 때 이들의 정신 활동이 더욱 강화된다. 이들은 자신의 생각에 더욱 몰입하게 되며, '머릿속에서만 사는' 경향이 강해진다. 이로인해 자신의 감정과 단절된다. 이들은 점점 더 차갑고, 회피적이며, 반응하지 않는 상태가 될 수 있다. 자신이 어떻게 느끼는지 인식하지 못하고, 다른 사람들과 감정적으로 연결되기 어렵거나 지지를 제공하는 능력이 줄어든다. 이들은 사람들과의 거리를 두는 것을 더 선호하게 된다. 이로 인해 관계가 악화될 수 있으며, 다른 사람들의 기대와 요구, 그리고 사생활 침해에 대해 더 쉽게 압도되고 에너지를 소진하게 된다. 이들은 단지 자신의 자원(시간, 에너지, 집중력, 지식, 돈 등)이 다른 사람들에게 고갈되지 않기를 바라는 것뿐만 아니라, 또한 타인에게 의존하지 않음으로써 거리를 유지하려 한다. 이들은 스스로를 자립적인 존재로 만들고자 하며, 필요하다면 이들은 자신의 문제를 스스로 감추거나 자신의 필요를 최소화하면서 독립성을 유지하려 한다.

이들은 더 수동적인 관찰자가 되며, 행동을 취하는 데 점점 더 어려움을 겪는다. 이들은 머릿속에서 끊임없이 해석하고 분석하는 내적 대화가 멈추지 않으며, 마치 세상의 모든 것이 설명과 해석을 필요로 하는 것처럼 느껴진다. 그러나 그 과정에서 집중력을 잃고 행동은 계속 지연된다. 일부는 오로지 아이디어와 정보에만 집중하게 된다. 행동하기 전에 항상 더 많은 것을 공부하고, 관찰하고, 이해해야 한다는 느낌을 갖는다.

끊임없이 정신적으로 해석하는 습관은 이들을 더욱 주관적으로 만들며, 덜 개방적이고 덜 호기심 많은 상태로 만들 수 있다.

이들은 연구하거나 실험하기보다는 해석하는 데 더 많은 시간을 쓸 수 있다. 또한, 관찰자의 위치에서 이들은 때때로 비논리적이거나 '어리석은' 다른 사람들의 방식이나 감정 표현, 사회적 관습을 경멸하는 시선으로 바라볼 수 있다. 이러한 태도는 이들이 다른 사람들에게 우월하고 거만하게 보이게 만들 수 있다.

이들의 논리와 환원주의에 대한 집착이 극단적으로 치우쳐, 논리도 편향될 수 있다는 사실을 인식하지 못한 채, 감정적이거나 감각적인 요소를 배제한 채 분석을 할 수 있다. 이들은 자신의 생각에 도전하는 것을 덜 원하게 되며, 현실에 대한 더 간단한 설명을 추구하지 않으려 할 수 있다.

머릿속에서만 살아가는 습관은 이들을 자신의 신체와도 단절시키게 된다. 삶 속에서 감각적 경험과 신체적 활동에 할애하는 시간이 줄어들며, 더 정착된 생활을 하게 되고 자신의 몸에 대한 인식이 점점 더 둔감해진다.

이렇게 머릿속으려만 몰입하게 될 때, 이들은 소외감, 공허함, 부충분함, 불안정함, 긴장감, 과도한 걱정, 압박감, 분노, 그리고 외로움을 느낄 수 있다.

5번 유형의 코칭 프로토콜

1. 세션의 분위기 조성하기

고객과 코칭 세션을 시작하기 전에 먼저 스스로를 점검한다.

▷ **세션에 수용적인 태도로 임하기**

다음 질문을 스스로에게 물어본다.

- 나는 지금 비판적이지 않은 상태인가?
- 내 특정 성격 유형이 5번 유형에 대해 거부감을 가지고 있는가?

▷ **다양한 방식으로 경청하기**

모든 코칭 세션 동안 모든 지능의 중심에너지(사고, 가슴, 본능)를 사용하는 것이 매우 중요하다. 세 가지 중심을 모두 활용하여 적극적으로 듣는 것에 주의해야 한다.

▷ **사고 중심에너지로 경청하기**

- 말하는 패턴과 언어 사용에 주목한다.
- 신체 언어와 자세를 분석한다.

- 반복되는 행동 패턴을 파악하고 어떻게 끊을 수 있을지 생각해본다.

▷ **가슴 중심에너지로 경청하기**

- 공감한다.

- 고객을 **유형**이 아닌 인간 자체로 바라본다.

- 겉으로 드러나는 모습 이면을 본다.

- 어떠한 저항이 있더라도 연결을 시도한다.(당신의 역할은 고객의 성장하도록 돕는 것이다.)

▷ **본능 중심에너지로 경청하기**

- 고객은 세션에 어떤 종류의 에너지를 가져오고 있는가?

- 고객이 말하는 내용과 그 말에 담긴 에너지가 일치하는가?

- 이 코칭 과정의 최근 발전에 대해 당신의 직관이 무엇을 말해주는가?

- "사람들이 말하는 것을 듣되, 이들이 실제로 하는 행동에 주목하라(Madanes, 1995)."

2. 도전 과제 정의하기

고객이 원하는 것이 무엇인지, 코칭을 받는 목적이 무엇인지 명료화 하기.

5번 유형의 일반적인 도전 과제는 다음과 같다.

- 더 유능하고 지식이 풍부해지기 위해 자신의 정신뿐만 아니라 본능과 마음도 신뢰한다.
- 사회적 문제에 좀 더 편안해지고 사회적 교류로 인해 덜 지치는 것이다.
- 자신의 아이디어를 실행에 옮길 수 있도록 한다.
- 자신의 감정을 더 잘 인식하고, 건강하게 표현할 수 있으며, 자신의 마음과 더 많이 접촉할 수 있다.
- 자신의 마음이라는 미로에서 길을 잃는 경향의 균형을 맞추기 위해 몸과 현재 순간을 다시 연결하는 것이다.

3. 고객의 세계관과 정체성 영역 이해하기

다음 질문을 스스로에게 해본다.

고객은 왜 그렇게 행동하는가? 고객의 행동을 형성하는 것은 무엇인가? 고객의 내면 이야기는 무엇인가? 고객은 어떤 필터를 통해 세상을 바라보고 인식하는가? 고객에게서 유형의 고정관념이 어느 정도 활성화되고 작용하는가?

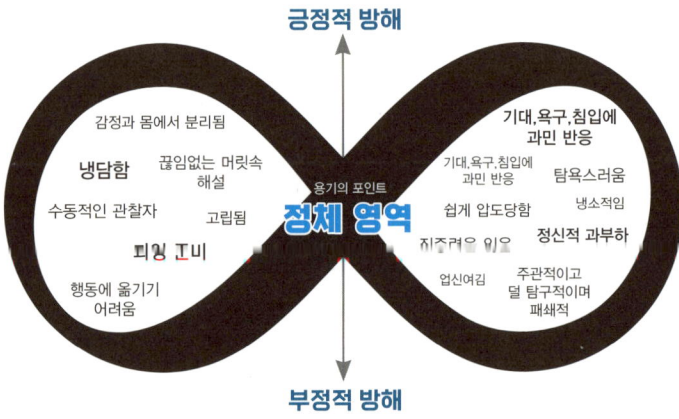

그림 3-5. 5번 유형의 정체 영역과 탈출 전략

5번 유형은 스트레스를 받거나 덜 자각할 때, 이들의 주의력은 강렬하고 과도한 정신 활동에 의해 탈선된다. 이들은 "머릿속에 사는" 상태를 통해 감정과 단절된다. 이 상태에서는 사람들과 거리를 두기 시작하고, 자신을 고립시키며 행동하는 데 어려움을 겪게 된다.

4. 여섯 가지 인간의 욕구에 대한 자각 일으키기

인간 욕구 심리학에 따르면, 우리는 확실성, 다양성, 사랑/연결, 중요성, 성장, 기여 등 모두 여섯 가지 기본적인 인간 요구를 가지고 있다(Madanes, 2009). 이 욕구들은 단순한 바램이 아니라 우리의 행동을 움직이는 진정한 동기이다.

5번 유형을 위한 연습 : 여섯 가지 인간의 욕구 탐색하기

정체 영역을 살펴보고, 그곳에 나열된 행동들 중에서 자신이 가장 자주 보이는 행동을 선택한다. "이 행동을 통해 충족하려는 인간의 기본 욕구는 무엇인가?" 자신이 특정 행동을 하는 이유가 어떤 욕구에서 비롯되었는지 탐색한다.

각 욕구를 0점에서 10점까지 평가해 보기

▷ **확실성** : 이러한 행동에 참여하면 확실성을 느끼는가? 안전감을 주는가? 이 행동 외에 더 긍정적인 방식으로 확실성을 얻는 방법을 알고 있는가?

▷ **다양성** : 이러한 행동에 참여하면 다양성을 느끼는가? 이 행동 외에 더 긍정적인 방식으로 다양성을 얻는 방법을 알고 있는가?

▷ **사랑/연결** : 이러한 행동에 참여하면 다른 사람들과 연결되고 사랑을 경험하는가? 이 행동 외에 더 긍정적인 방식으로 사랑/연결을 얻는 방법을 알고 있는가?

▷ **중요성** : 이러한 행동에 참여하면 중요함을 느끼는가? 특별함을 느끼는가? 이 행동 외에 더 긍정적인 방식으로 중요성을 얻는 방법을 알고 있는가?

▷ **성장** : 이러한 행동에 참여하면 발전을 느끼고, 내가 성장하고 있다는 느낌이 드는가? 이 행동 외에 더 긍정적인 방식으로 성장을 얻는 방법을 알고 있는가?

▷ **기여** : 이러한 행동에 참여하면 자신의 필요를 넘어서서 다른 사람들에게 기여하고 있다는 느낌이 드는가? 이 행동 외에, 더 긍정적인 방식으로 기여를 얻는 방법을 알고 있는가?

▷ **코칭 사례 연구** : 5번 유형의 고객인 로베르토 Roberto 는 코칭을 받으면서 두 가지 도전 과제를 다루기 위해 왔다. 첫번째는 사회 전반에 대한 불관용으로 인한 사회 생활의 불가능성, 두번째는

자신의 깊은 감정을 표현하지 못하는 문제였다. 그에 따르면, 이 두 가지 문제는 각각 다른 인간 욕구를 충족시켜 주고 있었다. 그의 사회적 불관용은 다음과 같은 방식으로 중요성을 충족시켰다. 매우 박식하고 학구적인 로베르토는 자신 주위의 사람들을 '생각하지 않고 집단으로 움직이는, 스스로 생각할 수 없는 대중'으로 인식한다. 다른 사람들을 이렇게 인식할 때, 그는 우월감을 느낀다. 그는 자신을 **자유로운 사상가**로서 대중과 구별하며, 외부 관찰자로서 자랑스럽게 여긴다. 하지만 이로 인해 그는 매우 고립된 사람이 되었다.

한편, 그의 확실성에 대한 욕구는 다음과 같은 방식으로 충족되었다. 로베르토는 자신의 감정을 다른 사람들에게, 심지어 가까운 사람들에게도 표현하는 것이 안전하지 않다고 믿는다. 그는 자신의 감정을 보호하고 상처받지 않도록 하는 것을 선호한다. 이러한 부정적인 방식으로 확실성을 얻으면서, 그의 관계는 막혀 있었다.

그의 돌파구는 로베르토가 자신의 욕구를 긍정적인 방식으로 충족시킬 필요가 있다는 것을 깨달았을 때 나왔다. 로베르토는 유명한 소비자 행동 연구자이며, 대기업의 마케팅 부서에서 일하고 있다. 코칭 세션에서 그가 긍정적인 방식으로 중요성을 충족시킬 수 있는 아이디어가 떠올랐다. 그는 글을 잘 쓰기 때문에 자신의 재능을 세상과 공유해 보면 어떨까 하는 것이었다. Roberto는 지역 신문에 기사를 쓰기 시작했고, 그 기사는 큰 성공을 거두어 그의 지적 재능에 대한 많은 인정을 받았다. 우리는 그의 글이 자아 중심적이거나 정체성 영역과 같은 논평이 되지 않도록, 그의 관점에 자비와 관용을 주입하는 방법을 논의했다. 대신, 그의 글이 세상을 더 나은 곳으로 만들기 위한 지성인의 기여로 자리매김할 수 있도록 도왔다. 이 과정에서 그는 긍정적인 방식으로 중요성을 충족할 수 있었다.

한편, 그는 감정적 연결 부족이 자신의 가족 관계, 특히 아내와의 관계에서 큰 대가를 치르게 했다는 것을 이해했다. 이 **근육**은 로베르토에게 훈련되지 않았기 때문에, 그는 서서히 자신의 감정과 연결되고 안전하게 표현하는 법을 배우기 시작했다. 그의 아내는 많은 세션에 참여했으며, 그녀에게 남편이 5번 유형의 성격을 가지고 있다는 것을 알게 된 것은 안도감이었다. 그녀는 그의 행동이 자신에 대한 개인적인 것이 아니며, 잘못된 것이 아니라 단지 남편의 성격 유형에 따른 도전 과제 중 하나라는 것을 깨달았다.

고려해야 할 한 가지 중요한 점은 성장과 기여의 요구에 특별한 주의를 기울이는 것이다. 코칭을 받는 사람은 이러한 요구를 건강한 방식으로 충족하고 있는가, 아니면 파괴적인 방식으로 충족하고 있는가?

우리의 성격이 통합되면서 성장과 기여의 욕구가 높은 점수를 받기 시작하고 긍정적이고 건강한 방식으로 충족되기 시작한다. 그 이유는 우리가 정체 영역에서 벗어날 때 새롭고 의식적이며 선택된 반응에 따라 행동하기 때문이다. 이를 통해 우리는 오래된 습관을 극복하고 성장할 수 있다. 이러한 통합은 결국 다른 사람들에게 더 큰 기여를 가져올 것이다. 반면, 우리가 여전히 의식 없이, 과거의 반응 패턴에 따라 행동한다면, 스스로의 힘을 약화시키고 우리의 자아가 삶을 관리하게 두게 된다. 이것은 항상 우리 자신과 다른 사람들에게 고통을 초래한다.

5. 레버리지 확보하기

다음 단계는 해당 유형의 도움이 되지 않는 패턴이 고객에게 초래하는 대가와 고통을 자각하도록 돕는 것이다.

5번 유형을 위한 연습 : 패턴이 초래하는 대가 인식하기

- 관계 측면에서 차갑고, 멀어지고, 감정적으로 단절되는 데 얼마나 많은 대가가 드는가?
- 건강 측면에서 **사고 속에 살고** 자신의 신체에 대한 연결과 인식이 부족하면 얼마나 많은 대가가 드는가?
- 전문적인 경력 측면에서 과도하게 준비하고 아이디어를 실행하는 데 어려움을 겪는 데 드는 데 얼마나 많은 대가가 드는가?

- 개인적인 성취감과 행복감 측면에서 끊임없는 정신적 논평을 영구적으로 활성화하고 다른 사람들과 감정적으로 연결을 끊는 데 얼마나 많은 대가가 드는가?

6. 패턴 멈춤 : 주의력을 키우기 위한 연습

5번 유형을 위한 시각화

시각화는 일반적인 코칭과 특히 성격 유형 코칭을 수행할 때 훌륭한 도구이다. 다음은 5번 유형에 대한 포괄적인 시각화/명상 스크립트이다. 이는 유형의 강점과 약점을 활용하는 작업, 공정한 관찰자를 통한 주의력 훈련, 의식적인 호흡 훈련, 수용 및 이완을 포함한다. 단일 코칭 세션에서 모든 기능을 사용할 필요는 없다. 다음 섹션 중 하나 이상을 선택하여 이러한 시각화를 모듈식으로 사용할 수 있다.

5번 유형을 위한 스크립트 : 시각화 / 명상

▷ **이완**

먼저 편안한 자세로 앉는다. 척추는 자연스럽게 곧게 세우고, 팔은 느슨하게 풀어둔다. 손바닥을 위나 아래로 하여 가볍게 무

를 위에 올려 놓는다. 몸 전체를 이완시키기 위해 깊게 숨을 한 번 들이마셔 본다. 숨을 들이마시고, 내쉬고, 이제 천천히 눈을 감고, 다시 한 번 깊게 숨을 들이마시면서 중심에너지를 잡고 집중한다. 숨을 들이마시고, 내쉰다.

▷ **공정한 관찰자 훈련**

공정한 관찰자에 대한 인식을 의식하는 것으로 시작해보겠다. 공정한 관찰자는 당신의 행동을 객관적으로 외부에서 관찰하는 친구라고 생각해보자. 이는 당신이 현명한 결정을 내리도록 도와주며, 무의식적인 상태에서 벗어나도록 도와준다. 공정한 관찰자는 본능(신체감각), 사고(생각, 계획, 미래, 과거, 이미지, 아이디어, 상상력), 감정(감각)의 세 가지 중심에너지에서 일어나는 활동에 민감하게 반응하도록 마음을 훈련함으로써 그렇게 할 수 있다. 영혼과의 연결을 상징적으로 나타내는 우리의 호흡은 우리가 중심에너지를 유지하고, 한 중심에너지에서 다른 중심에너지로 관심을 옮길 수 있게 해준다. 또한 이는 비판적이지 않은 상태를 유지하게 하며, 감사, 연민, 수용의 자질을 이 연습에 적용할 수 있게 해준다. 마음이 방황할 때마다, 그 순간을 이용해 감사, 연민, 수용의 자질을 적용할 수 있게 해준다. 이러한 순간은 우리의 관심을 다시 바꾸는 방법을 배울 수 있는 귀중한 기회를 제공한다.

먼저 주의를 본능 중심에너지로 부드럽게 천천히 옮긴다. 깊게 숨을 들이마시고, 공기가 몸 안팎으로 흐르는 경로를 따라간다. 천천히 진행한다. 다시 숨을 들이마시고, 이번에는 숨을 내쉬는 시간을 조금 더 길게 가져본다. 공기가 몸 안팎으로 흐르는 경로에 전적으로 집중하며, 시작부터 끝까지 주의를 기울인다. 이제 몸의 감각을 느끼기 시작한다. 발이 바닥에 닿는 접촉점을 느껴본다. 지금 그곳에 어떤 감각이 있는가? 주의를 등으로 옮겨서, 의자가 주는 지지를 느껴본다. 그 감각을 잠시 음미한다. 이제 손으로 주의를 옮기고, 손과 무릎이 닿는 접촉점을 느껴본다.

이제 두 손을 가슴 위에 포개어 올리고, 감정 중심에너지로 주의를 옮겨본다. 지금 이 순간 어떤 감정이 느껴지고 있는가?

이제 주의를 사고 중심에너지로 옮겨본다. 당신의 감정에 대해 어떤 마음속 이야기가 들려 오는가? 당신의 마음은 이 감정에 대해 뭐라고 말하고 있는가? 이 명상 전체에 대해 뭐라고 말하고 있는가? 떠오르는 마음속 이야기를 고요히 지켜본다. 숨을 들이마시고, 내쉬고, 사고 중심에너지에 머물면서, 이제 당신의 기억으로 주의를 옮겨본다. 흑백 TV에서 과거의 역사가 방송되고 있는 모습을 상상해 보며, TV 속에 있는 당신을 본다. 인생의 각 단계를 화면에서 느린 동작으로 보고 있다. 그 모습을 실제로 보게 되면 고개를 끄덕여본다. 숨을 들이마시고, 내쉬고, 사고 중심에너지에 머무르면서, 이제 미래에 대한 생각으로 주의를 옮긴다. 아래의 질문들에 차분하게 반응해 본다. 각 질문 사이에 잠시 멈춰 생각할 시간을 가진다. 당신은 미래가 어떻게 되기를 원하는가? 미래의 자신은 어떤 모습인가? 어떤 계획을 가지고 있는가?

▷ **시각화**

계속해서 사고 중심에너지에 있으면서, 이제 상상력으로 주의를 옮겨본다. 해변, 바닷가, 약간 젖은 모래 위에 있는 자신을 상상해 본다. 바닷가의 공기를 들이마셔 본다. 숨을 들이마시고, 내쉬고, 바람을 느껴본다. 파도 소리를 들어본다. 발 밑으로 모래의 감촉을 느껴본다. 손가락으로 수평으로 누운 8자 모양(마음의 무한루프)를 천천히, 아주 천천히 젖은 모래 위에 그려 본다. 손가락과 모래 사이의 접촉을 느껴본다.

▷ **정체 영역과 그 비용의 시각화**

이제 당신의 모든 문제와 도전 과제들을 그 모래 위에 그려진 **마음의 무한루프** 안에 하나씩 넣는 장면을 상상해 본다.

다른 사람의 요구와 기대에 대한 나의 모든 지속적인 관심과 과민성. 내 사생활 침해로 인식되는 것에 대한 나의 모든 반응.

나의 모든 지속적인 정신적 논평; 내 생각이 통제를 벗어나는 느낌이 계속해서 계속된다. 저는 사회에 대한 영구적인 회피로 인해 지쳤다. 모든 두려움. 모든 긴장. 모든 고통.

긴장과 분노를 느껴본다. 모래 위 **마음의 무한루프** 안에 있는 모든 문제들을 바라보면서 몸 전체에서 그것이 어떻게 느껴지는지 느껴본다. 온몸의 긴장을 느껴보라. 잠시 그 자리에 머물러 본다.

이 모래 위 **마음의 무한루프**는 우리의 **정체 영역**을 상징한다. 이것은 우리가 부정적인 초점과 부정적인 감정에 갇혀 있는 곳이다.

▷ '인간이다'라는 깨달음

모든 인간에게는 그 사람을 인간 답게 만드는 문제들을 가지고 있다. 그것은 개인적이며, 맞춤형으로 주어진 삶의 도전들이다. 자신의 개인적인 도전들을 판단없이 지켜본다. 만약 당신의 마음이 어떤 논평을 덧붙이더라고 괜찮다. 걱정하지 말고 이 연습을 **제대로** 하려고 애쓰지 않아도 된다. 만약 판단이 생긴다면, 그 판단을 그냥 지켜보면 된다. 그 대사를 들어본다. 그것이 생겨나는 모습을, 당신 바깥에서 벌어지는 일처럼 지켜 보면 된다.

자신의 경험에 대해 판단을 갖는 것은 인간적인 일이다. 괜찮다. 이제 주의를 당신의 마음에 집중한다. 방금 머릿속에서 들었던 판단과 내적인 의견을 감정 속으로 가져와서 그곳, 즉 감정에 담아본다. 감정의 에너지를 사용하여 그것들을 부드럽게 하고 온몸이 연민으로 채워지는 것을 느껴본다. 깊게 숨을 들이 마시고, 가슴의 에너지가 온몸으로 퍼지는 것을 느껴본다. 수용을 느낀다.

인생이 왜 당신에게 도전 과제를 주는 걸까? 인생은 당신이 그것을 극복함으로써, 다음 단계의 충만함과 생동감을 누릴 수 있도록 도전들을 준다. 그것은 성장할 수 있는 소중한 기회다. 단지 다시 활성화되기를 기다리고 있는 당신이 이미 가진 힘을 발견할 수 있는 소중한 기회. 이 힘은 당신이 도전 과제를 극복하도록 도와주고, 정체 영역에서 성장으로 나아가도록 도와줄 것이다.

당신 안에는 절대 포기하지 않으려는 부분이 있다. 인생을 온전히 살고자 하는 목소리이다. 그것은 당신의 영혼의 목소리이며, 자아와 성격의 목소리에 맞서 싸워 당신을 최고의 자신으로 만들고자 하는 목소리이다. 당신은 이미 그 자리에 있었고, 그것이 지금 이 순간까지 당신을 이끌어 왔다. 당신이 여기에서 스스로를 극복하고 더 나은 사람이 되려고 애쓰는 순간이다. 무의식적인 생각에 휘둘리지 않고, 당신의 성격과 자동적인 생각들에 굴복하지 않고 일어서 있다. 그것이 진짜 당신이며, 당신의 영혼의 힘이다.

이 지점에서 당신의 주의는 자동적으로 **생각에 대한 생각**을 만들어내는 쪽으로 향할지도 모른다. 괜찮다. 그저 의식적으로 계속 숨을 쉬고, 공기가 몸 안으로 들어오고 나가는 길을 따라가면서, 공정한 관찰자가 당신의 마음의 활동을 판단없이 지켜보게 하면 된다.

▷ 강점, 잠재력, 그리고 개인적 힘에 대한 시각화

이제 당신 안에 포기하지 않으려는 그 부분으로 주의를 옮긴다. 모래 위에 그려진 **마음의 무한루프** 도형을 떠올려 본다. 그 **마음의 무한루프**의 중심에너지부, 즉 오른쪽과 왼쪽이 교차하는 지점에 한 점이 있다. 이 지점을 '용기의 지점(Point of Courage)'이라고 부른다. 이제 그 지점에서 위로 화살표를 그린다고 상상해 본다. **마음의 무한루프**로부터 나가는 출구이다. 정체 영역에서 벗어나는 출구이다.

이 화살표는 **마음의 무한루프** 밖에 존재하는 것을 향한다. 이 화살표는 당신의 강점과 잠재력을 가리킨다. 당신이 언제든지 접속할 수 있는 미래를 가리킨다.

이제 **마음의 무한루프** 밖에 무엇이 있는지 살펴 본다.

과거의 어느 순간, 당신이 마음이 편안해지고, 자신과 다른 사람들을 수용했던 때를 생각해본다. 당신이 가벼운 기분을 느끼고, 놀이를 즐겼던 순간을 떠올려본다. 그 순간은 당신이 혼자일 수도 있었고, 친구들과 함께 있었을 수도 있고, 가족과 함께 있었을 수도 있다. 당신의 개인적인 삶이나 직업적인 삶에서 찾아보라. 과거의 그 순간을 가져오라. 특별한 순간이거나, 그저 단순한 순간일 수도 있다. 그 순간의 편안함을 온몸으로 느껴본다.

당신의 기억에서, 당신이 단순히 지적인 것만이 아니라 지혜로웠던 순간을 찾아본다. 관용적이고 수용적이었던 그 순간을 느껴본다. 당신이 두려움을 내려놓고, 자신이 지적이고 유능하다는 것을 증명하려고 하지 않았던 그 순간의 편안함을 느껴본다. 모든 것이 조화롭게 흐르고, 아무것도 하지 않았음에도 불구하고 모든 것이 잘 돌아갔던 그 순간을 떠올려본다. 깊게 숨을 들이마시고, 그 순간을 느껴본다.

마음의 무한루프 밖에 또 무엇이 있는지 살펴본다.

이제 자신을 새로운 미래에 상상해보다. 그 미래에서 당신은 지각력이 뛰어나고 분석적일 뿐만 아니라 활동적이고 감정적으로도 연결되어 있다. 그 미래에서는 당신이 자신의 재능을 세상과 나누고 있다. 당신이 인간으로서, 긍정적이지 않은 측면까지도 받아들이고 있다. 당신은 자신의 마음과 연결되어 있으며, 냉소를 내려놓을 수 있다.

두 손을 포개고 가슴 위에 올려보라. 당신의 심장 박동을 느껴보라. 당신의 인간성을 느껴본다. 당신이 인간이기에, 때로는 지적이지 않고 박식하지 않아도 괜찮다. 걸어보라. 깊게 숨을 들이마시고, 스트레칭을 해본다. 자신의 몸과 연결한다. 이것은 당신의 에너지를 재충전하게 하여, 끊임없는 정신적 활동으로 자신을 지치게 할 때보다 더 똑똑해지게 해준다. 당신의 몸이 두려움을 처리하고 녹여주기 때문에, 많은 에너지가 새롭게 지적 생산성을 위해 해방된다. 그것을 느껴본다. 당신은 자신의 한계를 인정하는 것을 두려워하지 않기에, 그 어느 때보다도 학습에 더 개방적이다. 이것은 당신이 진정으로 꿈꾸는 것을 이루도록 돕는다. 세상을 깊이 이해하고, 진정으로 지혜롭고 지적인 사람이 되는 것. 그 미래의 순간을 현재로 가져와서, 그것을 당신의 몸 안에서 느껴본다. 마음과 몸에서 그것을 느껴본다. 당신의 사고, 감정, 본능이 함께 일하는 힘을 느껴보고, 당신이 무엇을 성취할 수 있을지, 그리고 가장 중요한 것은, 당신이 항상 원했던 좋은 사람이 이미 당신 안에 있다는 것을 느껴본다.

이제 부드럽게 명상을 마무리하면서, 다시 천천히 모래에 그려진 전체 그림을 바라본다.
마음의 무한루프와 용기의 지점, 그리고 당신 안에 있는 모든 가능성을 바라본다.

▷ **시각화 종료**

나는 당신의 용기, 여기에 있어 한 사람으로서 성장하려고 노력하고, 자신을 극복하려고 노력하고, 포기하지 않고 노력한 것에 대해 감사한다. 당신이 이 훈련을 한다는 단순한 사실은 당신의 내면의 힘과 포기하지 않는다는 증거이다. 또한 포기하지 않은 용기를 인정해 주길 바란다. 그리고 인생이 가져다주는 도전과 매일 주어지는 많은 기회에 대해 삶에 감사하기를 바란다. 이를 통해 당신은 자신의 강점을 접하고, 성장하고, 세상에 공헌하고, 인류에게 베풀 수 있다. 당신 주변의 세상은 당신의 진정한 자아의 선물이다.

7. 재패턴화 : 필터 유연화 및 통합을 위한 연습

독점적인 논리적 사고

독점적으로 논리적인 사고는 5번 유형이 정체성 영역에서 자주 사용하는 왜곡된 필터이다. 논리적이고 중심에너지를 잡는 것이 이들의 강점 중 하나이지만, 이 필터는 5번 유형이 오직 논리적인 용어로만 사고하도록 만든다. 논리에 맞지 않는 설명은 5번 유형에 의해 무의식적으로 배제된다. 5번 유형의 방어성과 고통 중 많은 부분은 논리가 도전받을 때마다 매우 반응적이 되게 만드는 이 메커니즘에서 비롯된다.

논리와 이성에 대한 지나친 고집은 객관성을 유지하려는 시도에서 오히려 반대로 작용할 수 있으며, 축소주의와 높은 주관성으로 이어질 수 있다. 반대 결과를 초래할 수 있다.

5번 유형을 위한 연습 : 독점적으로 논리적인 사고 필터를 유연하게 하기

- 저는 어떤 종류의 논리를 사용하고 있는가? 편견인가?

- 추론을 점검하라. 그 속에 숨은 논리적 오류가 있어 오해를 낳고 있지 않은가?

- 저는 열린 마음으로 탐구하고 있는가, 아니면 복잡한 문제를 단순한 한 문장의 원인과 결과 설명으로 축소하고 있는가? 유연하게 토론하고 있는가, 아니면 엄격한 모델/관점을 강요하려고 노력하고 있는가? 경험적으로 측정할 수 없는 일은 어떻게 되나요? 어떻게 접근해야 하는가?

좋은 점 찾기

일반적으로 사람이나 사회에서 좋은 점을 찾고 칭찬하는 것은 일반적으로 정체 영역에 있는 5번 유형의 미숙한 근육이다.

5번 유형을 위한 연습 : 좋은 점을 찾기

일주일 동안 주변의 모든 것에서 좋은 점을 적극적으로 찾아보라. 그것은 모두 2열 테이블에 기록될 수 있다. A열에는 다른 사람들이 어리석거나 비합리적이라고 인식하는 모든 것이 포함된다. B열에는 이번 주 동안 당신의 개인적, 직업적 삶에서 사람들이 잘 해낸 모든 일이 기재된다.

5번 유형에게 사람들의 다양한 지능과 이에 대한 최신 연구에 대해 이야기해보라. 이는 이들이 이 연습을 하는 데 도움이 될 것이며, 이번 주 동안 감정적으로 지능이 높은 사람들을 발견할 수 있을 것이다. 다른 사람들의 감정 지능(EQ)을 가치 있게 여기는 것은 5번 유형이 자신들의 마음과 감성에 연결되는 좋은 방법이다.

긴장을 푸는 법 배우기

5번 유형은 무의식적으로 움직일 때, 정신적 활동으로 자신을 압도하는 경향이 있다. 정신적 활동이 이들의 존재를 완전히 지배하고 압도하게 내버려 둔 후 코칭을 받으러 오는 5번 유형들이 번아웃 상태에 빠져 있는 경우가 드물지 않다. 5번 유형의 또 다른 발달되지 않은 능력은 자신의 몸과 연결하는 능력이다. 이것은 8번 유형과의 연결을 통해 얻을 수 있다.

5번 유형을 위한 연습 : 긴장을 푸는 법 배우기. 다음 질문을 스스로에게 물어보라. 저는 내 몸으로 무엇을 할 수 있는가, 내 정신 활동을 물리적으로 중단할 수 있는가? 많은 5번 유형은 극도로 앉아서 생활한다. 하지만 예를 들어 밖으로 나가서 1분만 걷는 것만으로도 눈에 띄는 효과를 얻을 수 있다. 많은 연구자들이 발견한 것, 즉 신체 활동이 단기적인 지적 능력과 집중력에 영향을 미친다는 사실에 대해 5번 유형과 이야기해 보라. 이는 5번 유형이 자신의 신체에 연결되면 가장 귀중한 자원을 향상시킬 수 있음을 의미한다. 이것은 모든 5번 유형에게 인센티브가 되며 때로는 이들이 시작하도록 동기를 부여하기에 충분할 수 있다. 하지만 처음에는 단순하게 유지해야 한다는 점을 기억하라. 이렇게 하면 많은 5번 유형이 신체 운동을 할 때 가질 수 있는 "이건 시간 낭비야"라는 무의식적 반응을 방지할 수 있다.

말하는 방식에 주목하기

언어는 강력한다. 그것은 의미를 전달하는 수단이다. 우리가 현실을 필터를 통해 해석할 때, 그것에 단어를 붙이다. 따라서 우리가 우리의 경험에 부여하는 단어를 바꿀 수 있다면, 감정 상태에도 간접적으로 영향을 미칠 수 있다. 우리의 감정 중 큰 부분은 언어에서 비롯되기 때문이다. 사람들은 자신의 언어 패턴에 의해 최면에 빠져, 현실을 정확하게 보지 못하는 사각지대를 만들어낸다(Robbins & Madanes, 2005). 자신들의 경험을 묘사하는 데 같은 구절과 단어를 항상 사용함으로써, 각 성격 유형은 결국 눈앞에 있는 것을 보지 못하게 된다. 문자 그대로, 현실의 묘사가 실제 현실이 되어버린다.

이러한 구절과 단어는 단순히 각 유형이 가진 제한적 믿음을 나타낸다. 따라서 말하는 방식을 바꾸는 것은 우리가 참조하는 틀을 확장하여 일상생활에서 상황을 더 많은 각도에서 볼 수 있도록 도울 수 있다.

코칭을 받는 사람들이 자신의 성격 메커니즘이 언어를 가로채는 순간을 인식할 수 있는 능력을 개발하는 것이 중요하다. 5번 유형의 정체성 영역에서는 자신의 아이디어와 관심 분야에 대해서만 이야기하는 경향이 나타나며, 때로는 가벼운 일상 대화나 평범한 주제에 대해 경멸하는 태도를 보이기도 한다.

5번 유형을 위한 연습 : 말하는 방식을 유연하게 활용하기.

대화 주제와 형식에 주의를 기울여보라. 자신의 아이디어를 공유하는 데 얼마나 많은 시간을 보냈는가? 상대방의 생각도 듣고 있는가? 외부에서 자신을 관찰하라. 논리적 용어, 원인과 결과, 비용 및 이점과 같은 사고 중심에너지 언어로만 이야기하고 있는가?

이론, 모델, 시스템을 논의하는가? 당신의 서사에 감정과 관련된 문제를 포함시키는 경우는 드문가? 신체 및 액션 관련 주제는 어떤가?

주의해야 할 또 다른 중요한 점은 5번 유형의 사고가 일반적으로 매우 빠르게 움직이기 때문에 이들의 말이 말 그대로 마음의 생각 흐름 속도와 일치하지 않을 수 있다는 것이다. 때로는 이로 인해 문장이 끝까지 완성되지 않는 경우도 있다. 다른 경우에는 상대방이 5번 유형을 제대로 이해하지 못할 수도 있는데, 5번 유형이 실제로 인상을 받았던 몇 가지 사항을 설명하는 것을 잊어버린 사람이 이미 설명을 했을 수도 있다(비록 그 생각은 5번 유형의 마음 속에서 일어났지만 실제로는 그 일이 외부에서도 일어난 것처럼 인식한다). 이는 5번 유형의 이미 존재하는 사회적 어색함을 가중시키므로 정체 지대에 있는 5번 유형의 의사소통을 발전시키는 것이 중요하다. 코치는 이러한 문제에 주의를 기울이고 도움을 주어야 한다.

융 선호도를 활용한 작업 : 덜 우세한 특성을 통합하기

5번 유형을 지도할 때 융 선호도에 주의를 기울이는 것이 매우 중요하다. 코칭을 받는 사람이 MBTI 프로필을 작성한 경우 4글자 유형을 물어보고 융 선호도가 코칭을 받는 사람의 에니어그램 유형과 어떻게 조화를 이룰 수 있는지 토론하라. 또한 고객이 융 선호도의 낮은 면에 갇혀 있을 때, 우리는 이 책 전반에 걸쳐 설명된 것과 동일한 패턴 멈춤 기술을 사용하여 이들이 벗어나 성장하도록 도울 수 있다. 융에 대한 설명은 이 책의 1부를 참조하면 된다.

5번 유형을 코칭할 때 융의 몇 가지 예는 다음과 같다.

- 사교적이고 붙임성 있는 5번 유형도 많이 있지만, 5번 유형과 내향성 간에는 높은 상관관계가 있다. 특히 코치가 외향적인 사람이라면 이 점을 고려해야한다. 이들의 속도에 맞추어 세션을 천천히 진행한다. 5번 유형은 보통 조용하고 개인적이며 감정적으로 분리되어 있다. 이들은 친밀하고 성찰적이며, 세션에서 말하는 내용을 곰곰이 생각할 시간을 더 많이 필요로 한다. 이들과는 거의 눈맞춤이 없고 세션은 천천히 진행되므로, 너무 많은 말이나 빠른 말로 이들을 압도하지 않는다. 때때로 깊은 숨을 쉬면서 이들의 속도에 맞추고, 5번 유형 고객이 말하고 느끼고 있는 것에 대해 깊이 성찰해본다.

- MBTI의 전체 감정 차원은 5번 유형의 일부 발달 목표를 매우 잘 보여준다. 코칭 세션에서 이에 대해 이야기한다. 이러한 각도에서 세상을 보고 인식하는 법을 배우는 것의 중요성을 언

급한다. 다른 사람의 개인적인 필요를 인식하는 법을 배우는 것, 다른 사람의 말을 수용하고 공감적으로 듣는 법을 배워본다. 지나치게 논리적이기보다는 좀 더 개인적인 방식으로 상호 작용한다. 결정을 내릴 때 다른 사람의 감정과 결정이 이들에게 어떤 영향을 미칠지 고려한다.

5번 유형을 위한 세션 간 연습 : 자기 관찰

한 주 동안, 당신의 성격 유형의 특히 도움이 되지 않는 패턴을 적극적으로 관찰해본다. 실시간으로 패턴을 인식하게 될 때, 한 사이클의 자발적인 호흡 명상을 시작한다. 이 책의 2부에서 설명된 절차를 따라 패턴을 관찰하고 그것을 늦추는 연습을 해보는 것이 좋다. 다음 세션에서 코치와 통찰을 공유한다.

6번 유형

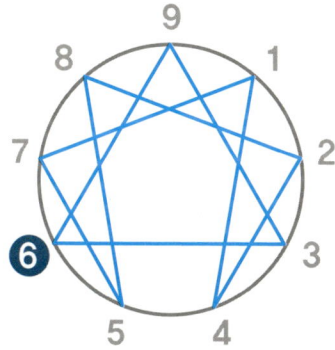

사람들은 내가 너무 긴장하고 있다고 말합니다. 한 가지 걱정에서 다른 걱정으로 뛰어넘는다고 합니다. 가끔 정말 그렇습니다. 스스로를 압도시키며 너무나 많은 가능성을 대비하려고 애씁니다. 그렇지만 모든 위험에 대비할 수 없어서 가끔 지친 기분이 듭니다. 매일매일 새로운 위험에 대한 소식이 들려옵니다. 사고, 질병, 경제 위기, 전쟁 등 끝이 없습니다. 아마도 내 친구 제니처럼 무술을 배우고 연습해야 할까요? 제니는 훨씬 더 안전하게 느끼는 것 같습니다. 적어도 겉으로 보기에는 그렇습니다. 집에서

는 나를 **편집증적**이라고 부르면서, 항상 최악의 시나리오에 대비하고 있다고 합니다. 내가 정말 원하는 건 단 하나, 대비된 상태라고 느끼는 것입니다. 나는 내 두려움과 의심이 나를 보호해 준다고 생각합니다. 다른 사람을 신뢰하는 것이 힘들고, 이들의 의도와 동기를 의심하고 확인하면서 끝없는 무한루프에 빠진곤 합니다(린다, 6번 유형).

6번 유형에 대한 설명

6번 유형은 충성스럽고, 안전을 추구하며, 성실한 사람들로서 잠재적인 문제와 위험을 감지하는 능력이 뛰어나며 그것에 대한 대비책을 마련하는 데 통찰력을 발휘한다.

최상의 상태일 때 이들은 효과적인 문제 해결자로서 잠재적인 문제를 발견하고 예측하는 데 매우 예리하지만, 차분하고 체계적인 접근 방식을 사용한다. 이들은 문제 해결의 대가이다. 이들이 발달시킨 뛰어난 분석 능력은 복잡한 문제를 조사하고 성실하며 불안하지 않은 방식으로 접근하게 하여 잘못된 것을 해결하거나 미래에 잘못될 가능성이 있는 것에 대해 예방 조치를 취할 수 있도록 한다. 이들은 상황을 장악하고 자신을 통제한다. 즉, 이들은 반응적인 것이 아니라 주도적인 태도를 유지한다. 자신의 불안이나 내면의 사고 과정에 감정적으로 휩쓸리지 않는다. 이들은 다른 사람들의 의견을 소중히 여기고 이를 고려할 수 있으며, 훌륭한 팀 플레이어이지만 동시에 자신을 믿고 자신의 마음과 본능을 신뢰하여 행동에 나설 줄 아는 사람들이다.

이들의 위험과 문제에 대한 예측은 이들을 지나치게 두렵거나 불안하게 만들지 않는다. 이들은 자신들의 인식에 반응하지 않으며, 파비앙 Fabien과 패트리샤 샤브뢰 Patricia Chabreui의 설명처럼, "이들은 두려움을 인정하되 이를 오래 붙잡거나 증폭시키지 않으며, 다른 상황으로 확장하거나 타인에게 전가하지 않는다." 이런 방식으로 행동할 때, 이들은 단순히 '용감한'것이 아니라 진정한 의미에서 용기를 지닌다. 이는 단순히 두려움이 없음을 증명하려는 것이 아니라 셀리그만과 Seligman 피터슨 Peterson이 정의한 '어려운 상황에서도 옳은 일을 위해 나서는 능력'을 실천하는 것이다. 또한, 이들의 주의력의 범위는 매우 넓으며, 잠재적인 문제뿐만 아니라 작동하는 것들, 긍정적인 차원(희망적인 것, 가능성 있는 것, 영감을 주는 것 등)도 포함된다. 이들은 유머 감각이 뛰어나며, 때로는 자기 자신과 자신의 두려움에 대해 재치 있게 웃어 넘길 수도 있다.

이들은 충성심이 강하고 가족, 직장, 친구, 그리고 지역사회에 매우 헌신적이다. 이들은 사려 깊고, 친절하며, 배려심이 있다.

이들은 열심히 일하며, 의무감이 강하고, 책임감 있으며, 신뢰할 수 있고, 끈기 있다. 이들은 실패나 반대에 부딪혀도 끈기 있게 목표를 향해 나아간다.

비록 이들의 머릿속은 늘 바쁘게 움직이지만, 이들은 몸과 연결되고 단순히 이완하는 법을 알고 있다(예를 들어, 의식적으로 호흡하면서). 이들이 자신의 몸과 연결될 때 현재 순간과 연결되며 이들의 과도한 미래 예측의 경향에서 잠시 벗어날 수 있다. 이것은 부정적인 정신 상태를 극복하는 강력한 해독제가 된다.

정체 영역에 있을 때 이들은 점점 더 두려움과 불안에 사로잡히며, 자신들의 주의를 잘못될 수 있는 것과 부정적인 가능성에만 집중하게 된다. 이들의 마음은 끊임없는 잡담을 만들어내며, 때로는 모순된 목소리들이 들리기도 한다. 이들은 자신들의 인식에 감정적으로 반응하기 시작한다. 이들은 두려움에 대해 맞서 싸우거나(반공포적) 또는 도망치려 하며(공포적), 어느 쪽이든 본능적인 반응에 의해 움직이게 된다. 이들은 긴장하고 경계하는 태도를 유지하며, 이러한 긴장감은 겉으로 드러날 수도 있고, 내부적으로만 존재할 수도 있다. 이들은 확실성과 안전성에 대한 집착이 강해지지만, 아이러니하게도 그것에 집중할수록 더 불안정하고 불확실하다고 느끼게 된다.

이들은 안전과 확실성을 느끼기 위한 시도로 스스로를 다양한 방식으로 덫에 가두게 된다.

이들의 개인적인 삶에서

첫째, 잠재적인 위험을 검색하고 예측하기 위해 극도의 경계심을 유지하려고 노력한다. 이들은 최악의 시나리오에 압도당한다. 이는 만성적인 걱정의 습관을 형성하고 대부분의 시간을 지치게 하고, 초조하고 불안하게 만든다. 이들은 부정적이고 비관적이 된다.

둘째, 이들은 삶의 위험을 피하기 위해 극도로 조심스럽고 긴장하게 된다. 이는 이들을 우유부단하고, 머뭇거리고, 양가적인 감정을 갖게 만들고 때로는 마비시키고 책임을 지고 행동하는 것을 방해한다. 이들의 양면성은 이들을 모순된 행동에 참여하게 만든다.

셋째, 자신의 지도와 판단을 신뢰하기 어려워 자기 회의에 빠지고 스스로 무력해진다. 이들은 문제와 도전 앞에서 스스로를 무력하게 만들고, **나는 할 수 없다**는 사고방식을 받아들이고 불평하는 습관에 빠질 수도 있다. 이들은 작은 상처나 불편을 크게 부풀리고, 사소한 장애물에도 과장된 감정 표현으로 과민 반응을 보일 수 있다. 그 결과, 이들의 자존감은 떨어지게 된다.

타인과의 관계에서

첫째, 이들은 다른 사람들의 동기에 의문을 제기하고 반대 검토하며 의미, 동기, 의도, 이중 메시지 및 모순을 찾는다. 이들은 의심스럽게 다른 사람을 의심하고 시험하며 이들의 관계에서 신뢰/불신의 문제가 발생한다.

둘째, 이들은 반대 입장을 취하며 논쟁을 즐긴다. 특정 주장이 주어지면 이들은 단지 주장을 위해서나 주장의 질을 테스트하고 약점을 식별하기 위해 반드시 동의하지 않는 입장을 취한다.

셋째, 충성심을 통해 다른 사람의 지지를 얻으려고 노력한다. 그러나 이 과정에서 권위에 대해 순응적인 동시에 반항적인 태도를 보일 수도 있다.

넷째, 이들은 시스템, 프로토콜, 루틴에서 확실성을 찾으려고 노력한다. 이들은 완고하고 독단적이 될 수 있다. 타인의 조언과 지도를 끊임없이 구하며 확신을 얻고자 한다.

6번 유형의 코칭 프로토콜

1. 세션의 분위기 조성하기

고객과 코칭 세션을 시작하기 전에 자신을 점검한다.

▷ **세션에 수용적인 태도로 임하기**

다음 질문을 스스로에게 물어본다.

- 나는 지금 비판적이지 않은 상태인가?
- 내 특정 성격 유형이 6번 유형에 대해 거부감을 가지고 있는가?

▷ **다양한 방식으로 경청하기**

모든 코칭 세션 동안 모든 지능의 중심에너지(사고, 가슴, 본능)를 사용하는 것이 매우 중요하다. 세 가지 중심을 모두 활용하여 적극적으로 듣는 것에 주의해야 한다.

▷ **사고 중심에너지로 경청하기**

- 말하는 패턴과 언어 사용에 주목한다.

- 신체 언어와 자세를 분석한다.
- 반복되는 행동 패턴을 파악하고 어떻게 끊을 수 있을지 생각해본다.

▷ **가슴 중심에너지로 경청하기**

- 공감한다.
- 고객을 **유형**이 아닌 인간 자체로 바라본다.
- 겉으로 드러나는 모습 이면을 본다.
- 어떠한 저항이 있더라도 연결을 시도한다.(당신의 역할은 고객의 성장하도록 돕는 것이다).

▷ **본능 중심에너지로 경청하기**

- 고객은 세션에 어떤 종류의 에너지를 가져오고 있는가?
- 고객이 말하는 내용과 그 말에 담긴 에너지가 일치하는가?
- 이 코칭 과정의 최근 발전에 대해 당신의 직관이 무엇을 말해주는가?
- "사람들이 말하는 것을 듣되, 이들이 실제로 하는 행동에 주목하라(Madanes, 1995)."

2. 도전 과제 정의하기

고객이 원하는 것이 무엇인지, 코칭을 받는 목적이 무엇인지 명료화 하기.

6번 유형의 일반적인 도전 과제는 다음과 같다.

- 자신에 대해 더 자신감을 갖고 자신의 지침을 따르기 위해, 건강한 자존감을 키우기 위해서이다.
- 좀 더 편안해지고 감정적으로 덜 반응하게 된다.
- 자신과 다른 사람, 그리고 삶 전반을 신뢰하는 방법을 배운다.

3. 고객의 세계관과 정체성 영역 이해하기

다음 질문을 스스로에게 해본다.
고객은 왜 그렇게 행동하는가? 고객의 행동을 형성하는 것은 무엇인가? 고객의 내면 이야기는 무엇인가? 고객은 어떤 필터를 통해 세상을 바라보고 인식하는가? 고객에게서 유형의 고정관념이 어느 정도 활성화되고 작용하는가?

6번 유형이 덜 자각하거나 스트레스를 받을 때, 이들의 주의력은 안전을 확보하고 확실성을 얻으려는 강한 욕망에 의해 가로채진다. 이 상태에서 이들은 보통 최악의 시나리오에 대해 강박적으로 준비하기 시작한다.

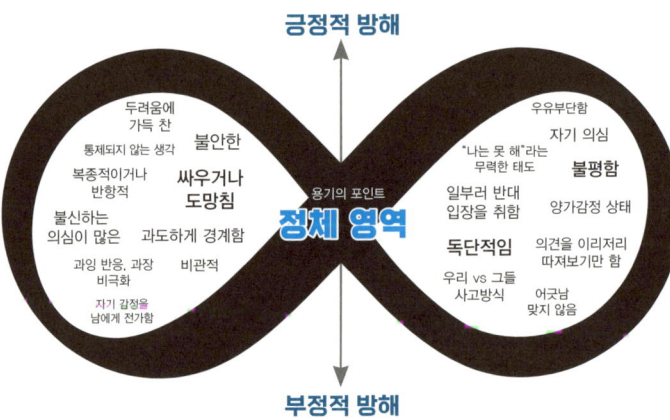

그림 3-6. 6번 유형의 정체 영역과 탈출 전략

4. 여섯 가지 인간의 욕구에 대한 자각 일으키기

인간 욕구 심리학에 따르면, 우리는 확실성, 다양성, 사랑/연결, 중요성, 성장, 기여 등 모두 여섯 가지 기본적인 인간 요구를 가지고 있다(Madanes, 2009). 이 욕구들은 단순한 바램이 아니라 우리의 행동을 움직이는 진정한 동기이다.

6번 유형 연습 : 인간의 여섯 가지 욕구 탐색하기

정체 영역을 살펴보고 거기에 설명된 전체 행동 범위 중에서 가장 빈번한 행동을 선택하라. "이러한 행동을 통해 충족시키려는 인간의 욕구는 무엇인가?" 자신이 특정 행동을 하는 이유가 어떤 욕구에서 비롯되었는지 탐색한다.

각 욕구를 0점에서 10점까지 평가해 보기

▷ **확실성** : 이러한 행동에 참여하면 확실성을 느끼는가? 안전감을 주는가? 이 행동 외에, 더 긍정적인 방식으로 확실성을 얻는 방법을 알고 있는가?

▷ **다양성** : 이러한 행동에 참여하면 다양성을 느끼는가? 이 행동 외에, 더 긍정적인 방식으로 다양성을 얻는 방법을 알고 있는가?

▷ **사랑/연결** : 이러한 행동에 참여하면 다른 사람들과 연결되고 사랑을 경험하는가? 이 행동 외에, 더 긍정적인 방식으로 사랑/연결을 얻는 방법을 알고 있는가?

▷ **중요성** : 이러한 행동에 참여하면 중요함을 느끼는가? 특별함을 느끼는가? 이 행동 외에, 더 긍정적인 방식으로 중요성을 얻는 방법을 알고 있는가?

▷ **성장** : 이러한 행동에 참여하면 발전을 느끼고, 내가 성장하고 있다는 느낌이 드는가? 이 행동 외에, 더 긍정적인 방식으로 성장을 얻는 방법을 알고 있는가?

▷ **기여** : 이러한 행동에 참여하면 자신의 필요를 넘어서서 다른 사람들에게 기여하고 있다는 느낌이 드는가? 이 행동 외에, 더 긍정적인 방식으로 기여를 얻는 방법을 알고 있는가?

▷ **코칭 사례 연구** : 우리의 아드리안 Adrianne 이라는 6번 유형 고객을 예로 들어보고자 한다. 그녀는 끊임없는 높은 수준의 불안과 자신의 문제를 해결하지 못하는 것에 대해 고통을 겪어 코칭을 받으러 왔다. 현재 상황은 그녀가 두 가지 인간 욕구를 충족하는 데 도움을 주었다. 확실성과 중요성 : 세션을 진행하면서, 그녀는 인생에서 변화에 대해 매우 두려워하고 있어, 도전을 피하고 가능한 한 적게 행동함으로써 변화를 멀리하고 있다는 것을 발견했다. 익숙한 문제와 함께 있는 것은 그녀에게 확실성을 준

다. 반면에, 문제를 가지고 있다는 것은 그녀가 특별하다고 느끼고, 중요성을 얻는 방법이다(기억하라, 중요성 욕구는 문제를 갖거나 무언가에서 최악이 되는 것으로도 충족될 수 있다). 이러한 욕구의 부정적인 방식으로 충족되면서 그녀는 개인적, 직업적 삶에서 큰 대가를 치르고 있었다. 그녀가 자신의 성격 메커니즘을 자각하게 되었을 때 돌파구가 발생했다. 그녀는 패턴을 중단하고 욕구를 긍정적인 방식으로 충족시키기 위한 방법을 찾을 수 있었다. 그녀는 몇 년 전 가족의 압박으로 인해 그만두었던 사회복지학 학위를 다시 따기로 결심했다.

그녀는 사회복지학 학위에 대한 열정을 되찾았고, 이는 그녀가 안정적으로 직업을 찾을 수 있을 것이라는 확신을 주었다. 이 결정은 그녀에게 엄청난 확실성을 주었고, 또한 그녀가 의미 있는 것을 성취할 수 있는 가능성을 열어주었다. 이를 통해 중요성을 긍정적인 방식으로 얻을 수 있었다. 고려해야 할 한 가지 중요한 점은 성장과 기여의 요구에 특별한 주의를 기울이는 것이다. 코칭을 받는 사람은 이러한 요구를 건강한 방식으로 충족하는가? 아니면 파괴적인 방식으로 충족하는가?

우리가 자신의 성격을 통합할 때, **성장과 기여** 욕구는 높은 점수를 얻으며, 긍정적이고 건강한 방식으로 충족된다. 이것은 우리가 정체성 영역에서 벗어나, 새로운, 의식적이고 선택된 반응을 통해 행동할 때 이루어진다. 이러한 행동은 우리가 오래된 습관을 극복하고 성장하도록 돕는다. 이러한 통합은 결국 다른 사람들에게 더 큰 기여를 하게 된다. 반면, 우리가 여전히 자각 없이 과거의 반응 패턴에 따라 행동한다면, 스스로의 힘을 약화시키고 자아가 우리의 삶을 관리하게 둔다. 이는 항상 우리 자신과 다른 사람들에게 고통을 초래한다.

5. 레버리지 확보하기

다음 단계는 해당 유형의 도움이 되지 않는 패턴이 고객에게 초래하는 대가와 고통을 자각하도록 돕는 것이다.

6번 유형을 위한 연습 : 패턴이 초래하는 대가 인식하기

- 두려움, 의심, 불신이 당신의 인간관계에 미치는 비용은 어느 정도인가?

- 긴장하고 지나치게 경계하는 것이 건강에 미치는 비용은 어느 정도인가?

- 우유부단하고, 양면적이며, 자기 의심과 비판적인 태도가 당신의 직업에 미치는 비용은 어느 정도인가?

- 끊임없이 불안해하고 현재 순간에 살지 못하는 것이 당신의 개인적인 성취와 행복에 미치는 비용은 어느 정도인가?

6. 패턴 멈춤 : 주의력을 키우기 위한 연습

6번 유형을 위한 시각화

시각화는 코칭에서, 특히 성격 유형 코칭에서 매우 유용한 도구이다. 다음은 6번 유형을 위한 포괄적인 시각화/명상 스크립트이다. 이 스크립트는 6번 유형의 강점과 약점에 대해 작업하고, **공정한 관찰자**를 통해 주의력을 훈련하며, 의식적인 호흡, 수용, 이완을 포함한다. 단일 코칭 세션에서 모든 것을 사용할 필요는 없다. 아래에서 한 부분 또는 여러 부분을 선택하여 모듈식으로 사용할 수 있다.

6번 유형을 위한 스크립트 : 시각화 / 명상

▷ 이완

먼저 편안한 자세로 앉는다. 척추는 자연스럽게 곧게 세우고, 팔은 느슨하게 풀어둔다. 손바닥을 위나 아래로 하여 가볍게 무릎 위에 올려 놓는다. 몸 전체를 이완시키기 위해 깊게 숨을 한 번 들이마셔서 본다. 숨을 들이마시고, 내쉬고, 이제 천천히 눈을 감고, 다시 한 번 깊게 숨을 들이마시면서 중심에너지를 잡고 집중한다. 숨을 들이마시고, 내쉰다.

▷ **공정한 관찰자 훈련**

공정한 관찰자에 대한 인식을 의식하는 것으로 시작해보겠다. 공정한 관찰자는 당신의 행동을 객관적으로 외부에서 관찰하는 친구라고 생각해보자. 이는 당신이 현명한 결정을 내리도록 도와주며, 무의식적인 상태에서 벗어나도록 도와준다. 공정한 관찰자는 본능(신체감각), 사고(생각, 계획, 미래, 과거, 이미지, 아이디어, 상상력), 가슴(감정)의 세 가지 중심에너지에서 일어나는 활동에 민감하게 반응하도록 마음을 훈련함으로써 그렇게 할 수 있다. 영혼과의 연결을 상징적으로 나타내는 우리의 호흡은 우리가 중심에너지를 유지하고, 한 중심에너지에서 다른 중심에너지로 관심을 옮길 수 있게 해준다. 또한 이는 비판적이지 않은 상태를 유지하게 하며, 감사, 연민, 수용의 자질을 이 연습에 적용할 수 있게 해준다. 마음이 방황할 때마다, 그 순간을 이용해 감사, 연민, 수용의 자질을 적용할 수 있게 해준다. 이러한 순간은 우리의 관심을 다시 바꾸는 방법을 배울수 있는 귀중한 기회를 제공한다.

먼저 주의를 본능 중심에너지로 부드럽게 천천히 옮긴다. 깊게 숨을 들이마시고, 공기가 몸 안팎으로 흐르는 경로를 따라간다. 천천히 진행한다. 다시 숨을 들이마시고, 이번에는 숨을 내쉬는 시간을 조금 더 길게 가져본다. 공기가 몸 안팎으로 흐르는 경로에 전적으로 집중하며, 시작부터 끝까지 주의를 기울인다. 이제 몸의 감각을 느끼기 시작한다. 발이 바닥에 닿는 접촉점을 느껴본다. 지금 그곳에 어떤 감각이 있는가? 주의를 등으로 옮겨서, 의자가 주는 지지를 느껴본다. 그 감각을 잠시 음미한다. 이제 손으로 주의를 옮기고, 손과 무릎이 닿는 접촉점을 느껴본다.

이제 두 손을 가슴 위에 포개어 올리고, 가슴 중심에너지로 주의를 옮겨본다. 지금 이 순간 어떤 감정이 느껴지고 있는가?

이제 주의를 사고 중심에너지로 옮겨본다. 당신의 감정에 대해 어떤 마음속 이야기가 들려 오는가? 당신의 마음은 이 감정에 대해 뭐라고 말하고 있는가? 이 명상 전체에 대해 뭐라고 말하고 있는가? 떠오르는 마음속 이야기를 고요히 생각해 본다. 숨을 들이마시고, 내쉬고, 사고 중심에너지에 머물면서, 이제 당신의 기억으로 주의를 옮겨본다. 흑백 TV에서 과거의 역사가 방송되고 있는 모습을 상상해 보며, TV 속에 있는 당신을 본다. 인생의 각 단계를 화면에서 느린 동작으로 보고 있다. 그 모습을 실제로 보게 되면 고개를 끄덕여본다. 숨을 들이마시고, 내쉬고, 사고 중심에너지에 머무르면서, 이제 미래에 대한 생각으로 주의를 옮긴다. 아래의 질문들에 차분하게 반응해 본다. 각 질문 사이에 잠시 멈춰 생각할 시간을 가진다. 당신은 미래가 어떻게 되기를 원하는가? 미래의 자신은 어떤 모습인가? 어떤 계획을 가지고 있는가?

▷ **시각화**

계속해서 사고 중심에너지에 있으면서, 이제 상상력으로 주의를 옮겨본다. 해변, 바닷가, 약간 젖은 모래 위에 있는 자신을 상상해 본다. 바닷가의 공기를 들이마셔 본다. 숨을 들이마시고, 내쉬고, 바람을 느껴본다. 파도 소리를 들어본다. 발 밑으로 모래의 감촉을 느껴본다. 손가락으로 수평으로 누운 8자 모양(마음의 무한루프)를 천천히, 아주 천천히 젖은 모래 위에 그려 본다. 손가락과 모래 사이의 접촉을 느껴본다.

▷ **정체 영역과 그 비용의 시각화**

이제 당신의 모든 문제와 도전 과제들을 그 모래 위에 그려진 **마음의 무한루프** 안에 하나씩 넣는 장면을 상상해 본다.

내 삶의 많은 영역에서 나의 모든 지속적인 두려움. 무엇이 잘못될 수 있는지에 대한 나의 모든 끊임없는 관심, 그리고 모든 것에 대해 지나치게 경계하고 준비하려는 노력의 노예가 되었다.

사소한 일에도 파멸을 불러일으키는 데서 오는 모든 피로와 스트레스, 나의 모든 자기 의심, 나의 양가감정, 우유부단함, 다른 사람이나 나 자신을 신뢰하지 못한다. 감당할 수 없는 생각과 머릿속의 끊임없는 잡담, 모든 불안과 압박감, 모든 고통.

몸 전체에 압력과 긴장을 느껴본다. 잠시만 거기 있어본다.

이 모래 위 **마음의 무한루프**는 우리의 **정체 영역**을 상징한다. 이것은 우리가 부정적인 초점과 부정적인 감정에 갇혀 있는 곳이다.

▷ '인간이다'라는 깨달음

모든 인간에게는 그 사람을 인간 답게 만드는 문제들을 가지고 있다. 그것은 개인적이며, 맞춤형으로 주어진 삶의 도전들이다. 자신의 개인적인 도전들을 판단없이 지켜본다. 만약 당신의 마음이 어떤 논평을 덧붙이더라고 괜찮다 걱정하지 말고 이 연습을 **제대로** 하려고 애쓰지 않아도 된다. 만약 판단이 생긴다면, 그 판단을 그냥 지켜보면 된다. 그 대사를 들어본다. 그것이 생겨나는 모습을, 당신 바깥에서 벌어지는 일처럼 지켜 보면 된다.

자신의 경험에 대해 판단을 갖는 것은 인간적인 일이다. 괜찮다. 이제 주의를 당신의 마음에 집중한다. 방금 머릿속에서 들었던 판단과 내적인 의견을 감정 속으로 가져와서 그곳, 즉 감정에 담아본다. 감정의 에너지를 사용하여 그것들을 부드럽게 하고 온몸이 연민으로 채워지는 것을 느껴본다. 깊게 숨을 들이 마시고, 가슴의 에너지가 온몸으로 퍼지는 것을 느껴본다. 수용을 느낀다.

인생이 왜 당신에게 도전 과제를 주는 걸까? 인생은 당신이 그것을 극복함으로써, 다음 단계의 충만함과 생동감을 누릴 수 있도록 도전들을 준다. 그것은 성장할 수 있는 소중한 기회다. 단지 다시 활성화되기를 기다리고 있는 당신이 이미 가진 힘을 발견할 수 있는 소중한 기회. 이 힘은 당신이 도전 과제를 극복하도록 도와주고, 정체 영역에서 성장으로 나아가도록 도와줄 것이다.

당신 안에는 절대 포기하지 않으려는 부분이 있다. 인생을 온전히 살고자 하는 목소리이다. 그것은 당신의 영혼의 목소리이며, 자아와 성격의 목소리에 맞서 싸워 당신을 최고의 자신으로 만들고자 하는 목소리이다. 당신은 이미 그 자리에 있었고, 그것이 지금 이 순간까지 당신을 이끌어 왔다. 당신이 여기에서 스스로를 극복하고 더 나은 사람이 되려고 애쓰는 순간이다. 무의식적인 생각에 휘둘리지 않고, 당신의 성격과 자동적인 생각들에 굴복하지 않고 일어서 있다. 그것이 진짜 당신이며, 당신의 영혼의 힘이다.

이 지점에서 당신의 주의는 자동적으로 **생각에 대한 생각**을 만들어내는 쪽으로 향할지도 모른다. 괜찮다. 그저 의식적으로 계속 숨을 쉬고, 공기가 몸 안으로 들어오고 나가는 길을 따라가면서, 공정한 관찰자가 당신의 마음의 활동을 판단없이 지켜보게 하면 된다.

▷ **강점, 잠재력, 그리고 개인적 힘에 대한 시각화**

이제 당신 안에 포기하지 않으려는 그 부분으로 주의를 옮긴다. 모래 위에 그려진 **마음의 무한루프** 도형을 떠올려 본다. 그 **마음의 무한루프**의 중심에너지부, 즉 오른쪽과 왼쪽이 교차하는 지점에 한 점이 있다. 이 지점을 '용기의 지점(Point of Courage)'이라고 부른다. 이제 그 지점에서 위로 화살표를 그린다고 상상해 본다. **마음의 무한루프**로부터 나가는 출구이다. 정체 영역에서 벗어나는 출구이다.

이 화살표는 **마음의 무한루프** 밖에 존재하는 것을 향한다. 이 화살표는 당신의 강점과 잠재력을 가리킨다. 당신이 언제든지 접속할 수 있는 미래를 가리킨다.

이제 **마음의 무한루프** 밖에 무엇이 있는지 살펴 본다.

과거에 당신이 다른 사람을 위해 무엇을 했는지에 관계없이 무조건적인 사랑을 느꼈던 순간을 떠올려 본다. 인생의 어떤 영역에서든 가져오라. 혼자일 수도 있고, 친구와 함께, 친구 그룹, 가족과 함께 있을 수도 있다. 개인 생활이나 직업 생활에서. 과거로 가서 그 순간을 다시 가져온다. 그것은 특별한 순간일 수도 있고 단순한 순간일 수도 있다. 느껴본다. 그 순간의 이완을 온몸으로 느껴본다.

당신이 용기를 냈던 그 순간을 기억에서 찾아보라. 자신의 두려움에 대한 반응을 놓아버리는 그 순간의 이완을 느껴보라. 모든 것이 조화롭게 흘러갔고, 여러분의 개입이나 모니터링 없이 모든 것이 실제로 잘 작동하고 잘 돌아갔다. 심호흡을 하고 그 순간을 느껴본다.

마음의 무한루프 밖에 또 무엇이 있는지 살펴본다.

이제 나는 당신이 새로운 미래를 상상해 보기를 바란다. 당신이 적극적이면서도 고요한 미래. 당신이 자신뿐만 아니라 다른 사람들에게도 힘을 실어주는 미래. 덜 긍정적인 측면을 포함하여 삶과 삶의 모든 측면을 포용하는 것이다. 두 손을 서로 포개어 마음에 얹어 보라. 당신의 심장 박동을 느껴보라. 당신의 인간성을 느껴보라. 인간이기 때문에 때때로 긴장을 풀고 즐거운 시간을 보낼 수도 있다. 이를 통해 당신을 지치게 만드는 방식으로 정신을 활성화할 때보다 배터리를 재충전하고 생산성을 높일 수 있다. 당신의 현실주의는 당신의 생각, 감정, 행동을 절제하게 만든다. 그리고 당신의 기반이 두려움을 해소하므로 많은 자원이 해방된다. 느껴보라. 당신의 안정성과 평정심이 어떻게 당신이 중심에너지에 있다는 느낌을 갖게 하는지 느껴보라. 이것은 당신의 진정한 꿈 중 하나를 성취하는 데 도움이 된다. 즉, 세상에서 진정으로 안정감을 느끼고, 삶을 신뢰하며, 운명에 따라 흘러가는 것이다.

미래에서 그 순간을 가져와 현재 순간에 몸으로 느껴보라. 마음으로, 생각으로 느껴보라. 마음과 마음, 몸이 함께 일하는 힘을 느껴보고 무엇을 성취할 수 있는지 확인하라. 그리고 가장 중요한 것은 지금 당신 안에 있는 모든 것이 어떻게 당신이 항상 원했던 사람인지, 그리고 당신은 이미 당신이 되고 싶었던 사람인지 확인하는 것이다.

모래 위 그림, 마음의 무한루프와 용기의 지점, 그리고 당신 안에 있는 모든 잠재력을 바라보며 천천히 명상을 마무리한다.

▷ **시각화 종료**

나는 당신의 용기, 여기에 있어 한 사람으로서 성장하려고 노력하고, 자신을 극복하려고 노력하고, 포기하지 않고 노력한 것에 대해 감사한다. 당신이 이 훈련을 한다는 단순한 사실은 당신의 내면의 힘과 포기하지 않는다는 증거이다. 또한 포기하지 않은 용기를 인정해 주길 바란다. 그리고 인생이 가져다주는 도전과 매일 주어지는 많은 기회에 대해 삶에 감사하기를 바란다. 이를 통해 당신은 자신의 강점을 접하고, 성장하고, 세상에 공헌하고, 인류에게 베풀 수 있다. 당신 주변의 세상은 당신의 진정한 자아의 선물이다.

7. 재패턴화 : 필터 유연화 및 통합을 위한 연습

6번 유형의 왜곡 필터 유연성 훈련

정체 영역의 6번 유형은 인식 없이 활성화되고 이를 통해 현실을 인식하는 많은 인지 왜곡 필터를 가지고 있다. 모두 동시에 작동할 수도 있고, 일부만 작동하거나 심지어 하나만 작동할 수도 있다. 이 필터들은 다음과 같다.(설명 뒤에는 필터를 관찰하고 유연하게 사용하는 연습이 있다).

▷ '좋은 것을 무시하기' 필터

6번 유형이 정체 영역에 있으면 일어났을 수 있는 좋은 일을 무시하는 방식으로 사건을 해석하는 경향이 있다. 현실을 새롭게 바라보고 긍정적인 점을 찾으려면 의식적인 주의 노력이 필요하다.

▷ '과장/재앙화' 필터

정체 영역의 6번 유형에서 매우 활성화되는 또 다른 인식 필터는 과장 필터이다. 이들의 과도한 반응성으로 인해 작은 상황이 지나치게 확대되어, 종종 불균형한 감정적 반응을 유발한다. 사소한 좌절감도 절망적인 문제로 인식될 수 있다. 마치 이들이 모든 경험을 확대경으로 필터링하는 것처럼 보인다. 단점과 문제점이 확대되고, 동시에 **좋은 것을 무시하기** 필터와 마찬가지로 긍정적인 측면의 중요성은 최소화되거나 아예 생략된다.

▷ '탓하기' 필터

프로이트와 아들러의 제자이자 로고테라피 심리학파의 아버지인 빅터 프랭클 Viktor Frankl 박사는 적극적 활동을 상황, 다른 사람, 외부 상황에 책임을 묻는 것이 아니라 자신의 삶에 책임을 지는 능력으로 정의했다. 정체 영역에서는 **비난** 필터가 활성화되고 6번 유형은 현실을 정반대의 방식으로 본다. 이들은 삶의 거의 모든 것에 대한 책임과 책임을 자신 외부에 둔다. 일이 잘못되면 피해자 입장을 취하고 책임을 자신이 아닌 다른 사람이나 다른 사람에게 전가할 수 있다. 이것은 결국 6번 유형에게 많은 고통을 초래하는 극도로 무력한 필터이다. 정체 영역에서는 이 필터가 **증폭** 필터와 결합되는 것을 흔히 볼 수 있다. 예를 들어, 사소한 외부 사건으로 인해 6번 유형이 상황의 희생자처럼 느껴지고(비난) 과장된 감정 반응이 뒤따를 수 있다(확대).

▷ '미끄러운 경사' 필터

정체 영역의 6번 유형은 최악의 시나리오에 집중하는 경향이 있다. 이때 미끄러운 경사 필터를 사용한다. 이는 이들이 중간 지점을 인식하지 못하게 한다. 현재의 상황에서 최악의 재난으로 끊임없이 이어지는 것처럼 인식된다. 사건은 계속해서 부정적인 방향으로 나아가며, 최악의 시나리오에 도달할 때까지 중단 없이 미끄러질 것이라고 예측한다. 늘 앞에는 위험이 있다. 다른 필터와 마찬가지로, 이러한 정신적 시나리오가 뒤따르면 감정적 반응은 대개 강렬해져, 6번 유형은 더 큰 스트레스, 불안, 절망을 느끼게 된다.

▷ '마음 읽기' 필터

정체 영역에서 6번 유형은 다른 사람들이 무엇을 생각하고 있는지, 이들의 의도가 무엇인지를 확신하게 되는 경향이 있다. 이들은 마치 초감각적 수단을 통해 타인의 생각과 의도를 정확하게 읽어내는 것처럼 보이다. 이들은 결론에 빠르게 도달하며, 다른 사람들의 생각과 의도가 부정적일 것이라고 무의식적으로 가정한다. 이러한 가정은 충분한 증거가 없거나 전혀 없을 때도 이루어진다. 마음 읽기 필터는 탓하기, 과장, 좋은 것을 무시하기와 같은 다른 인지적 왜곡과 결합되면 6번 유형의 인간관계에 큰 해를 끼칠 수 있다.

6번 유형을 위한 연습 : 필터 유연성 훈련

일주일 동안 현실에 대한 해석에 왜곡 필터가 있는지 적극적으로 찾아보라. 이 모든 내용은 3열 테이블에 기록될 수 있다. A열에는 감정적 반응을 촉발한 모든 이벤트가 레이더에 표시된다. B열에는 당신이 해당 사건에 대해 제공한 해석이 기재되고, C열에는 해당 해석에 대한 당신의 감정적 반응이 기재된다. D열에서는 이벤트를 해석하는 데 사용한 필터 유형을 식별한다. 그리고 E열에는 제시될 수 있는 대체 해석이나 성급한 결론을 내리는 대신 취할 수 있는 조치를 식별하라. 다음 표에서 예를 찾을 수 있다.

사건	내 친구 다이애나가 내 전화를 받지 않는다.
해석	내가 너무 불평을 해서 그녀는 나를 부담스러운 사람으로 생각할 거야. 그녀는 나와 더 이상 대화하고 싶지 않다. 우리 우정은 끝날 것이다.
감정 반응	실망, 버려짐, 무시당함, 불안, 초조, 마음 읽기, 과장
사용된 필터	마음 읽기, 과장, 좋은 것을 무시하기, 미끄러운 경사
대안적 행동, 해석	그녀는 최근 새로운 직책으로 바빠서 그럴 거야. 내가 먼저 전화를 걸어 확인해 보자.

말하는 습관에 주목하기

언어는 강력한다. 의미를 전달하는 수단이다. 필터를 통해 현실을 해석할 때 우리는 그것에 단어를 집어넣는다. 그러므로 우리가 경험에 붙이는 단어를 바꿀 수 있다면 감정 상태에 간접적으로 영향을 미칠 수 있다. 왜냐하면 우리 감정의 큰 부분이 언어에서 나오기 때문이다. 사람들은 자신의 언어 패턴에 의해 최면에 걸리고 현실을 정확하게 볼 수 없게 하는 사각지대를 만든다 (Robbins & Madanes, 2005). 자신의 경험을 설명하기 위해 항상 동일한 문구와 단어를 사용함으로써 각 성격 유형은 결국 현실을 보지 못하는 것으로 끝난다. 그 앞에 뭐가 있지? 말 그대로 현실에 대한 묘사가 실제 현실이 되는 것이다. 이러한 문구와 단어는 단순히 각 유형이 갖고 있는 근본적인 제한적 신념의 표현일 뿐이다. 따라서 말하는 방식을 바꾸는 것은 우리의 참조 틀을 확장하는 데 도움이 될 수 있으며 일상 생활의 상황을 더 많은 각도에서 볼 수 있게 해준다.

다음은 6번 유형을 사용한 매우 유용한 언어 기반 연습이다.

▷ **연습 #1 - 대화 주제와 형식** : 대화 주제와 형식에 주의하라. 내가 다른 사람이나 상황을 강화하는 반면, 스스로를 무기력하게 만들고 있는가? 저는 다른 사람을 능력 있게 만드는 대신, "나는 할 수 없다"는 접근 방식을 고수하고 있는가? 일상생활에서 작은 문제들에 어떻게 반응하고, 그것들을 설명할 때 어떤 언어를 사용하는지 주의하라. 과장된 표현을 사용하는가? 어느 정도인가?

▷ **연습 #2 - 과장** : 과장은 거짓말의 한 형태이다(Madanes, 1995). 이 정의를 자신에게 적용해 보라. 6번 유형은 모든 형태의 거짓말에 매우 민감한 충성스러운 사람들이며, 다른 사람들이 거짓말쟁이로 인식되는 것을 싫어한다.

▷ **연습 #3 - 원인 대 결과** : 언어 패턴 작업 시 또 다른 중요한 차이점은 NLP의 **원인** 과 **효과** 개념이다. 당신이 **원인**에 있을 때 당신은 당신의 삶에 대한 책임을 지게 된다. 당신이 **효과적**일 때 당신은 당신의 행복에 대한 책임을 다른 사람에게 전가한다.

▷ **연습 #4 − 변명과 선택/책임.** 주의하라 : 내 언어가 변명으로 가득 차 있는가? 저는 외부 요인을 비난하는 경향이 있는가? 선택과 책임의 언어를 연습해본다. 나는 이것에 대해 어떻게 생각하는가? 저는 이것에 대해 무엇을 믿습니까? 나에게는 어떤 선택이 있는가? 이에 대해 어떻게 책임을 질 수 있는가? 원하는 결과를 향해 나아가고 일이 이루어지도록 개인적으로 무엇을 할 수 있는가?

▷ **연습 #5 − 꼬리표와 비난** : 정체 영역의 일부 6번 유형은 독단적이거나 완고해지며, 그룹이나 커뮤니티의 규범에서 벗어난 다른 사람을 부정적으로 분류하는 언어적 경향이 있다. 절대적이거나 불변적인 말은 감정적이고 비난적인 언어로 자신에게 또는 다른 사람에게 첨부될 수 있다. 당신의 언어에 주의를 기울여라. 내가 박해를 하고 있는 걸까? 저는 이념적으로 순찰하고 있는 걸까? 내 언어가 그룹, 커뮤니티 또는 사회의 다른 구성원을 희생시키면서 소속감, 권력 또는 우월감을 제공하는가? 내 언어는 내 그룹(회사, 부서, 축구팀 등)이 가장 중요하며 다른 모든 그룹은 내 그룹과 관련하여 측정된다는 점을 반영하는가?

융 선호도를 활용하여 작업 : 덜 우세한 특성을 통합하기

6번 유형을 지도할 때 융 선호도에 주의를 기울이는 것이 매우 중요하다. 코칭을 받는 사람이 MBTI 프로필을 작성한 경우 4

글자 유형을 물어보고 융 선호도가 코칭을 받는 사람의 에니어그램 유형과 어떻게 조화를 이룰 수 있는지 토론해본다. 또한 고객이 융 선호도의 낮은 면에 갇혀 있을 때, 우리는 이 책 전반에 걸쳐 설명된 것과 동일한 패턴 멈춤 기술을 사용하여 이들이 벗어나 성장하도록 도울 수 있다. 융에 대한 설명은 이 책의 1부를 참조하면 된다.

6번 유형을 코칭할 때 융 선호도의 사용 예시

- 내향적인 6번 유형은 5번 날개를 가진 경우가 많아, 조용하고 사적인 성향을 가진다. 이들은 풍부한 내적 세계를 가지고 있으며, 머릿속에서 끊임없이 바쁘게 활동하는 경우가 많다. 이들의 강렬한 정신적 활동은 외부에서 잘 드러나지 않을 수 있다. 많은 내향적인 6번 유형은 감정을 명확하게 표현하는 데 어려움을 겪는다. 이들과 함께 외향성의 '근육'을 훈련하고, 자신의 생각을 명확하게 표현하는 방법의 중요성에 대해 논의한다.
- 직관적인 6번 유형은 상상력이 풍부하고 개념적이며 독창적인 경향이 있다. 정체 영역에 있을 때 이들은 지금 여기에서 어려움을 겪고 무엇이 잘못될 수 있는지에 대한 미래 시나리오를 상상하느라 바쁘다. 이들은 줄 사이를 읽고 무슨 일이

일어날지 추측하면서 빠르게 결론을 내릴 수도 있다. 이들과 함께 감정 차원에 대해 토론하고 직관으로 인해 어떤 시나리오로든 뛰어드는 대신 합리적인 논리 순서를 따르는 것의 중요성에 대해 논의한다. 사실에 근거하라. "무엇이 있을 수 있는지" 대신 "무엇이 무엇인지"에 주목하라. "사실은 무엇인가?", "이용 가능한 자원은 무엇인가?", "과거에 우리(또는 다른 사람들)가 비슷한 문제에 직면했을 때 어떤 것이 효과가 있었는가?", "이 문제를 실제적인 방법으로 어떻게 해결할 수 있는가?"라고 질문하라. 당신의 감정에 더 많은 공간을 주고 상상력을 덜 가진다.

- 감각적인 6번 유형은 고전적이고 보수적이며 전통주의자인 경향이 있다. 정체 영역에 있을 때 이들은 독단적이고 경직되게 될 가능성이 더 높다. 직관의 차원과 다른 사람들의 선호도와 스타일도 수용할 수 있도록 마음을 여는 것의 중요성에 대해 토론한다. "옳고 입증된 하나의 방법" 대신 다양한 가능성을 고려한다. 창의성을 개발하고 명백한 것 이상을 바라보기 변화를 위해 두려워하지 않는 능력을 개발한다. 큰 그림, 즉 데이터 사이의 연결성과 그 이면에 있는 패턴을 볼 수 있는 큰 그림을 보는 능력을 기르는 것의 중요성을 이야기한다.

- 정체 영역의 6번 유형은 자신의 생활 방식을 너무 경직되고

제한적인 방식으로 구성하는 경향이 있다. 이들은 너무 많은 계획을 너무 멀리 계획하고 삶의 구조에 너무 많은 비중을 둘 수 있다. 이와 관련하여 6번 유형을 돕는 데 매우 유용한 또 다른 차원은 인식이다. 여기에서도 이 각도에서 세상을 보는 법을 배우는 것의 중요성에 대해 언급한다. 즉, 자발적인 능력을 개발하는 것이다. 상황에 따라 유연하게 대처할 수 있는 능력, 변화에 적응하는 능력, 6번 유형의 삶의 일부 영역에서는 계획되지 않은 몇 가지 일을 열어두고 편안함을 느끼고, 흐르는 방법을 배우고, 불확실성이 삶과 인간 존재의 사실임을 배우는 능력이다.

6번 유형을 위한 세션 간 연습 : **자기 관찰**

한 주 동안, 자신의 유형과 관련된 특히 도움이 되지 않는 패턴을 적극적으로 자기 관찰한다. 실시간으로 자신의 패턴을 인식할 때, 즉흥적으로 한 번의 호흡 명상을 시작한다. 2부에서 설명한 순서를 따라 그 패턴을 관찰하고 속도를 늦춰보라. 다음 세션에서 코치와 그 통찰을 공유한다.

7번 유형

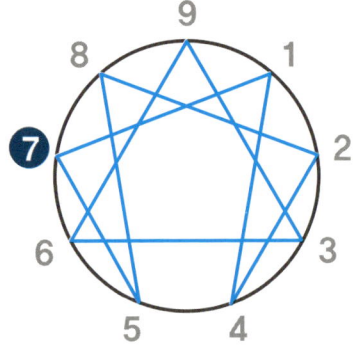

　나는 낙천적인 사람입니다. 나는 삶을 사랑합니다. 집에서는 나에게 이렇게 말합니다. "정신 차려, 세상이 그렇게 장밋빛이 아니야. 인생은 영화가 아니야. 현실을 좀 직시해." 마치 내가 그 사실을 모르는 것처럼 말입니다. 나는 늘 기분 좋게 있으려고 노력하고, 단순히 지루하고 답답한 사람들을 참을 수 없습니다. 이들은 모든 것을 흑백으로 보고, 고집스럽게 뭔가를 나에게 강요하려고 합니다. 나는 다른 사람들이 나를 제한하려는 걸 좋아하지 않습니다. 나는 자발성과 유연함을 더 선호합니다. 우울한 사람

들과 있으면 나는 그냥 도망쳐 버립니다. 나는 항상 계획을 세우고 있습니다. 그 자체가 즐겁습니다. 제 일정에 수많은 일을 채워 넣지만, 그중 모든 일을 다 해내지는 않습니다. 대부분의 경우 나는 기회와 가능성의 관점에서 생각합니다. 저는 어떤 일에 열정이 생기면 엄청나게 몰입할 수 있습니다. 하지만 그 일이 반복되거나 루틴해지면 쉽게 질려버립니다. 나는 새로운 일을 시작하는 것은 쉽지만, 끝까지 마무리하는 것은 어렵습니다. 끈기가 부족했던 탓에 큰 대가를 치른 적도 있습니다. 때때로 어떤 일을 끝까지 완수해야 할 때, 나는 갇힌 느낌이 듭니다. 자유를 잃은 것처럼 답답합니다. 모든 것이 열린 상태로 있고, 진행 중이라는 그 즐거움이 좋습니다. 나는 삶을 사랑하지만, 내가 하고 싶은 모든 일을 하기에는 에너지가 부족한 듯한 느낌이 들 때도 있습니다. 삶에는 너무 많은 기회가 있고, 나는 그것을 놓치지 않으려 여기저기 뛰어다니는 자신을 발견하게 됩니다. 그런데, 그렇게 살다 보면 지칠 때도 있습니다. 나는 쉽게 주의가 산만해지고, 한 가지에 집중하기가 어렵습니다. 그래서 한 가지 일에 집중해서 그것만 하고, 규율 있게 행동하는 게 어렵습니다. 나는 금방 지루해지고, 지루함이 두렵습니다. 그래서 나는 즉시 도망칠 방법을 찾습니다.(미리, 7번 유형).

7번 유형에 대한 설명

7번 유형은 낙천적이고, 에너지가 넘치며, 가능성 지향적인 사람들로, 삶을 소중히 여기고, 이를 최대한 즐기고 싶어 한다.

최상의 상태일 때 빠르게 배우고 다양한 분야에서 많은 재능을 가진 사람들이다. 이들은 브레인스토밍의 달인이며, 호기심 많고 민첩한 사고력을 가지고 있어 새로운 아이디어를 빠르게 창출할 수 있다. 이들의 사고력은 특히 연결되어 있지 않은 것처럼 보이는 사건들 간의 연관성, 상호작용, 상호관계를 찾아내는 데 탁월하며, 이를 통해 대부분의 사람들이 놓칠 수 있는 패턴을 포착한다. 이들은 독창적이고, 창의적이며, 상상력이 풍부하다. 이들은 '큰 그림'을 계획하는 사람들이며, 동시에 여러 프로젝트를 한꺼번에 수행할 수 있지만, 집중력이 있고 규율을 지켜 프로젝트를 끝까지 완수하는 방법도 알고 있다.

비록 이들의 사고력은 민첩하고 빠르지만, 이들은 필요할 때는 침착하게 멈추고 신중한 결정을 내릴 수도 있다.

이들은 삶에 대한 사랑과 자연스러운 낙관주의, 그리고 열정을 타고 났다. 이러한 긍정적인 에너지는 주변 사람들에게 전염되며, 그들의 활기 넘치는 태도는 타인을 동기부여하는 힘이 있다. 이들은 자신과 주변 사람들의 삶에서 일어나는 모든 일들에서 자연스럽게 좋은 면을 찾을 수 있으며, 우리에게 삶의 가장 단순한 것들을 소중히 여기는 법을 가르친다. 이들은 일상적인 작은 일들에서 기쁨을 얻고, 현재 순간에 만족하고 행복을 느끼는 법을 배울 수 있도록 도와준다.

이들은 인생의 어려움, 좌절, 그리고 고통을 수용할 줄 알고, 이에 반응하거나 저항하거나 도망치려 하지 않기 때문에 행복하다. 이로 인해 회복탄력성이 강하며, 위기를 도전과 기회로 바꾸는 힘을 가지고 있다. 이들은 스트레스와 위기 상황에서 빠르게 회복하는 능력이 있다. 이들은 함께 있으면 즐거운 사람들이며, 대화를 잘 이끌고, 보통은 활기찬 유머 감각과 재미있는 이야기로 파티의 중심에너지가 되는 경우가 많다. 이들은 매력적이고, 쾌활하며, 장난기 넘치는 사람들이다.

정체 영역에 있을 때, 7번 유형은 행복과 긍정적인 상태를 유지해야 한다는 강박감을 갖게 된다. "나는 계속 바쁘고, 흥미진진한 상태를 유지해야 해!"라는 믿음이 이들의 사고를 지배한다. 그 결과, 이들의 주의는 자연스럽게 새로운 가능성과 자극을 찾는 데 집중되고, 한편으로는 부정적인 감정, 고통, 좌절, 지루함을 회피하려 한다.

이들에게는 움직이는 것이 매우 중요하므로, 이들은 자신의 자유와 독립을 제한하거나 방해하려는 것으로 인식되는 모든 것에 대해 방어적 태도를 취하게 된다. 이로 인해 불안해지고 집중력이 떨어진다. 너무 많은 것에 관심을 두며, 삶이 제공하는 모든 가능성을 놓치지 않으려고 여기저기 뛰어다니며, 스스로에게 '아니오'라고 말하지 못하는 것처럼 보인다. 이들은 더 많은 활동을 계획하고, 선택의 폭을 열어두려 하며, 이로 인해 집중력을 좁히지 못하는 문제를 겪는다. 그 결과, 헌신과 완수에 문제가 생긴다. 이들은 프로젝트를 시작하지만, 규율이나 인내심이 부족해 완수하지 못한다. 프로젝트를 시작하고 나서 초기에 느꼈던 흥미가 사라지면 흥미를 잃고, 갇힌 느낌을 받는다.

이들은 스스로를 지나치게 확장시키고, 집중력과 규율의 부족으로 인해, 이들의 많은 재능이 낭비되거나 잠재력에 도달하지 못할 수 있다. 또한 이들의 수많은 꿈이 실현되지 못할 수 있다.

이들의 계획 습관은 역효과를 낼 수 있다. 이들이 더 많이 계획할수록, 더 많이 미래에 살게 되며, 그 결과 현재 순간의 기쁨을 느끼거나 자신이 가진 것에 감사할 수 없게 된다. 여기에서 분노와 좌절이 생기며, 여러 활동, 산만함, 바쁜 일정에도 불구하고 진정으로 만족할 수 없게 된다.

이 불안이 커지면서 이들은 더 많은 계획을 세우고 더 바쁜 일정을 만들게 되며, 새로운 즐거운 일들과 활동을 찾아 그 불안을 줄이려고 한다. 이들은 점점 더 현실 도피적인 태도를 보이며, 자기 중심적이고, 무분별하고, 충동적이며, 책임을 회피하는 경향이 강해진다. 어린아이 같고, 민감하지 못하고, 요구가 많아진다.

이들의 바쁘고 과도하게 활동적인 생활 방식으로 인해 신체적, 재정적, 감정적인 고갈이 발생하게 된다.

7번 유형의 코칭 프로토콜

1. 세션의 분위기 조성하기

고객과 코칭 세션을 시작하기 전에 먼저 스스로를 점검한다.

▷ **세션에 수용적인 태도로 임하기**

다음 질문을 스스로에게 물어본다.

- 나는 지금 비판적이지 않은 상태인가?
- 내 특정 성격 유형이 7번 유형에 대해 거부감을 가지고 있는가?

▷ **다양한 방식으로 경청하기**

모든 코칭 세션 동안 모든 지능의 중심에너지(사고, 가슴, 본능)를 사용하는 것이 매우 중요하다. 세 가지 중심을 모두 활용하여 적극적으로 듣는 것에 주의해야 한다.

▷ **사고 중심에너지로 경청하기**

- 말하는 패턴과 언어 사용에 주목한다.
- 신체 언어와 자세를 분석한다.

- 반복되는 행동 패턴을 파악하고 어떻게 끊을 수 있을지 생각해본다.

▷ **가슴 중심에너지로 경청하기**

- 공감한다.
- 고객을 **유형**이 아닌 인간 자체로 바라본다.
- 겉으로 드러나는 모습 이면을 본다.
- 어떠한 저항이 있더라도 연결을 시도한다(당신의 역할은 고객의 성장하도록 돕는 것이다).

▷ **본능 중심에너지로 경청하기**

- 고객은 세션에 어떤 종류의 에너지를 가져오고 있는가?
- 고색이 말하는 내용과 그 밑에 담긴 에너지가 일치하는가?
- 이 코칭 과정의 최근 발전에 대해 당신의 직관이 무엇을 말해주는가?
- "사람들이 말하는 것을 듣되, 이들이 실제로 하는 행동에 주목하라(Madanes, 1995)."

2. 도전 과제 정의하기

고객이 원하는 것이 무엇인지, 코칭을 받는 목적이 무엇인지 명료화 하기.

7번 유형의 일반적인 도전 과제는 다음과 같다.

- 목표를 달성하기 위해 집중하고 훈련하는 방법을 배웁니다.
- 이들의 많은 재능을 활용하고 잠재력을 발휘하여 능력을 개발하는 데 집중하는 방법을 배웁니다.
- 지속적인 활동과 자극 없이도 현재를 감사하고 삶을 사랑하는 자연스러운 능력을 회복하는 것이다.

3. 고객의 세계관과 정체성 영역 이해하기

다음 질문을 스스로에게 해본다.
고객은 왜 그렇게 행동하는가? 고객의 행동을 형성하는 것은 무엇인가? 고객의 내면 이야기는 무엇인가? 고객은 어떤 필터를 통해 세상을 바라보고 인식하는가? 고객에게서 유형의 고정관념이 어느 정도 활성화되고 작용하는가?

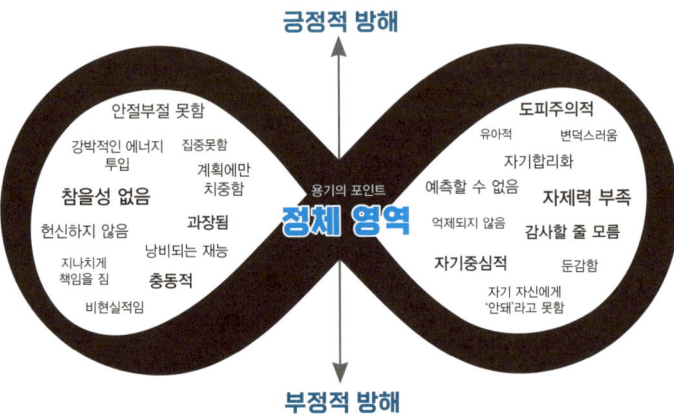

그림 3-7. 7번 유형의 정체 영역과 탈출 전략

    7번 유형이 의식이 부족하거나 스트레스를 받을 때, 즐거움과 행복감을 유지하려는 강렬한 욕구로 인해 주의력이 산만해진다. 이 상태에서 7번 유형의 관심은 무의식적으로 다양성을 추구하고 새로운 가능성과 새로운 자극을 찾는 데로 쏠리며 다른 한편으로는 부정적인 감정, 고통, 좌절, 지루함을 피하는 데로 쏠린다.

4. 여섯 가지 인간의 욕구에 대한 자각 일으키기

인간 욕구 심리학에 따르면, 우리는 확실성, 다양성, 사랑/연결, 중요성, 성장, 기여 등 모두 여섯 가지 기본적인 인간 요구를 가지고 있다(Madanes, 2009). 이 욕구들은 단순한 바램이 아니라 우리의 행동을 움직이는 진정한 동기이다.

7번 유형 연습 : 인간의 여섯 가지 욕구

정체 영역을 살펴보고 거기에 설명된 전체 행동 범위 중에서 가장 빈번한 행동을 선택하라. "이러한 행동을 통해 충족시키려는 인간의 욕구는 무엇인가?" 자신이 특정 행동을 하는 이유가 어떤 욕구에서 비롯되었는지 탐색한다.

각 욕구를 0점에서 10점까지 평가해 보기

▷ **확실성** : 이 행동이 당신을 안전하게 느끼게 하는가?

▷ **다양성** : 이 행동이 당신에게 다양한 자극을 주는가?

▷ **사랑/연결** : 이러한 행동을 하면 다른 사람들과의 연결감을 느끼게 하는가?

▷ **중요성** : 이 행동이 당신을 특별하고 중요한 존재로 느끼게 하는가?

▷ **성장** : 이러한 행동에 참여하는 것이 당신에게 발전감을 주고, 당신이 성장하고 있다는 느낌을 주는가?

▷ **기여** : 이 행동이 당신이 다른 사람들에게 기여하고 있음을 느끼게 하는가?

▷ **코칭 사례 연구** : 우리 고객 중 한 명인 7번 유형의 칼 Carl 을 예로 들어 보겠다. 그는 결혼 생활의 문제를 해결하기 위해 코칭을 받았다. 그의 주요 불만은 결혼을 제한적인 일상으로 인식한다는 것이다. 그는 버라이어티에 대한 자신의 강한 욕구를 확인했으며 그로 인해 도피주의, 과도한 지출 및 부채로 인식될 수 있는 매우 무질서한 재정 생활을 하게 되었다. 이로 인해 아내와 계속 다툼이 있었고 이혼을 고려하고 있었다. 칼이 이러한 강력한 다양성 요구 사항을 파악하고 이를 긍정적인 방식으로 충족할 수 있는 방법을 찾으려고 노력하면서 획기적인 발전이 이루어졌다. 7번 유형의 타고난 강점을 이용하여 그는 인생에서 가장 단순한 것을 감상하는 쪽으로 관심의 방향을 바꾸기 시작했다. 그는 현재 순간에 존재할 수 있는, 일상에 매료될 수 있는 타고난 힘을 회복하기 시작했다. 삶의 어두운 부분을 포함하여 삶이 제공하는 모든 것을 포용함으로써 그는 결혼 생활에서 어려움을 피하려고

노력하는 대신 어려움을 겪을 수 있었다.

고려해야 할 한 가지 중요한 점은 성장과 기여의 요구에 특별한 주의를 기울이는 것이다. 코칭을 받는 사람은 이러한 요구를 건강한 방식으로 충족하는가 아니면 파괴적인 방식으로 충족하는가? 우리의 성격이 통합되면서 성장과 기여에 대한 욕구가 높은 점수를 받기 시작하고 긍정적이고 건강한 방식으로 충족되기 시작한다. 그 이유는 우리가 정체 영역에서 벗어날 때 새롭고 의식적이며 선택된 반응에 따라 행동하기 때문이다. 이를 통해 우리는 오래된 습관을 극복하고 성장할 수 있다. 이러한 통합은 결국 다른 사람들에게 더 큰 기여를 가져올 것이다. 대조적으로 우리가 인식하지 못한 채 계속해서 행동한다면, 우리의 오래된 반응 패턴에 따라 우리는 스스로를 무력화시키고 자존심이 우리의 삶을 관리하도록 놔두게 된다. 이것은 항상 우리 자신과 다른 사람들에게 고통을 안겨준다.

5. 레버리지 확보하기

다음 단계는 해당 유형의 도움이 되지 않는 패턴이 고객에게 초래하는 대가와 고통을 자각하도록 돕는 것이다.

7번 유형을 위한 연습 : 패턴이 초래하는 대가 인식하기

- 두려움, 혼란, 지나치게 많은 선택을 추구하는 것이 당신의 대인 관계에 어떤 비용을 초래하고 있는가?
- 끊임없는 계획과 자극을 찾으려는 습관이 당신의 정신적, 정서적 에너지에 어떤 영향을 미치고 있는가?
- 과도한 활동으로 인한 스트레스가 당신의 신체 건강에 어떤 비용을 초래하고 있는가?
- 지속적으로 집중하지 못하고 계획만 세우는 습관이 당신의 재능을 완전히 발휘하지 못하게 하고 있지는 않는가?

6. 패턴 멈춤 : 주의력을 키우기 위한 연습

7번 유형을 위한 시각화

시각화는 일반적인 코칭과 특히 성격 유형 코칭을 수행할 때 훌륭한 도구이다. 다음은 7번 유형에 대한 포괄적인 시각화/명상 스크립트이다. 이는 유형의 강점과 약점을 활용하는 작업, 공정한 관찰자를 통한 주의력 훈련, 의식적인 호흡 훈련, 수용 및 이완을 포함한다. 단일 코칭 세션에서 모든 기능을 사용할 필요는 없다. 다음 섹션 중 하나 이상을 선택하여 이러한 시각화를 모듈식으로 사용할 수 있다.

7번 유형을 위한 스크립트 : 시각화 / 명상

▷ 이완

먼저 편안한 자세로 앉는다. 척추는 자연스럽게 곧게 세우고, 팔은 느슨하게 풀어둔다. 손바닥을 위나 아래로 하여 가볍게 무릎 위에 올려 놓는다. 몸 전체를 이완시키기 위해 깊게 숨을 한 번 들이마셔 본다. 숨을 들이마시고, 내쉬고, 이제 천천히 눈을 감고, 다시 한 번 깊게 숨을 들이마시면서 중심에너지를 잡고 집중한다. 숨을 들이마시고, 내쉬고.

▷ 공정한 관찰자 훈련

공정한 관찰자에 대한 인식을 의식하는 것으로 시작해 보겠다. 공정한 관찰자는 당신의 행동을 객관적으로 외부에서 관찰하는 친구라고 생각해 보자. 이는 당신이 현명한 결정을 내리도록 도와주며, 무의식적인 상태에서 벗어나도록 도와준다. 공정한 관찰자는 본능(신체감각), 사고(생각, 계획, 미래, 과거, 이미지, 아이디어, 상상력), 감정(감각)의 세 가지 중심에너지에서 일어나는 활동에 민감하게 반응하도록 마음을 훈련함으로써 그렇게 할 수 있다. 영혼과의 연결을 상징적으로 나타내는 우리의 호흡은 우리가 중심에너지를 유지하고, 한 중심에너지에서 다른 중심에너지로 관심을 옮길 수 있게 해준다. 또한 이는 비판적이지 않은 상태를 유지하게 하며, 감사, 연민, 수용의 자질을 이 연습에 적용할 수 있게 해준다. 마음이 방황할 때마다, 그 순간을 이용해 감사, 연민, 수용의 자질을 적용할 수 있게 해준다. 이러한 순간은 우리의 관심을 다시 바꾸는 방법을 배울 수 있는 귀중한 기회를 제공한다.

먼저 주의를 본능 중심에너지로 부드럽게 천천히 옮긴다. 깊게 숨을 들이마시고, 공기가 몸 안팎으로 흐르는 경로를 따라간다. 천천히 진행한다. 다시 숨을 들이마시고, 이번에는 숨을 내쉬는 시간을 조금 더 길게 가져본다. 공기가 몸 안팎으로 흐르는 경로에 전적으로 집중하며, 시작부터 끝까지 주의를 기울인다. 이제 몸의 감각을 느끼기 시작한다. 발이 바닥에 닿는 접촉점을 느껴본다. 지금 그곳에 어떤 감각이 있는가? 주의를 등으로 옮겨서, 의자가 주는 지지를 느껴본다. 그 감각을 잠시 음미한다. 이제 손으로 주의를 옮기고, 손과 무릎이 닿는 접촉점을 느껴본다.

이제 두 손을 가슴 위에 포개어 올리고, 감정 중심에너지로 주의를 옮겨본다. 지금 이 순간 어떤 감정이 느껴지고 있는가?

이제 주의를 사고 중심에너지로 옮겨본다. 당신의 감정에 대해 어떤 마음속 이야기가 들려 오는가? 당신의 마음은 이 감정에 대해 뭐라고 말하고 있는가? 이 명상 전체에 대해 뭐라고 말하고 있는가? 떠오르는 마음속 이야기를 고요히 지켜본다. 숨을 들이마시고, 내쉬고, 사고 중심에너지에 머물면서, 이제 당신의 기억으로 주의를 옮겨본다. 흑백 TV에서 과거의 역사가 방송되고 있는 모습을 상상해 보며, TV 속에 있는 당신을 본다. 인생의 각 단계를 화면에서 느린 동작으로 보고 있다. 그 모습을 실제로 보게 되면 고개를 끄덕여본다. 숨을 들이마시고, 내쉬고, 사고 중심에너지에 머무르면서, 이제 미래에 대한 생각으로 주의를 옮긴다. 아래의 질문들에 차분하게 반응해 본다. 각 질문 사이에 잠시 멈춰 생각할 시간을 가진다. 당신은 미래가 어떻게 되기를 원하는가? 미래의 자신은 어떤 모습인가? 어떤 계획을 가지고 있는가?

▷ **시각화**

계속해서 사고 중심에너지에 있으면서, 이제 상상력으로 주의를 옮겨본다. 해변, 바닷가, 약간 젖은 모래 위에 있는 자신을 상상해 본다. 바닷가의 공기를 들이마셔 본다. 숨을 들이마시고, 내쉬고, 바람을 느껴본다. 파도 소리를 들어본다. 발 밑으로 모래의 감촉을 느껴본다. 손가락으로 수평으로 누운 8자 모양(마음의 무한루프)를 천천히, 아주 천천히 젖은 모래 위에 그려 본다. 손가락과 모래 사이의 접촉을 느껴본다.

▷ **정체 영역과 그 비용의 시각화**

이제 당신의 모든 문제와 도전 과제들을 그 모래 위에 그려진 **마음의 무한루프** 안에 하나씩 넣는 장면을 상상해 본다.

나의 관심은 매우 다양한 방향으로 지속적으로 집중되고 집중되지 않는다. 나 자신에게 **아니요**라고 말할 수 없기 때문에 너무 많은 방향으로 달려가서 지쳤다. 내 충동성 때문에 내 인생에서 치른 모든 비용이다. 나는 행복을 누리는 것에 지쳐서 왠지 항상 나를 피한다. 내 모든 불안, 모든 고통.

긴장과 분노를 느껴본다. 모래 위 **마음의 무한루프** 안에 있는 모든 문제들을 바라보면서 몸 전체에서 그것이 어떻게 느껴지는지 느껴본다. 온몸의 긴장을 느껴보라. 잠시 그 자리에 머물러 본다.

이 모래 위 **마음의 무한루프**는 우리의 정체 영역을 상징한다. 이것은 우리가 부정적인 초점과 부정적인 감정에 갇혀 있는 곳이다.

모든 인간에게는 그 사람을 인간 답게 만드는 문제들을 가지고 있다. 그것은 개인적이며, 맞춤형으로 주어진 삶의 도전들이다. 자신의 개인적인 도전들을 판단없이 지켜본다. 만약 당신의 마음이 어떤 논평을 덧붙이더라고 괜찮다. 걱정하지 말고 이 연습을

제대로 하려고 애쓰지 않아도 된다. 만약 판단이 생긴다면, 그 판단을 그냥 지켜보면 된다. 그 대사를 들어본다. 그것이 생겨나는 모습을, 당신 바깥에서 벌어지는 일처럼 지켜 보면 된다.

자신의 경험에 대해 판단을 갖는 것은 인간적인 일이다. 괜찮다. 이제 주의를 당신의 마음에 집중한다. 방금 머릿속에서 들었던 판단과 내적인 의견을 감정 속으로 가져와서 그곳, 즉 감정에 담아본다. 감정의 에너지를 사용하여 그것들을 부드럽게 하고 온몸이 연민으로 채워지는 것을 느껴본다. 깊게 숨을 들이 마시고, 가슴의 에너지가 온몸으로 퍼지는 것을 느껴본다. 수용을 느낀다.

인생이 왜 당신에게 도전 과제를 주는 걸까? 인생은 당신이 그것을 극복함으로써, 다음 단계의 충만함과 생동감을 누릴 수 있도록 도전들을 준다. 그것은 성장할 수 있는 소중한 기회다. 단지 다시 활성화되기를 기다리고 있는 당신이 이미 가진 힘을 발견할 수 있는 소중한 기회. 이 힘은 당신이 도전 과제를 극복하도록 도와주고, 정체 영역에서 성장으로 나아가도록 도와줄 것이다.

당신 안에는 절대 포기하지 않으려는 부분이 있다. 인생을 온전히 살고자 하는 목소리이다. 그것은 당신 영혼의 목소리이며, 자아와 성격의 목소리에 맞서 싸워 당신을 최고의 자신으로 만들고자 하는 목소리이다. 당신은 이미 그 자리에 있었고, 그것이 지금 이 순간까지 당신을 이끌어 왔다. 당신이 여기에서 스스로를 극복하고 더 나은 사람이 되려고 애쓰는 순간이다. 무의식적인 생각에 휘둘리지 않고, 당신의 성격과 자동적인 생각들에 굴복하지 않고 일어서 있다. 그것이 진짜 당신이며, 당신의 영혼의 힘이다.

이 지점에서 당신의 주의는 자동적으로 **생각에 대한 생각**을 만들어내는 쪽으로 향할지도 모른다. 괜찮다. 그저 의식적으로 계속 숨을 쉬고, 공기가 몸 안으로 들어오고 나가는 길을 따라가면서, 공정한 관찰자가 당신의 마음의 활동을 판단없이 지켜보게 하면 된다.

▷ 강점, 잠재력, 그리고 개인적 힘에 대한 시각화

이제 당신 안에 포기하지 않으려는 그 부분으로 주의를 옮긴다. 모래 위에 그려진 **마음의 무한루프** 도형을 떠올려 본다. 그 **마음의 무한루프** 중심에너지부, 즉 오른쪽과 왼쪽이 교차하는 지점에 한 점이 있다. 이 지점을 '용기의 지점(Point of Courage)'이라고 부른다. 이제 그 지점에서 위로 화살표를 그린다고 상상해본다. **마음의 무한루프**로부터 나가는 출구이다. 정체 영역에서 벗어나는 출구이다.

이 화살표는 **마음의 무한루프** 밖에 존재하는 것을 향한다. 이 화살표는 당신의 강점과 잠재력을 가리킨다. 당신이 언제든지 접속할 수 있는 미래를 가리킨다.

이제 **마음의 무한루프** 밖에 무엇이 있는지 살펴 본다.

과거에 당신이 다른 사람을 위해 무엇을 했는지에 관계없이 무조건적인 사랑을 느꼈던 순간을 떠올려 본다. 인생의 어떤 영역에서든 가져오라. 혼자일 수도 있고, 친구와 함께, 친구 그룹, 가족과 함께 있을 수도 있다. 개인 생활이나 직업 생활에서, 과거로 가서 그 순간을 다시 가져온다. 그것은 특별한 순간일 수도 있고 단순한 순간일 수도 있다. 느껴본다. 그 순간의 이완을 온몸으로 느껴본다.

감사했던 그 순간을 기억 속에서 찾아보라. 성숙한. 인내심 있는. 행복하다. **더 많은** 설렘을 약속했던 것들을 쫓던 것을 쫓던 그 순간의 이완을 느껴보라. 에너지를 **주입**하려고 하지 않고도 모든 것이 조화롭게 흘러갔고 모든 것이 실제로 잘 작동하고 잘 진행되었다. 심호흡을 하고 그 순간을 느껴보라.

마음의 무한루프 밖에 또 무엇이 있는지 살펴본다.

이제 나는 당신이 당신의 열정적이지만 현실적인 새로운 미래를 상상해 보기를 바란다. 당신이 삶을 사랑하고 전염성 있는 낙관주의로 다른 사람들에게 힘을 실어 주지만, 다른 사람들의 속도에 대한 관용을 가지고 연민을 가지고 그렇게 하는 미래이다. 자신과 삶 전체의 덜 긍정적인 측면을 포함하여 자신을 이 세상의 인간으로 받아들이는 것이다. 당신은 마음과 접촉하여 인간이 자연스럽게 저지르는 실수에 대해 자신과 다른 사람을 용서할 수 있다. 두 손을 번갈아 가며, 마음 위에 두 손을 얹어주어라. 당신의 심장 박동을 느껴보라. 당신의 인간성을 느껴보라. 그로부터 얼마나 많은 에너지가 해방되는지, 얼마나 많은 긴장과 불안이 해소되는지 느껴보라. 고통스럽거나 덜 긍정적인 측면을 포함하여 삶 전체를 보는 것을 두려워하지 않기 때문에 삶의 장엄함을 인식하고 매료될 수 있다. 이는 당신의 진정한 꿈 중 하나, 즉 진정으로 행복한 사람이 되는 것을 성취하는 데 도움이 된다.

미래에서 그 순간을 가져와 현재 순간에 몸으로 느껴보라. 마음으로, 생각으로 느껴보라. 마음과 마음, 몸이 함께 일하는 힘을 느껴보고 무엇을 성취할 수 있는지 확인하라. 그리고 가장 중요한 것은 지금 당신 안에 있는 모든 것이 어떻게 당신이 항상 원했던 행복한 사람인지를 확인하는 것이다.

천모래 위 그림, 마음의 무한루프와 용기의 지점, 그리고 당신 안에 있는 모든 잠재력을 바라보며 천천히 명상을 마무리한다

▷ **시각화 종료**

나는 당신의 용기, 여기에 있어 한 사람으로서 성장하려고 노력하고, 자신을 극복하려고 노력하고, 포기하지 않고 노력한 것에 대해 감사한다. 당신이 이 훈련을 한다는 단순한 사실은 당신의 내면의 힘과 포기하지 않는다는 증거이다. 또한 포기하지 않은 용기를 인정해 주길 바란다. 그리고 인생이 가져다주는 도전과 매일 주어지는 많은 기회에 대해 삶에 감사하기를 바란다. 이를 통해 당신은 자신의 강점을 접하고, 성장하고, 세상에 공헌하고, 인류에게 베풀 수 있다. 당신 주변의 세상은 당신의 진정한 자아의 선물이다.

7. 재패턴화 : 필터 유연화 및 통합을 위한 연습

최소화 필터

6번 유형에서 우리는 인지 왜곡 필터 중 하나가 돋보기를 통한 현실 인식, 불균형한 방식으로 사건에 감정적으로 과잉 반응하는 **증폭/재앙화**라는 것을 알았지만, 7번 유형에서는 정확히 작동하는 필터를 본다. 반대 방향 : 사건을 최소화하고, 7번 유형은 **행복**을 유지하고 자신의 삶을 계속할 수 있을 정도로 중요성을 축소한다. 7번 유형의 고통 중 대부분은 이 메커니즘으로 인해 발생하며, 이는 정체 영역에서 도피하려는 강력한 원동력이다. 이러한 무의식적 경향을 극복하기 위해 7번 유형은 1번 날개와 8번 날개와의 연결을 활용하고 현실을 **있는 그대로** 구체적인 방식으로 볼 수 있도록 기반을 잡고 중심에너지를 잡는 능력을 통합할 수 있다.

7번 유형 연습 : 최소화 필터 조정

- 사실은 무엇인가?

- 이것이 나에게 스트레스를 주거나 고통스러운 사건인가? 저는 낙관적인 렌즈를 통해 보려고 노력함으로써 고통을 최소화하고 탈출하려고 노력하고 있는가? 이것이 객관적인 현실인가? 아니면 긍정적이고 희망적인 해석을 강요하고 있는가?

긴장을 푸는 법을 배우라

무의식적인 행동 방식을 사용하는 7번 유형은 활동과 계획으로 인해 자신을 압도하는 경향이 있다. 짧은 시간이라도 활동하지 않으면 지루함과 좌절감이 생길 수 있다. 코칭에 참여하는 7번 유형이 몇 년 동안 자신을 너무 과도하게 확장한 후 지쳐가는 것을 보는 것은 드문 일이 아니다. 발달되지 않은 근육은 가장 단순한 것을 감상하는 능력이다. 정체 영역에서 이들은 원하는 **행복**을 가져올 것이라는 기대를 가지고 더 좋고, 더 높고, 더 세련된 경험을 추구한다. 황홀경의 감정은 행복과 혼동될 수 있다. 이들은 5번 유형과의 연결을 사용할 때 조용함의 가치를 발견한다. 7번 유형이 불안의 패턴을 멈추고 방해할 수 있을 때, 이들은 진정으로 깨달음을 얻게 된다. 5번 유형은 무언가에 집중할 수 있고, 다양한 각도에서 그것을 볼 수 있으며, 관찰에서 진정한 기쁨을 찾을 수 있다. 이들은 감사자가 된다.

7번 유형을 위한 연습 : 긴장을 푸는 법을 배우기

자연 속에서 무언가에 주의를 집중하는 시간을 가져본다. 예를 들어 나무 한 그루에서 풍부한 색상을 찾는 것이다. 서두르지 않은 것처럼 잠시(처음에는 몇 초) 명상하는 방법을 배우는 것이다.

▷ **의지력을 키우기**

충동적이고 방종하여 정체 영역에서 너무 많은 시간을 보내면 7번 유형의 의지력이 저하될 수 있다. 너무 많은 일에 관심을 갖게 되면서 한 트랙에서 다른 트랙으로 건너뛰게 되면서 집중력을 잃고 목표를 향해 끈기 있게 노력하는 능력도 잃게 된다. 안타깝게도 이로 인해 이들의 많은 재능이 낭비되고(또는 잠재력이 완전혀 개발되지 않음) 이들의 많은 꿈이 실현되지 않게 된다. 엔리케 로하스Enrique Rojas 박사는 자신의 저서〈의지의 정복 La Conquista de la Voluntad〉겹낫표에서 7세 자녀를 지도할 때 유용할 수 있는 칸트Kant의 인류학에서 다음과 같은 인용문을 인용했다. 그러나 훨씬 더 큰 즐거움을 가져다 줄 프로젝트를 갖는다는 정교한 미식가적인 의미에서는 즉각적인 만족을 포기해야 함에도 불구하고 결과적으로 당신을 더 부유하게 만들 것이다." 이 개념은 7번 유형에게 강력한 동기가 될 수 있다. 7번 유형은 자신이 현재보다 더 큰 즐거움을 추구한다고 인식할 때 기꺼이 희생할 준비가 되어 있다.

▷ **연습: 의지력 개발.**

다음 질문을 스스로에게 물어본다. 주간 작업을 너무 빨리 포기하고 있는 것인가? 저는 얼마나 자주 주의가 산만해지는가? 주의가 산만해지는 순간 정확히 무슨 일이 일어나는가? 당신의 목표에서 벗어날 수 있는 모든 것, 즉 신체의 감정, 느낌, 생각을 인정하라. 모든 내용을 자세히 기록하고 다음 코칭 세션에서 논의한다.

- 우리 자신의 **소유자**가 되기 위해서는 점진적으로 더 높은 수준의 자기 훈련을 위해 적극적으로 자신을 훈련해야 한다. 나는 인내하는가? 나는 어디까지 볼 수 있는가? 시간이 지남에

따라 나의 가장 깊은 꿈을 실현하지 못한 이유를 설명해 줄 말도 안 되는 산만함 속에서 도피함으로써 중요한 책임을 회피하는 습관에 빠지는 것이 가치가 있는가? 나 자신에게 **아니요**라고 말할 수 있는가? 나는 육체적, 정신적, 정서적 등 온갖 종류의 소망에 압도당하는가?

- 자원에 대한 인식을 발전시키기 위해 화살표를 5로 사용하라. 내가 시작하는 이 방해 요소가 내 자원에 부담을 주게 되는가? 내 에너지, 시간, 돈을 오용하게 되는가? 다른 사람의 자원 비용-이익 인식을 개발하라. 질문: 그만한 가치가 있는가? 장기적인 관점에서 결과를 평가해 본다.

▷ **말하는 방식에 주목하기**

언어는 강력하다. 의미를 전달하는 수단이다. 필터를 통해 현실을 해석할 때 우리는 그것에 단어를 집어넣는다. 그러므로 우리가 경험에 붙이는 단어를 바꿀 수 있다면 감정 상태에 간접적으로 영향을 미칠 수 있다. 왜냐하면 우리 감정의 큰 부분이 언어에서 나오기 때문이다. 사람들은 자신의 언어 패턴에 의해 최면에 걸리며, 현실을 정확하게 볼 수 없는 사각지대를 만든다(Robbins and Madanes, 2005). 자신의 경험을 설명하기 위해 항상 동일한 문구와 단어를 사용함으로써 각 성격 유형은 결국 앞에 있는 것을 보지 못하게 된다. 말 그대로 현실에 대한 묘사가 실제 현실이 되는 것이다. 이러한 문구와 단어는 단순히 각 유형이 갖고 있는 근본적인 제한적 신념의 표현일 뿐이다. 따라서 말하는 방식을 바꾸는 것은 우리의 참조 틀을 확장하는 데 도움이 될 수 있으며 일상 생활의 상황을 더 많은 각도에서 볼 수 있게 해준다.

코칭을 받는 사람은 자신의 성격 메커니즘이 자신의 언어를 가로채는 순간, 그것이 발생하는 순간을 인식할 수 있는 능력을 개발하는 것이 중요하다. 정체 지대에 있는 7번 유형의 경우, 이는 스스로를 **업**상태로 유지하려는 욕구를 반영하는 말하는 방식으로도 나타날 수 있다.

7번 유형을 위한 연습 : 말하는 방식을 유연하게 하기

- **재미있다, 즐긴다, 지루하다, 느리다, 흥미롭다**와 같은 단어의 사용에 주의하라. 얼마나 자주 사용하는가?

- 대화 주제와 형식에 주의를 기울여본다. 우리는 내가 특히 관심을 갖고 있는 것에 대해 얼마나 많은 시간을 이야기해 왔는가? 대화 중에 호흡에 주의를 기울여본다. 나는 상대방의 말을 진심으로 듣고 있는가? 나는 얼마나 자주 상대방의 말을 방해했는가? 내가 너무 말을 많이 하는 걸까? 너무 빠른가? 문장 중간에 **괄호 안의 설명**을 몇 개나 삽입했는가? 메시지가

전달되려면 그 모든 정보를 전달해야 했는가? 과장을 피하면서 보다 짧고 정확한 의사소통을 하려면 5번 화살표를 사용하라. 내 손짓이 내 메시지에 너무 많은 **맛**을 더하고 있는가? 모든 대화에서 즐겁게 지내도록 의무화하면 나중에는 지치게 된다는 점을 기억하라. 주제에 주의를 기울여라. 나는 무의식적으로 내면의 감정과 생각에 대해 말하는 것을 피하고 있는가? 나는 나의 가장 깊은 두려움에 대해 이야기하는 것을 피하고 있는가?

융 선호도를 활용하여 작업 : 덜 우세한 특성을 통합하기

7번 유형을 지도할 때 융 선호도에 주의를 기울이는 것이 매우 중요하다. 코칭을 받는 사람이 MBTI 프로필을 작성한 경우 4글자 유형을 물어보고 융 선호도가 코칭을 받는 사람의 에니어그램 유형과 어떻게 조화를 이룰 수 있는지 토론한다. 또한 고객이 융 선호도의 정체 영역에 갇혀 있을 때, 우리는 이 책 전반에 걸쳐 설명된 것과 동일한 패턴 멈춤 기술을 사용하여 이들이 벗어나 성장하도록 도울 수 있다. 융에 대한 설명은 이 책의 1부를 참조하면 된다.

7번 유형을 코칭할 때 융 선호도를 사용하는 몇 가지 예는 다음과 같다.

- MBTI 내향성의 전체 차원은 7번 유형의 일부 발달 목표를 매우 잘 보여준다. 이 각도에서 세상을 보고 인식하는 법을 배우는 것의 중요성을 언급한다. 보다 성찰적이고 내면 지향적인 법을 배우는 것, 즉시 외향적인 생각을 하는 대신 생각을 내면으로 받아들이고 처리하는 능력을 개발한다. 사람들과 공간과 경계를 만드는 것, 상황을 바라보는 사려 깊은 방법을 개발한다. 철저하게 생각하는 데 시간을 들이는 것. 이 작업은 5번 유형에 강력하고 효과적인 화살이 있을 때 더 쉽다.

- 7번 유형의 일부 개발 목표에 매우 유용한 또 다른 차원은 판단이다. 정체 영역에서는 작은 구조로 인해 7번 유형이 갇혀 있고 질식하는 느낌을 받을 수 있다. 따라서 여기서도 이러한 경향을 조정하고 이 각도에서 세상을 보는 법을 배우는 것의 중요성을 언급한다. 즉, 처리 과정뿐만 아니라 종결에서도 기쁨을 찾는 능력을 개발하는 것이다. 다른 일로 넘어가기 전에 프로젝트를 끝까지 따라가라. 일정을 계획하고 약속하기 위해 시간을 지키고 상대방의 시간을 존중한다. 구조를 만들고 유지하기 위해 환경(그리고 마음)을 정리하는 것이다.

7번 유형을 위한 세션 간 연습 : **자기 관찰**

한 주 동안, 당신의 성격 유형의 특히 도움이 되지 않는 패턴을 적극적으로 관찰해본다. 실시간으로 패턴을 인식하게 될 때, 한 사이클의 자발적인 호흡 명상을 시작한다. 이 책의 2부에서 설명된 절차를 따라 패턴을 관찰하고 그것을 늦추는 연습을 해보는 것이 좋다. 다음 세션에서 코치와 통찰을 공유한다.

8번 유형

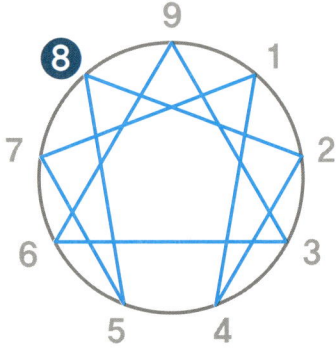

　나는 인생에서 성공하려면 강해야 하고, 스스로를 지킬 줄 알아야 한다고 생각합니다. 약해 보이면 누구든지 나를 함부로 대할 수 있다고 느낍니다. 세상은 쉽지 않은 곳입니다. 불공정과 거짓이 어디에나 넘쳐납니다. 겉으로는 예의 바르고 말이 좋은 사람들도 결국은 본질적으로는 불공정한 경우가 많다고 생각합니다. 진실은 왜곡되고 조작되기 쉽습니다. 나는 직설적으로, 핵심만 말하는 사람이 좋습니다. 자신의 패를 솔직하게 펼쳐놓을 줄 아는 사람이 좋습니다.(나는 내가 누구와 거래하는지 확실히 알

고 싶습니다). 독립은 매우 중요하다고 생각합니다. 다른 사람에게 의존해서는 안 됩니다. 스스로 성장하고, 자신의 삶을 책임질 줄 알아야 합니다(마이크, 8번 유형).

8번 유형에 대한 설명

8번 유형은 강인하고 직설적이며, 권력 지향적인 사람들로 타고난 리더이다.

최상의 상태일 때 이들은 주도권을 잡고 일을 실현하려는 끊임없는 욕구를 가지고 있다. 이들은 정면으로 도전에 직면하고 확고한 태도로 어려움에 직면한다. 이들은 강하고, 결단력 있고, 근면하고, 기업가적이며, 끈기 있고 집요하다. 이들의 현실 감각은 뛰어나며, 실용적이고 직관력이 뛰어난 사람들이다. 이들은 독립성과 자립심이 매우 강하며 항상 추종자가 되기보다는 선두에 서는 것을 선호한다. 이들은 매우 강한 의지를 가지고 있으며, 자신의 비전을 추구함에 있어 사회적 관습이나 다른 사람의 의견에 휘둘리지 않는다. 이들은 정직하고 직접적이며, 다른 사람의 기대에 맞추지 않고, 다른 사람의 비판을 받아도 쉽게 흔들리거나 생각을 바꾸지 않는다.

이들은 카리스마 넘치는 리더로 많은 사람들이 이들을 신뢰하며 따른다. 이들은 조용하면서도 강한 존재감을 가지고 있으며, 때로는 말없이 있어도 강렬한 인상을 남긴다. 역설적이게도 이들이 힘을 사용할 수 있었음에도 불구하고 힘을 덜 사용하는 것을 보여줄수록 다른 사람들은 그 힘을 더 강하게 인식한다.

비록 이들은 겉으로 강하고 단단한 바위처럼 보일 수 있지만, 이들 역시 깊은 감정을 지닌다. 이들은 자신의 가진 힘을 약한 사람들을 돕고 보호하는 데 사용하며, 정의와 진실을 추구한다. 이들의 신뢰를 얻은 사람들은 이들 곁에서 강한 보호를 받고 있음을 느낀다.

정체 영역에 있을 때 이들은 삶을 전투로 인식하기 시작한다. 이로 인해 이들은 무의식적으로 권력과 통제 문제에 관심을 집중하게 된다. 이들의 이러한 초점은 삶을 대하는 방식 전반을 결정짓는다.

첫째, 이들은 자신을 단련해야 하며 동시에 이용당하지 않으려면 자신의 취약점을 숨겨야 한다고 믿는다. 이들은 약한 사람으로 인식되는 것을 피하기 위해 타협하지도 않고 자신의 결정에서 물러서지도 않는다. 이는 "내 방식대로 하지 않으면 필요없다."라는 태도를 갖게 된다. 이들은 두려움과 존경을 동시에 받기를 원한다. 이들은 책임감 있는 사고방식을 채택하고 적으로 인식하는 사람들에게 복수하려는 태도를 보일 수 있다. 동시에 이들은 단순히 강한 사람이 아니라 자신의 입장을 지키는 강한 상대만을 존중한다.

둘째, 이들은 "환경이 자신을 통제하기 전에" 환경을 지배하고 통제해야 한다는 강박감을 느낄 수 있다. 이들은 삶의 모든 영역에 질서와 구조를 부여하려고 노력한다.

셋째, 이들의 의사소통은 직접적이고 직설적이며 종종 무뚝뚝하고, 갑작스럽고, 대립적이고, 공격적이며 **얼굴에 대고** 하는 경우가 많다. 이들은 날카로운 반사회적 태도를 가질 수도 있다. 분노와 분노의 직접적인 표현은 스트레스를 받는 8번 유형의 특징이다. 부정하고 괴롭히는 태도도 나타날 수 있다.

넷째, **모 아니면 도 사고방식** 권력 문제와 관련하여 존경받거나 무시받거나, 강하거나 약하거나, 독립적이거나 의존적이거나라는 이분법적 사고를 하게 된다.

위의 네 가지로 인해, 8번 유형은 독립성과 강인함을 더욱 추구하는 과정에서 종종 너무 큰 대가를 치른다. 이들의 개인적, 직업적 관계에서 갈등이 증가하고, 관계가 악화될 가능성이 크다. 몸에 지나친 부담이 가해지면 극도의 긴장감과 분노, 피로, 탈진 상태에 이르게 된다.

8번 유형의 코칭 프로토콜

1. 세션의 분위기 조성하기

고객과 코칭 세션을 시작하기 전에 자신을 점검한다.

▷ **세션에 수용적인 태도로 임하기**

다음 질문을 스스로에게 물어본다.

- 나는 지금 비판적이지 않은 상대인가?
- 내 특정 성격 유형이 8번 유형에 대해 거부감을 가지고 있는가?

▷ **다양한 방식으로 경청하기**

모든 코칭 세션 동안 모든 지능의 중심에너지(사고, 가슴, 본능)를 사용하는 것이 매우 중요하다. 세 가지 중심을 모두 활용하여 적극적으로 듣는 것에 주의해야 한다.

▷ **사고 중심에너지로 경청하기**

- 말하는 패턴과 언어 사용에 주목한다.

- 신체 언어와 자세를 분석한다.

- 반복되는 행동 패턴을 파악하고 어떻게 끊을 수 있을지 생각해 본다.

▷ **가슴 중심에너지로 경청하기**

- 공감한다.

- 고객을 **유형**이 아닌 인간 자체로 바라본다.

- 겉으로 드러나는 모습 이면을 본다.

- 어떠한 저항이 있더라도 연결을 시도한다(당신의 역할은 고객의 성장하도록 돕는 것이다).

▷ **본능 중심에너지로 경청하기**

- 고객은 세션에 어떤 종류의 에너지를 가져오고 있는가?

- 고객이 말하는 내용과 그 말에 담긴 에너지가 일치하는가?

- 이 코칭 과정의 최근 발전에 대해 당신의 직관이 무엇을 말해 주는가?

- "사람들이 말하는 것을 듣되, 이들이 실제로 하는 행동에 주

목하라(Madanes, 1995)."

2. 도전 과제 정의하기

고객이 원하는 것이 무엇인지, 코칭을 받는 목적이 무엇인지 명료화한다.

8번 유형의 일반적인 도전 과제는 다음과 같다.

- 반응적이지 않도록 자신을 통제하고, 의사소통을 필터링하는 법을 배운다.
- 프로젝트를 추진하기 위해 더 인내심을 가지고, 다른 사람의 의견을 듣는 법을 배운다.
- 분노를 건강하게 처리하는 법을 배운다.
- 관계를 유지하기 위해 협상하고, 필요 시 물러서는 법을 배운다.
- 지나친 생활 방식을 피하고, 건강에 해를 끼치지 않도록 휴식하는 법을 배운다.

3. 고객의 세계관과 정체성 영역 이해하기

다음 질문을 스스로에게 해본다.

고객은 왜 그렇게 행동하는가? 고객의 행동을 형성하는 것은 무엇인가? 고객의 내면 이야기는 무엇인가? 고객은 어떤 필터를 통해 세상을 바라보고 인식하는가? 고객에게서 유형의 고정관념이 어느 정도 활성화되고 작용하는가?

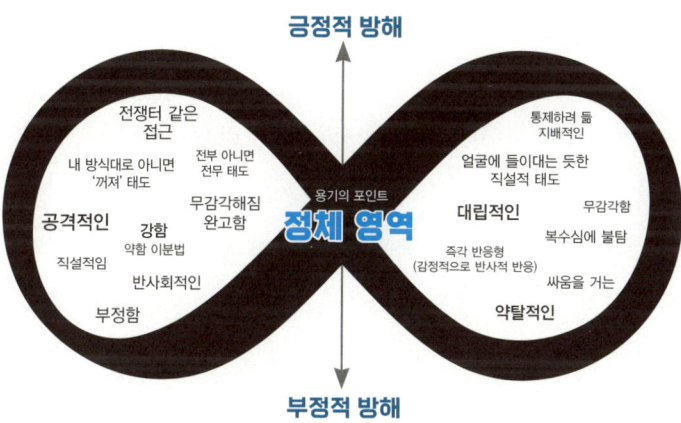

그림 3-8. 8번 유형의 정체 영역과 탈출 전략

8번 유형이 의식이 부족하거나 스트레스를 받을 때, 삶을 당신이 살아남거나 파괴되는 전투로 인식함으로써 이들의 주의는 탈선된다. 이 상태에서 이들의 관심은 무의식적으로 권력과 통제의 문제로 옮겨진다.

4. 여섯 가지 인간의 욕구에 대한 자각 일으키기

인간 욕구 심리학에 따르면, 우리는 확실성, 다양성, 사랑/연결, 중요성, 성장, 기여 등 모두 여섯 가지 기본적인 인간 요구를 가지고 있다(Madanes, 2009). 이 욕구들은 단순한 바램이 아니라 우리의 행동을 움직이는 진정한 동기이다.

8번 유형 연습 : 인간의 여섯 가지 욕구 탐색하기

정체 영역을 살펴보고 거기에 설명된 전체 행동 범위 중에서 가장 빈번한 행동을 선택하라. "이러한 행동을 통해 충족시키려는 인간의 욕구는 무엇인가?" 자신이 특정 행동을 하는 이유가 어떤 욕구에서 비롯되었는지 탐색한다.

각 욕구를 0점에서 10점까지 평가해 보기

▷ **확실성** : 이러한 행동을 하면 확신이 생기는가? 당신에게 안정감을 주는가? 이러한 행동 외에도 보다 긍정적인 방법으로 확실성을 얻는 방법을 알고 있는가?

▷ **다양성** : 이러한 행동에 참여하면 다양성을 느낄 수 있는가? 이러한 행동 외에도 보다 긍정적인 방법으로 다양성을 얻는 방법을 알고 있는가?

▷ **사랑/연결** : 이러한 행동을 하면 다른 사람과 연결되어 있다는 느낌이 드는가? 사랑의 감정을 경험하는가? 이러한 행동 외에도 보다 긍정적인 방법으로 사랑/연결을 얻는 방법을 알고 있는가?

▷ **중요성** : 이러한 행동을 하면 자신이 중요하다고 느끼는가? 이러한 행동 외에도 보다 긍정적인 방법으로 의미를 얻는 방법을 알고 있는가?

▷ **성장** : 이러한 행동에 참여하는 것이 당신에게 발전감을 주고, 당신이 성장하고 있다는 느낌을 주는가? 이러한 행동 외에도 보다 긍정적인 방법으로 성장하는 방법을 알고 있는가?

▷ **기여** : 이 행동을 통해 자신의 필요를 넘어서 다른 사람에게 기여한다고 느끼는가? 이러한 행동을 제외하고도 보다 긍정적인 방식으로 기여를 얻는 방법을 알고 있는가?

▷ **코칭 사례 연구** : 우리의 고객 중 한 명인 8번 유형인 조지George

를 예로 들어 보겠다. 그는 경제적으로 매우 어려운 시기를 겪은 가족 출신이다. 그는 아버지가 빚을 지고 사업이 무너지는 것을 보았다. 현재 조지는 빠르게 성장하고 있는 소규모 사업체를 소유하고 있다. 그는 중요성에 대한 강한 욕구를 충족시키기 위해 대부분의 시간을 사업에 바친다. 그는 끊임없는 피로감과 사업에 대한 거의 전적인 헌신으로 인해 가족과의 위기로 인해 코칭 받으러 왔다. 그가 사업을 통해 충족시키려는 또 다른 욕구는 확실성에 대한 욕구이다. 그가 직원들을 신뢰하는 것은 어려운 일이며, 수년 동안 그는 충분한 권한을 위임할 수 없었기 때문에 지나치게 경계하고 결과적으로 스트레스를 받았다. 그는 누구도 믿지 않음으로써 자신에게 확신을 주었다. 조지가 이러한 강력한 요구 사항과 자신이 부정적인 방식으로 이를 충족시키고 있다는 사실을 확인했을 때 획기적인 발전이 이루어졌다. 자신의 요구 사항을 충족할 수 있는 긍정적이고 대안적인 방법을 찾기 위해 조지는 먼저 2번 유형에 대한 강한 연결과 자신의 지역 사회에 기여해야 하는 항상 존재하는 필요성을 재발견했다. 그는 지역 사회 문제에 더 많이 관여하게 되었고 지역 사회의 종교 기관 중 한 곳에서 명예직을 수락했다. 기관의 행정부는 그의 리더십 능력으로 인해 큰 도움이 될 수 있다고 믿었기 때문에 오랫동안 그에게 그 직책을 수락하도록 요청해 왔다. 이것은 조지에게 의미의 주요 원천이 되었으며, 의미는 그의 사업뿐만 아니라 다른 수단을 통해서도 얻을 수 있다는 인식의 문을 열었다. 그 결과 그는 여전히 사업에 많은 시간을 할애하고 가족과 더 많이 함께할 수 있는 방법을 찾고 있음에도 불구하고 더욱 균형 잡힌 삶을 누릴 수 있게 되었다. 그는 아내에게 출장을 많이 갈 때 함께 가자고 요청하면서 시작했다. 그는 또한 아들에게 사업의 한 부서를 물려달라고 요청했다. 그는 점차 그와 다른 충성스러운 직원들을 신뢰하기 시작했다. 이는 그가 확실성에 대한 욕구를 긍정적인 방식으로 충족하는 데 도움이 되었고, 보다 편안하고 중심에너지적인 삶을 향한 통합의 길이 되었다.

고려해야 할 한 가지 중요한 점은 성장과 기여의 요구에 특별한 주의를 기울이는 것이다. 코칭을 받는 사람은 이러한 요구를 건강한 방식으로 충족하는가, 아니면 파괴적인 방식으로 충족하는가? 우리의 성격이 통합되면서 성장과 기여의 욕구가 높은 점수를 받기 시작하고 긍정적이고 건강한 방식으로 충족되기 시작한다. 그 이유는 우리가 정체 영역에서 벗어날 때 새롭고 의식적이며 선택된 반응에 따라 행동하기 때문이다. 이를 통해 우리는 오래된 습관을 극복하고 성장할 수 있다. 이러한 통합은 결국 다른 사람들에게 더 큰 기여를 가져올 것이다. 대조적으로, 우리가 인식하지 못한 채 계속해서 행동한다면, 우리의 오래된 반응 패턴에 따라 우리는 스스로를 무력화시키고 자존심이 우리의 삶을 관리하도록 놔두게 된다. 이것은 항상 우리 자신과 다른 사람들에게 고통을 안겨준다.

5. 레버리지 확보하기

다음 단계는 해당 유형의 도움이 되지 않는 패턴이 고객에게 초래하는 대가와 고통을 자각하도록 돕는 것이다.

8번 유형을 위한 연습 : 패턴이 초래하는 대가 인식하기

- 관계 측면에서, 당신이 둔감하고, 복수심이 있으며, 통제적일 때 얼마나 많은 대가를 치르고 있는가?
- 대부분의 시간 동안 반응하고 화를 내는 데 건강상의 비용이 얼마나 드는가?
- 직업적 경력 측면에서, 전쟁터와 같은 태도(직설적이고 반사회적이며, 끊임없이 대립적인 태도)를 가질 때 얼마나 많은 손해가 발생하는가?
- 개인적 성취와 행복감 측면에서, 자신의 취약점을 연결하지 못할 때 얼마나 많은 비용이 발생하는가?

6. 패턴 멈춤: 주의력을 키우기 위한 연습

8번 유형을 위한 시각화

시각화는 일반적인 코칭과 특히 성격 유형 코칭을 수행할 때 훌륭한 도구이다. 다음은 8번 유형에 대한 포괄적인 시각화/명상 스크립트이다. 이는 유형의 강점과 약점을 활용하는 작업, 공정한 관찰자를 통한 주의력 훈련, 의식적인 호흡 훈련, 수용 및 이완을 포함한다. 단일 코칭 세션에서 모든 기능을 사용할 필요는 없다. 다음 섹션 중 하나 이상을 선택하여 이러한 시각화를 모듈식으로 사용할 수 있다.

8번 유형의 스크립트 : 시각화 / 명상

▷ **이완**

먼저 편안한 자세로 앉는다. 척추는 자연스럽게 곧게 세우고, 팔은 느슨하게 풀어둔다. 손바닥을 위나 아래로 하여 가볍게 무릎 위에 올려 놓는다. 몸 전체를 이완시키기 위해 깊게 숨을 한 번 들이마셔 본다. 숨을 들이마시고, 내쉬고, 이제 천천히 눈을 감고, 다시 한 번 깊게 숨을 들이마시면서 중심에너지를 잡고 집중한다. 숨을 들이마시고, 내쉰다.

▷ **공정한 관찰자 훈련**

공정한 관찰자에 대한 인식을 의식하는 것으로 시작해보겠다. 공정한 관찰자는 당신의 행동을 객관적으로 외부에서 관찰하는 친구라고 생각해보자. 이는 당신이 현명한 결정을 내리도록 도와주며, 무의식적인 상태에서 벗어나도록 도와준다. 공정한 관찰자는 본능(신체감각), 사고(생각, 계획, 미래, 과거, 이미지, 아이디어, 상상력), 감정(감각)의 세 가지 중심에너지에서 일어나는 활동에 민감하게 반응하도록 마음을 훈련함으로써 그렇게 할 수 있다. 영혼과의 연결을 상징적으로 나타내는 우리의 호흡은 우리가 중심에너지를 유지하고, 한 중심에너지에서 다른 중심에너지로 관심을 옮길 수 있게 해준다. 또한 이는 비판적이지 않은 상태를 유지하게 하며 감사, 연민, 수용의 자질을 이 연습에 적용할 수 있게 해준다. 마음이 방황할 때마다 그 순간을 이용해 감사, 연민, 수용의 자질을 적용할 수 있게 해준다. 이러한 순간은 우리의 관심을 다시 바꾸는 방법을 배울 수 있는 귀중한 기회를 제공한다.

먼저 주의를 본능 중심에너지로 부드럽게 천천히 옮긴다. 깊게 숨을 들이마시고, 공기가 몸 안팎으로 흐르는 정도를 따라간다. 천천히 진행한다. 다시 숨을 들이마시고, 이번에는 숨을 내쉬는 시간을 조금 더 길게 가져본다. 공기가 몸 안팎으로 흐르는 경로에 전적으로 집중하며 시작부터 끝까지 주의를 기울인다. 이제 몸의 감각을 느끼기 시작한다. 발이 바닥에 닿는 접촉점을 느껴본다. 지금 그곳에 어떤 감각이 있는가? 주의를 등으로 옮겨서, 의자가 주는 지지를 느껴본다. 그 감각을 잠시 음미한다. 이제 손으로 주의를 옮기고, 손과 무릎이 닿는 접촉점을 느껴본다.

이제 두 손을 가슴 위에 포개어 올리고, 감정 중심에너지로 주의를 옮겨본다. 지금 이 순간 어떤 감정이 느껴지고 있는가?

이제 주의를 사고 중심에너지로 옮겨본다. 당신의 감정에 대해 어떤 마음속 이야기가 들려 오는가? 당신의 마음은 이 감정에 대해 뭐라고 말하고 있는가? 이 명상 전체에 대해 뭐라고 말하고 있는가? 떠오르는 마음속 이야기를 고요히 생각해 본다. 숨을 들이마시고, 내쉬고, 사고 중심에너지에 머물면서, 이제 당신의 기억으로 주의를 옮겨본다. 흑백 TV에서 과거의 역사가 방송되고 있는 모습을 상상해 보며, TV 속에 있는 당신을 본다. 인생의 각 단계를 화면에서 느린 동작으로 보고 있다. 그 모습을 실제로 보게 되면 고개를 끄덕여본다. 숨을 들이마시고, 내쉬고, 사고 중심에너지에 머무르면서, 이제 미래에 대한 생각으로 주의를 옮긴다. 아래의 질문들에 차분하게 반응해 본다. 각 질문 사이에 잠시 멈춰 생각할 시간을 가진다. 당신은 미래가 어떻게 되기를 원하는가? 미래의 자신은 어떤 모습인가? 어떤 계획을 가지고 있는가?

▷ **시각화**

계속해서 사고 중심에너지에 있으면서, 이제 상상력으로 주의를 옮겨본다. 해변, 바닷가, 약간 젖은 모래 위에 있는 자신을 상상해 본다. 바닷가의 공기를 들이마셔 본다. 숨을 들이마시고, 내쉬고, 바람을 느껴본다. 파도 소리를 들어본다. 발 밑으로 모래의 감촉을 느껴본다. 손가락으로 수평으로 누운 8자 모양(마음의 무한루프)를 천천히, 아주 천천히 젖은 모래 위에 그려 본다. 손가락과 모래 사이의 접촉을 느껴본다.

▷ **정체 영역과 그 비용의 시각화**

이제 당신의 모든 문제와 도전 과제들을 그 모래 위에 그려진 **마음의 무한루프** 안에 하나씩 넣는 장면을 상상해 본다.

모든 것과 모든 사람에 대한 통제권을 부여하려는 나의 모든 지속적인 시도와 취약 해 보이는 것에 대한 두려움. 튼튼한 갑옷을 유지하기 위한 나의 모든 노예, 그리고 방심하지 못한 데서 오는 피로와 탈진. 내 가장 깊은 감정을 끊임없이 숨기는 것. 모든 분노를 마음속에 간직하고, 책임을 지는 마음을 끊임없이 갖고, 복수를 추구한다. 누구도 믿을 수 없다는 마음의 두려움. 모든 긴장. 모든 고통.

긴장과 분노를 느껴본다. 모래 위 **마음의 무한루프** 안에 있는 모든 문제들을 바라보면서 몸 전체에서 그것이 어떻게 느껴지는지 느껴본다. 온몸의 긴장을 느껴보라. 잠시 그 자리에 머물러 본다.

이 모래 위 **마음의 무한루프**는 우리의 정체 영역을 상징한다. 이것은 우리가 부정적인 초점과 부정적인 감정에 갇혀 있는 곳이다.

▷ '인간이다'라는 깨달음

모든 인간에게는 그 사람을 인간 답게 만드는 문제들을 가지고 있다. 그것은 개인적이며, 맞춤형으로 주어진 삶의 도전들이다. 자신의 개인적인 도전들을 판단없이 지켜본다. 만약 당신의 마음이 어떤 논평을 덧붙이더라고 괜찮다. 걱정하지 말고 이 연습을 **제대로** 하려고 애쓰지 않아도 된다. 만약 판단이 생긴다면, 그 판단을 그냥 지켜보면 된다. 그 대사를 들어본다. 그것이 생겨나는 모습을, 당신 바깥에서 벌어지는 일처럼 지켜 보면 된다.

자신의 경험에 대해 판단을 갖는 것은 인간적인 일이다. 괜찮다. 이제 주의를 당신의 마음에 집중한다. 방금 머릿속에서 들었던 판단과 내적인 의견을 감정 속으로 가져와서 그곳, 즉 감정에 담아본다. 감정의 에너지를 사용하여 그것들을 부드럽게 하고 온몸이 연민으로 채워지는 것을 느껴본다. 깊게 숨을 들이 마시고 가슴의 에너지가 온몸으로 퍼지는 것을 느껴본다. 수용을 느낀다.

인생이 왜 당신에게 도전 과제를 주는 걸까? 인생은 당신이 그것을 극복함으로써, 다음 단계의 충만함과 생동감을 누릴 수 있도록 도전들을 준다. 그것은 성장할 수 있는 소중한 기회다. 단지 다시 활성화되기를 기다리고 있는 당신이 이미 가진 힘을 발견할 수 있는 소중한 기회다. 이 힘은 당신이 도전 과제를 극복하도록 도와주고, 정체 영역에서 성장으로 나아가도록 도와줄 것이다.

당신 안에는 절대 포기하지 않으려는 부분이 있다. 인생을 온전히 살고자 하는 목소리이다. 그것은 당신의 영혼의 목소리이며, 자아와 성격의 목소리에 맞서 싸워 당신을 최고의 자신으로 만들고자 하는 목소리이다. 당신은 이미 그 자리에 있었고, 그것이 지금 이 순간까지 당신을 이끌어 왔다. 당신이 여기에서 스스로를 극복하고 더 나은 사람이 되려고 애쓰는 순간이다. 무의식적인 생각에 휘둘리지 않고, 당신의 성격과 자동적인 생각들에 굴복하지 않고 일어서 있다. 그것이 진짜 당신이며, 당신의 영혼의 힘이다.

이 지점에서 당신의 주의는 자동적으로 **생각에 대한 생각**을 만들어내는 쪽으로 향할지도 모른다. 괜찮다. 그저 의식적으로 계속 숨을 쉬고, 공기가 몸 안으로 들어오고 나가는 길을 따라가면서, 공정한 관찰자가 당신의 마음의 활동을 판단없이 지켜보게 하면 된다.

▷ 강점, 잠재력, 그리고 개인적 힘에 대한 시각화

이제 당신 안에 포기하지 않으려는 그 부분으로 주의를 옮긴다. 모래 위에 그려진 **마음의 무한루프** 도형을 떠올려 본다. 그 **마음의 무한루프**의 중심에너지부, 즉 오른쪽과 왼쪽이 교차하는 지점에 한 점이 있다. 이 지점을 '용기의 지점(Point of Courage)'이라고 부른다. 이제 그 지점에서 위로 화살표를 그린다고 상상해 본다. **마음의 무한루프**로부터 나가는 출구이다. 정체 영역에서 벗어나는 출구이다.

이 화살표는 **마음의 무한루프** 밖에 존재하는 것을 향한다. 이 화살표는 당신의 강점과 잠재력을 가리킨다. 당신이 언제든지 접속할 수 있는 미래를 가리킨다.

이제 **마음의 무한루프** 밖에 무엇이 있는지 살펴 본다.

과거에 당신이 다른 사람을 위해 무엇을 했는지에 관계없이 무조건적인 사랑을 느꼈던 순간을 떠올려 본다. 인생의 어떤 영역에서든 가져오라. 혼자일 수도 있고, 친구와 함께, 친구 그룹, 가족과 함께 있을 수도 있다. 개인 생활이나 직업 생활에서. 과거로 가서 그 순간을 다시 가져온다. 그것은 특별한 순간일 수도 있고 단순한 순간일 수도 있다. 느껴본다. 그 순간의 이완을 온몸으로 느껴본다.

당신이 차분하게 강력했던 그 순간을 기억에서 찾아보라. 관용. 삶을 생존으로 인식하던 것을 놓아버린 그 순간의 이완을 느껴보라. 모든 것이 조화롭게 흘러갔고, 당신이 아무것도 하지 않아도 모든 것이 실제로 잘 작동하고 잘 진행되었다. 심호흡을 하고 그 순간을 느껴보라.

마음의 무한루프 밖에 또 무엇이 있는지 살펴본다.

이제 저는 당신이 새로운 미래를 상상해 보기를 바란다. 당신이 생산적이지만 고요한 미래. 당신이 끊임없이 중요한 것을 만들고 다른 사람들을 선하고 건설적인 대의로 이끌고 관용과 연민으로 그렇게 하는 미래. 덜 긍정적인 측면을 포함해서 자신을 인간으로 받아들이는 것이다. 당신은 당신의 마음과 접촉하고 있다. 두 손을 서로 포개어 마음에 얹어 보라. 당신의 심장 박동을 느껴보라. 당신의 인간성을 느껴보라. 당신은 인간이기 때문에 취약성을 갖고 감지하는 것이 허용된다. 그렇다고 해서 덜 안전해지는 것은 아니다. 그것은 단지 당신을 더 인간적으로 만들 뿐이다. 당신의 마음은 분노를 해소하므로 건강한 생산성을 위해 많은 에너지가 해방된다. 느껴보라. 다른 사람들처럼 취약점을 갖는 것을 두려워하지 않기 때문에 이를 인정하고 배울 수 있다. 이는 당신의 진정한 꿈 중 하나, 즉 진정으로 강한 사람이 되는 것을 성취하는 데 도움이 된다.

미래에서 그 순간을 가져와 현재 순간에 몸으로 느껴보라. 마음으로, 생각으로 느껴보라. 마음과 마음, 몸이 함께 일하는 힘을 느껴보고 무엇을 성취할 수 있는지 확인하라. 그리고 가장 중요한 것은 지금 당신 안에 있는 모든 것이 어떻게 당신이 항상 원했던 좋은 사람인지를 확인하는 것이다.

모래 위 그림, **마음의 무한루프**와 용기의 지점, 그리고 당신 안에 있는 모든 잠재력을 바라보며 천천히 명상을 마무리한다.

▷ **시각화 종료**

나는 당신의 용기, 여기에 있어 한 사람으로서 성장하려고 노력하고, 자신을 극복하려고 노력하고, 포기하지 않고 노력한 것에 대해 감사한다. 당신이 이 훈련을 한다는 단순한 사실은 당신의 내면의 힘과 포기하지 않는다는 증거이다. 또한 포기하지 않은 용기를 인정해 주길 바란다. 그리고 인생이 가져다주는 도전과 매일 주어지는 많은 기회에 대해 삶에 감사하기를 바란다. 이를 통해 당신은 자신의 강점을 접하고, 성장하고, 세상에 공헌하고, 인류에게 베풀 수 있다. 당신 주변의 세상은 당신의 진정한 자아의 선물이다.

7. 재패턴화 : 필터 유연화 및 통합을 위한 연습

흑백 사고

흑백 사고는 일반적으로 정체 지대에서 8번 유형 사고를 지배할 수 있는 인지 왜곡 필터이다. 이 필터는 8번 유형을 이분법적으로 생각하게 만든다. 이 필터는 1번 유형에서도 사용되지만 여기서 8번 유형은 힘과 힘에 관한 이분법을 많이 강조한다. 당신은 강하거나 약하거나, 통제하거나 통제되거나, 착취하거나 착취당하거나, 용감하거나 비겁하다.

"너는 내 친구이거나 적이다." 8번 유형의 경직성과 고통의 대부분은 이 메커니즘으로 인해 발생한다. 이러한 무의식적 경향을 극복하기 위해 8번 유형은 7번 날개를 사용하여 매우 기능적인 7번 유형의 자질, 즉 색상과 회색 음영으로 생각하는 능력을 통합할 수 있다. 절대적인 것보다 백분율, **정도**로 더 많이 생각할 수 있는 능력이다.

8번 유형 연습 : 흑백 필터 유연화하기

- 당신이 언급한 두 가지 외에 어떤 다른 가능성이 있다고 보는가?
- 중간에 선택지가 있는가?

- 사람은 때때로 실패할 수 있다. 용서는 이러한 인간의 실수를 보완하기 위해 존재하는 메커니즘이다. 자신의 반응성을 점검하라. **내게 불충실한 행동**을 인식할 때, 너무 빠르게 결론을 내리고 있지 않는가? 5번 유형과의 연결을 사용하여 기준과 객관성을 가져오라. 0%에서 100% 사이에서, 이 사람이 얼마나 **불충실**하게 되었는지 평가해본다.

긴장을 푸는 법을 배우기

반응을 하는 8번 유형은 일을 통제하려는 과도한 욕구로 자신을 압도하는 경향이 있다. 잠시라도 통제를 하지 않으면 두려움을 느낄 수 있다. 오랜 기간 동안 너무 무리하게 자신을 몰아붙인 후 코칭을 받으러 온 8번 유형이 종종 번아웃 상태에 빠져 있는 경우를 볼 수 있다. 8번 유형에게 부족한 능력 중 하나는 긴장을 풀고 쉬는 법을 아는 능력이다. 이는 이들의 7번 날개와 9번 날개를 사용하여 얻을 수 있다.

8번 유형을 위한 연습 : 긴장을 푸는 법을 배우기

자신에게 물어본다. 이번 주에 어떻게 잠시 멈추고 '장미의 향기를 맡을 수' 있을까요? 어떻게 내 실수에 대해 웃을 수 있을까? 많은 8번 유형은 자연 속에서 평온함을 찾는다. 자신과 연결되고 긴장된 몸을 진정시키기 위해 자연 속 조용한 곳으로 매주 여행을 떠나는 것을 고려해본다.

마음을 열기

만약 8번 유형이 정착 영역에 너무 오랫동안 머무르면, 전쟁터 같은 사고방식이 이들의 마음을 지배하게 되어, 마음이 굳어지고 자신과의 감정적 연결을 잃을 수 있다. 에니어그램 중심에너지에서 볼 때, 이들은 몸과 사고에서 너무 많은 시간을 보내며, 마음에 머무르는 시간이 부족해진다. 이들의 깊은 감정과 취약점과 연결하는 것은 아마도 8번 유형에게 가장 어려운 도전일 것이다. 따라서 인내심을 가지고 비판하지 않는다. 고객의 속도에 맞춰 자신을 적응시키고, 안전한 공간을 제공하며 적절한 시기에 개입한다.

8번 유형을 위한 연습 : 마음 열기

- 많은 사람들에게 분노는 2차 감정이다. 이들은 다른 취약한 감정을 보호하기 위해 분노를 사용한다. 즉, 자신이 취약해 보일까 걱정하는 감정을 느낄 때마다, 그 감정을 분노로 덮는다. 자신에게 물어보라. 내 분노가 폭발하기 직전에 어떤 감정을 느꼈나? 그 감정을 정확한 단어로 설명하라. 걱정인가? 실망인가? 슬픔인가? 두려움인가? 굴욕감인가?

- 2번 유형처럼 물어본다. 이 사람은 무엇을 느끼고 있는가? 잠시 그곳에 머물러본다. 공감하고 이해한다. 그런 다음 물어본다. 내가 어떻게 도울 수 있을까? 내가 무엇을 줄 수 있을까요 내가 또 무엇을 줄 수 있을까? 당신의 잘 지켜온 마음과 관대함이 겉으로 드러나게 한다.

말하는 방식에 주목하기

언어는 강력한다. 언어는 의미를 전달하는 수단이다. 우리가 필터를 통해 현실을 해석할 때, 우리는 그것에 단어를 붙인다. 따라서 경험에 붙이는 단어를 바꿀 수 있다면, 우리는 감정 상태에 간접적으로 영향을 줄 수 있다. 감정의 많은 부분은 우리의 언어에서 나오기 때문이다. 사람들은 자신이 사용하는 언어 패턴에 스스로 최면에 걸려, 현실을 정확하게 보지 못하는 맹점을 만들어낸다(Robbins와 Madanes, 2005). 동일한 구와 단어로 경험을 설명함으로써, 각 성격 유형은 눈앞의 현실을 보지 못하게 된다.

말 그대로 현실에 대한 설명이 실제 현실이 된다. 이 구와 단어들은 각 유형이 가지고 있는 제한적인 믿음의 표현에 불과한다. 말을 바꾸는 것은 우리의 참조 프레임을 확장하여 일상에서 상황을 여러 각도에서 바라볼 수 있게 해준다.

고객이 자신의 성격 메커니즘이 언어를 장악하는 순간을 인식할 수 있는 능력을 개발하는 것이 중요하다. 정착 영역에 있는 8번 유형에게는 이것이 대화를 통제하려는 시도로 나타난다.

8번 유형을 위한 연습 : 언어적 스타일 유연화하기

- 전쟁, 겁쟁이, 울보, 강함, 힘 등과 같이 강함/약함 이분법을 움직이는 단어 사용에 주의를 기울이고 대신 보다 유연한 표현을 사용한다. 메시지를 더욱 충격적이고 강렬하게 만들기 위해 욕설을 사용하는 것을 피한다.

- 대화 주제와 형식을 주의 깊게 살펴보라. 내가 명령적인 태도를 취하고 있는가? 7번 날개를 사용하여 나와 대화 상대 사이의 균형을 맞춰본다. 저는 다른 사람들의 의견을 고려하고 있는가, 아니면 내 의견만을 고려하고 있는가? 9번 날개를 사용하여 모든 사람의 관점을 적극적으로 경청한다.

- 내가 조급해하고 있는가? 대화 상대에게 '결론을 말하라.'고 서두르게 하고 있는가? 9번 날개를 사용하여 상호작용에 평온함을 가져오게 한다.

- 9번 날개를 사용하여 강력한 말하는 방식에 약간의 외교적 요소를 추가한다. 영어 속담 중에 "정중함은 비용이 들지 않는다."라는 말이 있다. 스페인어 표현인 "Lo cortes no quita lo valiente"는 이를 약간 더 넘어서서, 용기 있게 필요한 일을

하면서도 가능한 정중하게 문제를 처리할 수 있다는 의미이다. 8번 유형의 언어는 때로 너무 거칠고, 너무 직설적이며, 너무 충격적이다. 이것이 이들의 목적에 잘 맞지 않을 때가 있다. 역설적으로, 이들이 직설적이고 공격적인 언어를 사용할 수 있을 때 덜 사용하는 것이, 다른 사람들에게 더 강하게 인식된다. 정착 영역에서 벗어나면 이들은 침묵 속에서도 강력한 존재감을 가질 수 있다.

융 선호도를 활용하여 작업 : 덜 우세한 특성을 통합하기

8번 유형을 코칭할 때, 고객의 융 심리학적 성향에 주의를 기울이는 것이 매우 중요하다. 고객이 MBTI 프로파일을 했다면, 이들의 네 글자 유형을 요청하고 융의 성향이 고객의 에니어그램 유형과 어떻게 상호작용하는지 논의한다. 또한, 고객이 자신의 융 성향에서 하위 단계에 머물러 있을 때, 이 책에서 설명한 패턴 멈춤 기법을 사용하여 이들이 벗어나 성장할 수 있도록 도울 수 있다. 융에 대한 설명은 이 책의 1부를 참조 하면 된다.

8번 유형을 코칭할 때 융 선호도를 사용하는 몇 가지 예

- 8번 유형을 지도할 때 이들이 외향적인지 내향적인지 거의 즉시 알 수 있다. 7번 날개를 가진 8번 유형은 외향적인 경향이

있는 반면, 9번 날개를 가진 8번 유형은 내향적인 경향이 있다. 후자는 더 조용하고 사적이며 스타일이 덜 무뚝뚝한 경향이 있다. 이들은 더 친밀하고 성찰적이어서 세션에서 말하는 내용에 대해 생각할 더 많은 공간과 시간이 필요하다. 이들과 함께 세션은 천천히 진행되므로 너무 많은 이야기나 너무 많은 통찰력으로 세션을 압도하지 않는다.

- 전체 감정 차원은 8번 유형의 일부 개발 목표를 매우 잘 보여준다. 코칭 세션에서 이에 대해 이야기한다. 이러한 각도에서 세상을 보고 인식하는 법을 배우는 것의 중요성을 언급한다. 다른 사람의 개인적인 필요를 인식하는 법을 배우는 것, 다른 사람의 말을 수용하고 공감적으로 듣는 법을 배우라. 의미 있는 개인적, 사회적 가치를 향해 정의를 추구하는 방법을 배운다. 거리를 두는 대신 좀 더 대인적인 방식으로 상호 작용한다. 결정을 내릴 때 다른 사람의 감정과 결정이 이들에게 어떤 영향을 미칠지 고려한다.

- 8번 유형의 일부 개발 목표에 매우 유용한 또 다른 차원은 인식이다. 여기에서도 이 각도에서 세상을 보는 법을 배우는 것의 중요성에 대해 언급한다. 상황에 따라 너무 엄격하고 경직되는 대신 흐름 능력을 개발하고 유연성을 개발하는 것이다. 최종 결과뿐만 아니라 과정 자체에서 즐거움을 찾는 것이다. 자발적이고, 변화에 적응하고, 중요한 결정을 내리기 전에 때

때로 더 많은 정보를 수집해야 할 필요성을 인식하고, 삶의 일부 영역에서 긴장을 풀고 편안함을 느끼며 몇 가지 일을 자신의 통제 하에 두지 않고 흐르게 하는 능력을 개발한다.

8번 유형을 위한 세션 간 연습 : 자기 관찰

한 주 동안, 당신의 성격 유형의 특히 도움이 되지 않는 패턴을 적극적으로 관찰해본다. 실시간으로 패턴을 인식하게 될 때, 한 사이클의 자발적인 호흡 명상을 시작한다. 이 책의 2부에서 설명된 절차를 따라 패턴을 관찰하고 그것을 늦추는 연습을 해보는 것이 좋다. 다음 세션에서 코치와 통찰을 공유한다.

9번 유형

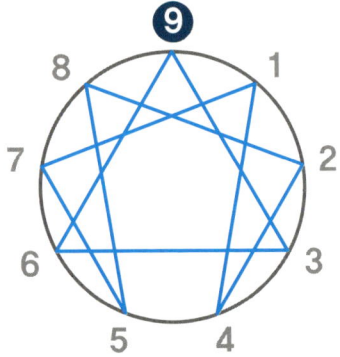

　사람들은 나를 온화하고 함께 지내기 편한 사람이라고 말합니다. 나는 타인을 쉽게 판단하지 않고, 있는 그대로 받아들이는 편입니다. 집에서는 내가 약간 몽상적이고, 멍해 보인다는 말을 듣습니다. 주변 사람들은 늘 나를 더 빠르게 움직이게 하려 합니다. 하지만 나는 누군가 나를 재촉하는 것이 싫습니다. 오히려 더 고집스럽게 천천히 행동하게 됩니다. 나는 보통 나만의 속도, 나만의 리듬으로 일을 하는 것을 좋아합니다. 서두를 필요가 없습니다. 다른 사람들이 긴장할 때 나는 저절로 더 천천히 움직이게 됩

니다. 나는 누군가가 나에게 요청할 때, 적절한 방식으로 말하는 것이 중요하다고 생각합니다. 나는 공격적이거나 사람들 사이에 조화가 깨지는 것을 싫어합니다. 아버지는 나에게 "자신의 입장을 더 확실히 밝혀야 한다."고 말합니다. "너는 속으로는 '아니오'라고 생각하면서도 '예'라고 말하는 경우가 많다."고 하십니다. 어쩌면 맞는 말일 수도 있습니다. 하지만 나는 그냥 다툼이나 갈등이 싫습니다. 나는 대화를 통해 모든 것이 해결될 수 있다고 진심으로 믿습니다. 불필요한 마찰을 일으킬 필요는 없다고 생각합니다(톰, 9번 유형).

9번 유형에 대한 설명

9번 유형은 온화하고, 평화와 조화를 지향하는 성향을 가지고 있는 안정적인 사람들이다.

최상의 상태일 때 이들은 온화하고 수용적이며 적응력이 뛰어나고 유연한다. 이들은 정서적으로 안정되어 있고, 선량하며, 화를 잘 내지 않고, 편안하며, 외교적이다. 감정을 과하게 표현하는 편은 아니지만, 따뜻하고 친절하며, 타인을 지지하고 누구에게나 호감을 주는 사람들이다.

이들은 조용하고 안정적인 성격을 갖고 있으며 내면의 삶과 인간관계 모두에서 조화를 이루고자 하는 강한 욕구를 가지고 있다. 이들은 고요하고 안정적으로 보이며 평소에는 겸손하고 은밀한 모습을 유지하지만 매우 활동적이고 역동적이며 부드럽고 불안하지 않은 스타일로 자신이 설정한 목표를 달성한다. 이들은 현재 순간에 온전히 집중하며, 삶을 적극적으로 살아간다. 이들은 사람들에게 친절하지만 자신의 경계를 지키고 자신의 우선순위, 욕구 및 요구 사항을 존중하는 방법을 알고 있다.

이들은 중재와 갈등 해결의 대가이다. 이들은 갈등의 모든 당사자가 자신의 의견을 듣고 이들의 관점을 이해하게 만드는 데 필요한 기술을 보유하고 있다. 이들은 잘 경청하고 사람들을 있는 그대로 받아들인다. 이들은 다양한 관점을 동시에 이해할 수 있다. 이들은 확고하면서도 편안하고 외교적이며, 다른 사람들을 정중하게 대한다. 이들은 훌륭한 의사소통 능력을 갖추고 있으며 갈등 상황에서 당사자들을 방어적으로 만들지 않으면서 재치 있게 안내하는 방법을 알고 있다. 이들은 매우 창의적이며, 완전한 해결이 불가능할 때 당사자들이 "동의하지 않지만 받아들인다."라는 방식으로 갈등을 최소화하면서도 각자의 입장을 유지하는 방법을 찾는다. 즉, 서로를 존중하는 분위기 속에서 의견 차이를 인정하는 방식을 만들어낼 수 있다. 또는 더 이상의 갈등이 불필요하거나 비효율적임을 인식하게 하여 갈등을 끝낼 수 있게 돕는다.

이들은 영적인 감각을 지니고 있으며, 삶과 하나 되는 깊은 감각을 가지고 있다. 이러한 특성에서 많은 내면적 특징이 나타난다.

첫째, 이들은 삶과 우주에 대한 믿음을 갖고 있으며, 일어나는 모든 일이 그 사람의 유익을 위한 것이라는 믿음을 가지고 있다. 이들은 또한 "당신이 무엇인가를 원하면 온 우주가 당신이 그것을 성취하도록 돕기 위해 협력한다."고 믿는다.

둘째, 어려운 상황에서도 인내심을 갖고 인내하며, 지연되거나 방해받더라도 부정적인 방식으로 행동하지 않고 인내한다. 이들은 긴장 상태에 있을 때, 특히 장기적인 어려움에 직면했을 때 인내심을 나타낸다. 이들의 인내심은 또한 위기 상황에서도 침착하게 대처하며, 불안한 환경 속에서 차분함을 유지할 수 있다.

셋째, 이들은 평정심, 즉 현재 순간에 대한 깊은 인식과 수용을 갖고 있으며, 이를 통해 일상의 사소한 것들에서도 기쁨을 발견할 수 있다.

넷째, 이들은 타인을 성장하도록 돕는 능력이 있다. 이들은 타인을 있는 그대로 받아들이며, 이들이 스스로 성장할 수 있도록 격려하는 능력을 가지고 있다. 또한 자신의 길을 선택할 수 있도록 자유를 주는 태도를 가진다.

이들은 영적인 감각을 지니고 있지만, 현실 감각도 뛰어나며, 상황에 따라 빠르게 직관적으로 행동할 수 있다.

정체 영역에 있을 때 9번 유형은 자신의 내적, 외적 평화를 유지하기 위해 때로는 그 대가가 무엇이든지 간에 평화를 지키려는 강한 욕구를 가지게 된다. 이들의 관심이 평온함을 방해할 가능성이 있는 요소들에만 집중되기 시작한다. 외적 평화를 유지하기 위해 이들은 다른 사람의 요구나 요청에 맞추어 자신의 계획을 조정하게 되고, 그 과정에서 거의 자신을 잃어버리기까지 한다. 이들은 다른 사람을 기쁘게 하려고 **예**라고 말할 때 진정으로는 **아니요**라고 생각할 수 있다. 자신들의 입장을 강하게 밝히지 않으려 하며, 다른 사람들을 불쾌하게 하지 않으려고 노력한다. 겉으로는 친절해 보일 수 있지만, 내면에서는 수동적으로 저항하며, 행동하지 않으려 할 수 있다.

내적 평화를 유지하기 위해 이들은 삶을 변화나 불편함 없이 유지하려고 하고, 자신의 일상을 고수하려고 한다. 이로 인해 수동적이고 소박해질 수 있으며, 건강한 겸손함은 "나는 중요하지 않다."라는 정신으로 변질된다. 이들은 자신을 중요하지 않게 여기고, 세상 속에서 자신이 참여하는 일이 중요한 것이 아니라고 생각하게 된다. 마치 세상에서 자신이 사라지는 것처럼, 타인의 삶 속에서 자신의 역할을 희미하게 만들어 버린다.

평화를 유지하기 위해 이들은 자신의 감정, 생각, 경험을 포함하여 불편한 모든 것으로부터 멀어지려고 한다. 현실과 삶은 매일 불쾌한 것들과 방해하는 것들을 제시하므로, 이들은 이들을 피하기 위해 마비되는 습관에 빠질 수 있다. 이는 과식, TV 시청, 또는 목적 없이 컴퓨터 앞에서 시간을 보내는 것과 같은 습관으로 이어질 수 있다. 그것은 마치 잠으로 도피하는 것과도 같다. 이들은 시간을 잃고, 낮은 자각 상태에서 살아가게 된다.

이러한 무의식적 평화 유지 경향은 이들을 혼란스럽게 하고 에너지를 소진시키며, 중요한 일에서 행동하기 어려워진다. 이들에게는 아무것도 정말 중요하거나 긴급하지 않기 때문에, 모든 것을 동일하게 중요하게 여기고, 우선순위를 설정하거나 효과적으로 결정을 내리는 능력을 잃게 된다. 부차적이거나 작은 것들이 진정한 우선순위를 대신하게 되고, 문제들이 쌓여도 무관심해지며 "문제는 스스로 해결될 것이다."라는 태도를 취하게 된다.

9번 유형의 코칭 프로토콜

1. 세션의 분위기 조성하기

고객과 코칭 세션을 시작하기 전에 자신을 점검한다.

▷ **세션에 수용적인 태도로 임하기**

다음 질문을 스스로에게 물어본다.

- 나는 지금 비판적이지 않은 상태인가?
- 내 특정 성격 유형이 9번 유형에 대해 거부감을 가지고 있는가?

▷ **다양한 방식으로 경청하기**

모든 코칭 세션 동안 모든 지능의 중심에너지(사고, 가슴, 본능)를 사용하는 것이 매우 중요하다. 세 가지 중심을 모두 활용하여 적극적으로 듣는 것에 주의해야 한다.

▷ **사고 중심에너지로 경청하기**

- 말하는 패턴과 언어 사용에 주목한다.
- 신체 언어와 자세를 분석한다.
- 반복되는 행동 패턴을 파악하고 어떻게 끊을 수 있을지 생각해본다.

▷ **가슴 중심에너지로 경청하기**

- 공감한다.
- 고객을 **유형**이 아닌 인간 자체로 바라본다.

- 겉으로 드러나는 모습 이면을 본다.
- 어떠한 저항이 있더라도 연결을 시도한다(당신의 역할은 고객의 성장하도록 돕는 것이다).

▷ **본능 중심에너지로 경청하기**

- 고객은 세션에 어떤 종류의 에너지를 가져오고 있는가?
- 고객이 말하는 내용과 그 말에 담긴 에너지가 일치하는가?
- 이 코칭 과정의 최근 발전에 대해 당신의 직관이 무엇을 말해 주는가?
- "사람들이 말하는 것을 듣되, 이들이 실제로 하는 행동에 주목하라(Madanes, 1995)."

2. 도전 과제 정의하기

고객이 원하는 것이 무엇인지, 코칭을 받는 목적이 무엇인지 명료화 하기.

9번 유형의 일반적인 도전 과제는 다음과 같다.

- 자신의 삶을 주도하고, 자신의 계획을 추진하기 시작하는 것

- 갈등을 건강한 방식으로 수용하고, 갈등을 효과적으로 처리하는 법을 배우는 것

- 의사 결정 및 목표 설정 과정에서 명확하고 효과적으로 행동하는 것

- 자신의 삶에 대해 더 많이 인식하고, 현재에 충실하며, 참여하는 것

3. 고객의 세계관과 정체성 영역 이해하기

다음 질문을 스스로에게 해본다.

고객은 왜 그렇게 행동하는가? 고객의 행동을 형성하는 것은 무엇인가? 고객의 내면 이야기는 무엇인가? 고객은 어떤 필터를 통해 세상을 바라보고 인식하는가? 고객에게서 유형의 고정관념이 어느 정도 활성화되고 작용하는가?

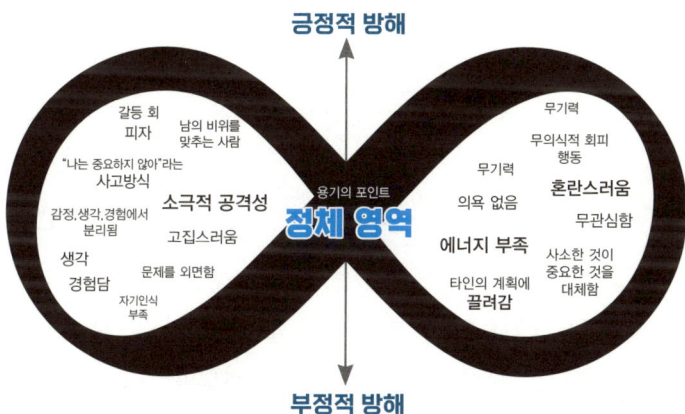

그림 3-9. 9번 유형의 정체 영역과 탈출 전략

    9번 유형이 덜 인식하고 있거나 스트레스를 받을 때, 이들의 주의는 내부와 외부의 평화를 유지하려는 강한 욕구에 의해 납치되고(혹은 탈선되어), 때로는 그 대가가 무엇이든 간에 그 평화를 유지하려 한다. 이 상태에서는 주의가 오직 이들의 평화를 변화시킬 수 있는 것들로 더 집중된다.

4. 여섯 가지 인간의 욕구에 대한 자각 일으키기

인간 욕구 심리학에 따르면, 우리는 확실성, 다양성, 사랑/연결, 중요성, 성장, 기여 등 모두 여섯 가지 기본적인 인간 요구를 가지고 있다(Madanes, 2009). 이 욕구들은 단순한 바람이 아니라 우리의 행동을 움직이는 진정한 동기이다.

9번 유형을 위한 연습 : 여섯 가지 인간의 욕구 탐색하기

정체 영역을 살펴보고, 그곳에 나열된 행동들 중에서 자신이 가장 자주 보이는 행동을 선택한다. "이 행동을 통해 충족하려는 인간의 기본 욕구는 무엇인가?" 자신이 특정 행동을 하는 이유가 어떤 욕구에서 비롯되었는지 탐색한다.

각 욕구를 0점에서 10점까지 평가해 보기

▷ **확실성** : 이러한 행동을 통해 확실함을 느끼는가? 안전감을 느끼는가? 이러한 행동 외에도 더 긍정적인 방식으로 확실성을 얻을 수 있는가?

▷ **다양성** : 이러한 행동을 통해 다양성을 느끼는가? 이러한 행동 외에도 보다 긍정적인 방법으로 다양성을 얻는 방법을 알고

있는가?

▷ **사랑/연결** : 이러한 행동을 통해 다른 사람들과 연결됨을 느끼는가? 사랑을 경험하는가? 이러한 행동 외에도 더 긍정적인 방식으로 사랑/연결을 얻을 수 있는가?

▷ **중요성** : 이러한 행동을 통해 중요함을 느끼는가? 특별함을 느끼는가? 이러한 행동 외에도 더 긍정적인 방식으로 중요성을 얻을 수 있는가?

▷ **성장** : 이러한 행동을 통해 성장하고 있다는 느낌을 받는가? 이러한 행동 외에도 더 긍정적인 방식으로 성장을 얻을 수 있는가?

▷ **기여** : 이러한 행동을 통해 자신을 넘어서는 기여를 하고 있음을 느끼는가? 다른 사람에게 기여하는 느낌이 드는가? 이러한 행동 외에도 더 긍정적인 방식으로 기여를 얻을 수 있는가?

▷ **코칭 사례 연구** : 우리 고객 중 한 명인 9번 유형인 에일린Aileen을 예로 들어 보겠다. 그녀는 결혼 생활과 직장 모두에서 학대당하는 느낌을 받고 코칭을 받으러 왔다. 함께 세션을 진행하는 동안 그녀는 자신이 연결 과 확실성에 대한 강한 욕구를 갖고 있음을 발견했다. 문제는 그녀가 부정적인 방식으로 이러한 욕구를 충족시키려고 노력했다는 것이다. 그녀는 연결감을 유지하기 위해 갈등을 피하고, 대부분의 경우 **아니오**를 의미할 때 **예**라고 말

한다. 이는 결국 다른 사람들에 의해 그녀에게 원하는 것이 무엇이든 요청하라는 초대로 해석되었다. 그녀는 "문제는 저절로 해결될 것이다"라는 희망을 가지고 수년간 상황에 계속 적응해 왔다. 그 결과 오늘 그녀는 학대당했다는 느낌을 받았다. 그녀가 입장을 취하고 자신의 필요를 주장하는 것이 상호 존중을 바탕으로 건전한 관계를 형성하고 더 깊은 유대감에 기여한다는 것을 발견했을 때 돌파구가 생겼다. 우리는 그녀의 주장을 발전시키기 위해 노력했다. 확실성에 대한 그녀의 욕구와 관련하여 그녀는 자신의 기준을 신뢰하지 않고 다른 사람의 의제에 적응함으로써 그것을 충족시켰다. 이 경우, 그녀가 자신이 원하는 것이 무엇인지 자문하기 위해 자신의 목소리를 듣기 시작하면서 돌파구가 찾아왔다. 우리는 그녀가 자신의 내부 가이드를 신뢰할 수 있도록 6번 유형의 더 높은 쪽으로 화살표를 사용하도록 권장했다.

고려해야 할 한 가지 중요한 점은 성장과 기여의 요구에 특별한 주의를 기울이는 것이다. 코칭을 받는 사람은 이러한 요구를 건강한 방식으로 충족하는가, 아니면 파괴적인 방식으로 충족하는가? 우리의 성격이 통합되면서 성장과 기여의 욕구가 높은 점수를 받기 시작하고 긍정적이고 건강한 방식으로 충족되기 시작한다. 그 이유는 우리가 정체 영역에서 벗어날 때 새롭고 의식적이며 선택된 반응에 따라 행동하기 때문이다. 이를 통해 우리는 오래된 습관을 극복하고 성장할 수 있다. 이러한 통합은 결국 다른 사람들에게 더 큰 기여를 가져올 것이다. 대조적으로, 우리가 인식하지 못한 채 계속해서 행동한다면, 우리의 오래된 반응 패턴에 따라 우리는 스스로를 무력화시키고 자존심이 우리의 삶을 관리하도록 놔두게 된다. 이것은 항상 우리 자신과 다른 사람들에게 고통을 안겨준다.

5. 레버리지 확보하기

다음 단계는 해당 유형의 도움이 되지 않는 패턴이 고객에게 초래하는 대가와 고통을 자각하도록 돕는 것이다.

9번 유형을 위한 연습 : 패턴이 초래하는 대가 인식하기

- 다른 사람을 기쁘게 하고, 갈등을 피하고, 수동적으로 행동하는 것이 당신의 인간관계에 얼마나 큰 대가를 초래하는가?
- 마비되어 무감각해지는 습관으로 자신을 무감각하게 만드는 것이 건강에 얼마나 큰 대가를 초래하는가?
- 감정, 생각, 경험과 분리된 상태로 관성에 따라 살아가는 것이 당신의 개인적 성취감과 행복감에 얼마나 큰 대가를 초래하는가?

- 감정, 생각, 경험과 분리된 상태로 관성에 따라 살아가는 것이 당신의 개인적 성취감과 행복감에 얼마나 큰 대가를 초래하는가?

6. 패턴 멈춤 : 주의력을 키우기 위한 연습

9번 유형을 위한 시각화

시각화는 일반적인 코칭과 특히 성격 유형 코칭을 수행할 때 훌륭한 도구이다. 다음은 9번 유형에 대한 포괄적인 시각화/명상 스크립트이다. 이는 유형의 강점과 약점을 활용하는 작업, 공정한 관찰자를 통한 주의력 훈련, 의식적인 호흡 훈련, 수용 및 이완을 포함한다. 단일 코칭 세션에서 모든 기능을 사용할 필요는 없다. 다음 섹션 중 하나 이상을 선택하여 이러한 시각화를 모듈식으로 사용할 수 있다.

9번 유형의 스크립트 : 시각화 / 명상

▷ **이완**

먼저 편안한 자세로 앉는다. 척추는 자연스럽게 곧게 세우고, 팔은 느슨하게 풀어둔다. 손바닥을 위나 아래로 하여 가볍게 무

릎 위에 올려 놓는다. 몸 전체를 이완시키기 위해 깊게 숨을 한 번 들이마셔 본다. 숨을 들이마시고, 내쉬고, 이제 천천히 눈을 감고, 다시 한 번 깊게 숨을 들이마시면서 중심에너지를 잡고 집중한다. 숨을 들이마시고, 내쉰다.

▷ **공정한 관찰자 훈련**

공정한 관찰자에 대한 인식을 의식하는 것으로 시작해보겠다. 공정한 관찰자는 당신의 행동을 객관적으로 외부에서 관찰하는 친구라고 생각해보자. 이는 당신이 현명한 결정을 내리도록 도와주며, 무의식적인 상태에서 벗어나도록 도와준다. 공정한 관찰자는 본능(신체감각), 사고(생각, 계획, 미래, 과거, 이미지, 아이디어, 상상력), 감정(감각)의 세 가지 중심에너지에서 일어나는 활동에 민감하게 반응하도록 마음을 훈련함으로써 그렇게 할 수 있다. 영혼과의 연결을 상징적으로 나타내는 우리의 호흡은 우리가 중심에너지를 유지하고, 한 중심에너지에서 다른 중심에너지로 관심을 옮길 수 있게 해준다. 또한 이는 비판적이지 않은 상태를 유지하게 하며, 감사, 연민, 수용의 자질을 이 연습에 적용할 수 있게 해준다. 마음이 방황할 때마다, 그 순간을 이용해 감사, 연민, 수용의 자질을 적용할 수 있게 해준다. 이러한 순간은 우리의 관심을 다시 바꾸는 방법을 배울 수 있는 귀중한 기회를 제공한다.

먼저 주의를 본능 중심에너지로 부드럽게 천천히 옮긴다. 깊게 숨을 들이마시고, 공기가 몸 안팎으로 흐르는 경로를 따라간다. 천천히 진행한다. 다시 숨을 들이마시고, 이번에는 숨을 내쉬는 시간을 조금 더 길게 가져본다. 공기가 몸 안팎으로 흐르는 경로에 전적으로 집중하며, 시작부터 끝까지 주의를 기울인다. 이제 몸의 감각을 느끼기 시작한다. 발이 바닥에 닿는 접촉점을 느껴본다. 지금 그곳에 어떤 감각이 있는가? 주의를 등으로 옮겨서, 의자가 주는 지지를 느껴본다. 그 감각을 잠시 음미한다. 이제 손으로 주의를 옮기고, 손과 무릎이 닿는 접촉점을 느껴본다.

이제 두 손을 가슴 위에 포개어 올리고, 감정 중심에너지로 주의를 옮겨본다. 지금 이 순간 어떤 감정이 느껴지고 있는가?

이제 주의를 사고 중심에너지로 옮겨본다. 당신의 감정에 대해 어떤 마음속 이야기가 들려 오는가? 당신의 마음은 이 감정에 대해 뭐라고 말하고 있는가? 이 명상 전체에 대해 뭐라고 말하고 있는가? 떠오르는 마음속 이야기를 고요히 생각해 본다. 숨을 들이마시고, 내쉬고, 사고 중심에너지에 머물면서, 이제 당신의 기억으로 주의를 옮겨본다. 흑백 TV에서 과거의 역사가 방송되고 있는 모습을 상상해 보며, TV 속에 있는 당신을 본다. 인생의 각 단계를 화면에서 느린 동작으로 보고 있다. 그 모습을 실제로 보게 되면 고개를 끄덕여본다. 숨을 들이마시고, 내쉬고, 사고 중심에너지에 머무르면서, 이제 미래에 대한 생각으로 주의를 옮긴다.

아래의 질문들에 차분하게 반응해 본다. 각 질문 사이에 잠시 멈춰 생각할 시간을 가진다. 당신은 미래가 어떻게 되기를 원하는가? 미래의 자신은 어떤 모습인가? 어떤 계획을 가지고 있는가?

▷ **시각화**

계속해서 사고 중심에너지에 있으면서, 이제 상상력으로 주의를 옮겨본다. 해변, 바닷가, 약간 젖은 모래 위에 있는 자신을 상상해 본다. 바닷가의 공기를 들이마셔 본다. 숨을 들이마시고, 내쉬고, 바람을 느껴본다. 파도 소리를 들어본다. 발 밑으로 모래의 감촉을 느껴본다. 손가락으로 수평으로 누운 8자 모양(마음의 무한루프)를 천천히, 아주 천천히 젖은 모래 위에 그려 본다. 손가락과 모래 사이의 접촉을 느껴본다.

▷ **정체 영역과 그 비용의 시각화**

이제 당신의 모든 문제와 도전 과제들을 그 모래 위에 그려진 **마음의 무한루프** 안에 하나씩 넣는 장면을 상상해 본다.

내 관점은 무시하고 다른 사람의 관점에만 지속적으로 관심을 기울이다. 내 입장을 견지할 능력이 없다. 갈등에 대한 두려움과 그것을 피하기 위해 무엇이든 한다. 내가 중요하지 않고 내 의견이 중요하지 않다는 나의 끊임없는 느낌. 나의 낮은 에너지와 아

무엇도 할 의욕이 없는 나의 느낌, 그리고 나의 삶은 관성으로 살고 있다. 내 문제를 무시한 대가로 내가 지불한 모든 비용. 나의 모든 억압된 분노. 모든 고통.

긴장과 분노를 느껴본다. 모래 위 **마음의 무한루프** 안에 있는 모든 문제들을 바라보면서 몸 전체에서 그것이 어떻게 느껴지는지 느껴본다. 온몸의 긴장을 느껴보라. 잠시 그 자리에 머물러 본다.

이 모래 위 **마음의 무한루프**는 우리의 정체 영역을 상징한다. 이 것은 우리가 부정적인 초점과 부정적인 감정에 갇혀 있는 곳이다.

▷ '인간이다'라는 깨달음

모든 인간에게는 그 사람을 인간 답게 만드는 문제들을 가지고 있다. 그것은 개인적이며, 맞춤형으로 주어진 삶의 도전들이다. 자신의 개인적인 도전들을 판단없이 지켜본다. 만약 당신의 마음이 어떤 논평을 덧붙이더라고 괜찮다. 걱정하지 말고 이 연습을 **제대로** 하려고 애쓰지 않아도 된다. 만약 판단이 생긴다면, 그 판단을 그냥 지켜보면 된다. 그 대사를 들어본다. 그것이 생겨나는 모습을, 당신 바깥에서 벌어지는 일처럼 지켜 보면 된다.

자신의 경험에 대해 판단을 갖는 것은 인간적인 일이다. 괜찮다. 이제 주의를 당신의 마음에 집중한다. 방금 머릿속에서 들었던 판단과 내적인 의견을 감정 속으로 가져와서 그곳, 즉 감정에 담아본다. 감정의 에너지를 사용하여 그것들을 부드럽게 하고 온몸이 연민으로 채워지는 것을 느껴본다. 깊게 숨을 들이 마시고, 가슴의 에너지가 온몸으로 퍼지는 것을 느껴본다. 수용을 느낀다.

인생이 왜 당신에게 도전 과제를 주는 걸까? 인생은 당신이 그것을 극복함으로써, 다음 단계의 충만함과 생동감을 누릴 수 있도록 도전들을 준다. 그것은 성장할 수 있는 소중한 기회다. 단지 다시 활성화되기를 기다리고 있는 당신이 이미 가진 힘을 발견할 수 있는 소중한 기회다. 이 힘은 당신이 도전 과제를 극복하도록 도와주고, 정체 영역에서 성장으로 나아가도록 도와줄 것이다.

당신 안에는 절대 포기하지 않으려는 부분이 있다. 인생을 온전히 살고자 하는 목소리이다. 그것은 당신의 영혼의 목소리이며, 자아와 성격의 목소리에 맞서 싸워 당신을 최고의 자신으로 만들고자 하는 목소리이다. 당신은 이미 그 자리에 있었고, 그것이 지금 이 순간까지 당신을 이끌어 왔다. 당신이 여기에서 스스로를 극복하고 더 나은 사람이 되려고 애쓰는 순간이다. 무의식적인 생각에 휘둘리지 않고, 당신의 성격과 자동적인 생각들에 굴복하지 않고 일어서 있다. 그것이 진짜 당신이며, 당신의 영혼의 힘이다.

이 지점에서 당신의 주의는 자동적으로 **생각에 대한 생각**을 만들어내는 쪽으로 향할지도 모른다. 괜찮다. 그저 의식적으로 계속 숨을 쉬고, 공기가 몸 안으로 들어오고 나가는 길을 따라가면서, 공정한 관찰자가 당신의 마음의 활동을 판단없이 지켜보게 하면 된다.

▷ 강점, 잠재력, 그리고 개인적 힘에 대한 시각화

이제 당신 안에 포기하지 않으려는 그 부분으로 주의를 옮긴다. 모래 위에 그려진 **마음의 무한루프** 도형을 떠올려 본다. 그 **마음의 무한루프**의 중심에너지부, 즉 오른쪽과 왼쪽이 교차하는 지점에 한 점이 있다. 이 지점을 '용기의 지점(Point of Courage)'이라고 부른다. 이제 그 지점에서 위로 화살표를 그린다고 상상해 본다. **마음의 무한루프**로부터 나가는 출구이다. 정체 영역에서 벗어나는 출구이다.

이 화살표는 **마음의 무한루프** 밖에 존재하는 것을 향한다. 이 화살표는 당신의 강점과 잠재력을 가리킨다. 당신이 언제든지 접속할 수 있는 미래를 가리킨다.

이제 **마음의 무한루프** 밖에 무엇이 있는지 살펴 본다.

저는 당신이 정말로 현재라고 느꼈던 과거의 어떤 순간을 생각해 보길 바란다. 그것은 당신이 당신의 삶에 완전히 참여했다고 느낀 순간일 수 있다. 인생의 어떤 영역에서든 가져오라. 혼자일 수도 있고, 친구와 함께, 친구 그룹, 가족과 함께 있을 수도 있다. 개인 생활이나 직업 생활에서. 과거로 가서 그 순간을 다시 가져오라. 그것은 특별한 순간일 수도 있고 단순한 순간일 수도 있다. 느껴보라. 그 순간의 이완을 몸 전체, 특히 목과 어깨에서 느껴보라. 복부에서도 느껴보라.

고요함과 역동적이던 순간을 기억 속에서 찾아보라. 생산적이면서도 관대한다. 받아들이되 확고하게 자신의 입장을 고수하는 방법을 알고 있다. 갈등을 피했던 그 순간의 이완을 느껴보라. 평화로운 느낌을 유지하려고 노력하지 않고도 모든 것이 조화롭게 흘러갔고 모든 것이 실제로 잘 작동하고 잘 진행되었다. 심호흡을 하고 그 순간을 느껴보라.

마음의 무한루프 밖에 또 무엇이 있는지 살펴본다.

이제 저는 당신이 새로운 미래를 상상해 보기를 바란다. 당신이 당신의 삶에 완전히 존재하는 미래. 당신이 끊임없이 성장하고 다른 사람들도 성장하도록 격려하는 미래. 당신이 자신을 주장할 뿐만 아니라 다른 사람들도 이끄는 미래. 덜 긍정적인 측면을 포함하여 자신을 인간으로 받아들이는 것이다. 당신은 마음과 접촉하여 인간이 자연스럽게 저지르는 실수에 대해 자신과 다른 사람을 용서할 수 있다.

두 손을 서로 포개어 마음에 얹어 보라. 당신의 심장 박동을 느껴보라. 당신의 인간성을 느껴보라. 당신은 인간이기 때문에 때때로 분노를 표현하는 것이 허용된다. 무의식적으로 갈등을 피하는 대신 때때로 갈등에 참여하는 것이다. 그로부터 얼마나 많은 에너지가 해방되는지, 얼마나 많은 긴장과 분노가 해소되는지 느껴보라. 갈등을 두려워하지 않기 때문에 건강하게 갈등에 접근할 수 있고, 심지어 다른 사람들이 갈등에 대처하도록 도울 수도 있다. 이는 당신의 진정한 꿈 중 하나를 이루는 데 도움이 된다. 효과적인 중재자, 사람들 사이에 평화를 허용하고 세상에 조화를 가져오는 사람으로 성장하는 것이다

미래에서 그 순간을 가져와 현재 순간에 몸으로 느껴보라. 마음으로, 생각으로 느껴보라. 마음과 마음, 몸이 함께 일하는 힘을 느껴보고 무엇을 성취할 수 있는지 확인하라. 그리고 가장 중요한 것은 지금 당신 안에 있는 모든 것이 어떻게 당신이 항상 원했던 좋은 사람인지를 확인하는 것이다.

모래 위 그림, 마음의 무한루프와 용기의 지점, 그리고 당신 안

에 있는 모든 잠재력을 바라보며 천천히 명상을 마무리한다.

▷ **시각화 종료**

나는 당신의 용기, 여기에 있어 한 사람으로서 성장하려고 노력하고, 자신을 극복하려고 노력하고, 포기하지 않고 노력한 것에 대해 감사한다. 당신이 이 훈련을 한다는 단순한 사실은 당신의 내면의 힘과 포기하지 않는다는 증거이다. 또한 포기하지 않은 용기를 인정해 주길 바란다. 그리고 인생이 가져다주는 도전과 매일 주어지는 많은 기회에 대해 삶에 감사하기를 바란다. 이를 통해 당신은 자신의 강점을 접하고, 성장하고, 세상에 공헌하고, 인류에게 베풀 수 있다. 당신 주변의 세상은 당신의 진정한 자아의 선물이다.

7. 재패턴화 : 필터 유연화 및 통합을 위한 연습

자기 주장력 개발하기

9번 유형이 정체 영역에서 너무 많은 시간을 보내면 갈등 회피에 익숙해지고 자기 주장이 매우 약해진다. 3번, 8번, 1번 유형과의 연결은 이들이 더욱 적극적이 되고 일반적으로 숨겨진 리더십 능력을 개발하는 데 도움이 될 수 있다.

9번 유형을 위한 연습 : 자기주장력 개발하기

- 3번 유형의 긍정적인 측면과 연결을 사용한다. 다음 질문을 스스로에게 물어본다. 나의 목표는 무엇인가? 대화 상대에게 내 주장을 어떻게 설득할 수 있는가? 이것을 달성하려면 어떻게 해야 하는가? 거기까지 가는 가장 빠른 방법은 무엇인가? 우리는 효율적으로 일하고 있는가? 저는 자신 있게 메시지를 전달하고 있는가? 목표를 달성하는 데 방해가 될 수 있는 주의를 산만하게 하거나 필수적이지 않은 요소는 무엇인가? 중요한 목표를 달성하도록 다른 사람들을 어떻게 이끌 수 있는가?

- 정체 영역에 있는 9번 유형의 일반적인 불만은 거의 모든 사람이 "자신의 위를 걷는다."고 느끼는 것이다. 8번의 날개를 사용해본다. 이 상황에서 나는 개인적인 경계를 잘 다루고 있는가? 나에게 필요한 것은 단지 아니오라는 대답은 진단하는 것뿐인데, 나는 예라고 말하고 있는 걸까? 저는 일이 필요할 때 간단하면서도 정중한 방식으로 단순히 내 요구 사항을 주장하는 대신 일을 막고 수동적이고 공격적으로 행동하고 있는가? 생산적인 갈등과 건강에 해로운 갈등의 차이를 알 수 있는가? 매일 직업상 불일치가 발생하도록 허용하는가, 아니면 무의식적으로 이를 피하는 것을 선호하는가? 개인적인 관계에서는 어떤 일이 발생하는가? 견해와 생각을 교환하고 사

람들이 함께 성장하는 데 도움이 될 수 있는 건전한 갈등의 여지를 허용하는가? 아니면 무의식적으로 **충돌 회피** 모드로 들어가는가?

- 표현하는 방법을 배우라. 당신의 견해를 방어하기 위해. 이 날개는 또한 당신의 일이 **중요하다**는 개인적인 사명감을 키우는 데 도움이 될 것이다. 이는 당신이 삶의 모든 측면에 더욱 열정적으로 참여하고 자신의 필요와 의지를 주장하는 데 도움이 될 것이다.

말하는 방식에 주목하기

언어는 강력한다. 의미를 전달하는 수단이다. 필터를 통해 현실을 해석할 때 우리는 그것에 단어를 집어넣는다. 그러므로 우리가 경험에 붙이는 단어를 바꿀 수 있다면 감정 상태에 간접적으로 영향을 미칠 수 있다. 왜냐하면 우리 감정의 큰 부분이 언어에서 나오기 때문이다. 사람들은 자신의 언어 패턴에 의해 최면에 걸리며, 현실을 정확하게 볼 수 없는 사각지대를 만든다(Robbins and Madanes, 2005). 자신의 경험을 설명하기 위해 항상 동일한 문구와 단어를 사용함으로써 각 성격 유형은 결국 앞에 있는 것을 보지 못하게 된다. 말 그대로 현실에 대한 묘사가 실제 현실이 되는 것이다. 이러한 문구와 단어는 단순히 각 유형이 갖고 있는 근본적인 제한적 신념의 표현일 뿐이다. 따라서 말하는 방식을 바꾸는 것은 우리의 참조 틀을 확장하는 데 도움이 될 수 있으며 일상 생활의 상황을 더 많은 각도에서 볼 수 있게 해준다.

코칭을 받는 사람은 자신의 성격 메커니즘이 언어를 가로챌 때 행동에 몰입할 수 있는 능력을 개발하는 것이 중요하다. 정체 지대에 있는 9번 유형의 경우 이는 수동성과 다른 사람의 의제를 따르고 갈등을 피하려는 경향을 반영하는 말하는 방식으로 나타난다. 많은 경우 이들의 언어는 모호하고 불분명하다.

정체 영역의 9번 유형은 내면의 혼란을 반영하는 졸린 표정을 짓는 것이 일반적이다. 3번 유형과의 연결을 사용하면 9번 유형이 불명확하고 불분명한 말하기 스타일에서 더 일치하고 명확하며 **효과적인 말하기 스타일로 전환**하는 데 도움이 될 수 있다. 이는 또한 이들이 더욱 유창하고 명료하게 말하고, 다른 사람의 주의를 끌고, 대화에 완전히 참여하는 데 도움이 된다. 이들은 단어 선택과 단어 전달 방법에 주의를 기울이기 시작한다.

9번 유형의 언어 패턴을 다룰 때 매우 중요한 차이점은 NLP의 **원인이 되는** 아이디어이다. 당신이 **원인**에 있을 때 당신은 당신의 삶에 대한 책임을 지게 된다. 당신이 **효과적**일 때 당신은 당신의 행복에 대한 책임을 다른 사람에게 전가한다.

9번 유형을 위한 연습 : 언어 스타일을 유연하게 활용하기

- 고전적이고 모호한 **모르겠어요**와 같이 모호함과 혼란을 나타내는 문구의 사용 빈도를 확인한다. 그 순간의 신체 언어, 특히 눈에 특별한 주의를 기울인다.

- 대화 주제와 형식에 주의한다. 우리는 다른 사람의 계획과 관련하여 내 계획과 원하는 것에 대해 몇 퍼센트의 시간 동안 이야기해 왔는가? 나는 질문을 하고 있는가, 아니면 다른 사람의 질문에만 응답하고 있는가? 무의식적으로 응답자가 되는 대신 질문을 하는 사람이 되는 것이 대화에서 매우 중요하다. 다른 사람이 주제를 시작할 때까지 기다리고 있는가, 아니면 나도 제안하는가? 나는 제안과 추천을 하고 있는가? 나는 나의 역량을 보여주고 있는가? 나는 내 자신의 계획을 따르고 있는가?

- 다음 사항에 유의한다. 내 언어가 변명으로 가득 차 있는가? 나는 외부 요인을 비난하는 경향이 있는가? 선택과 책임의 언어를 연습하라. 나는 이것에 대해 어떻게 생각하는가? 저는 이것에 대해 무엇을 믿는가? 나에게는 어떤 선택이 있는가? 이에 대해 어떻게 책임을 질 수 있는가? 내 의제를 진전시키

고 일을 실현하기 위해 개인적으로 무엇을 할 수 있는가?

융 선호도를 활용하여 작업 : 덜 우세한 특성을 통합하기

9번 유형을 지도할 때 융 선호도에 주의를 기울이는 것이 매우 중요하다. 코칭을 받는 사람이 MBTI 프로필을 작성한 경우 4글자 유형을 물어보고 융 선호도가 코칭을 받는 사람의 에니어그램 유형과 어떻게 조화를 이룰 수 있는지 토론한다. 또한 고객이 융 선호도의 낮은 면에 갇혀 있을 때, 우리는 이 책 전반에 걸쳐 설명된 것과 동일한 패턴 멈춤 기술을 사용하여 이들이 벗어나 성장하도록 도울 수 있다. 융 선호도에 대한 설명은 이 책의 1부를 참조한다.

9번 유형을 코칭할 때 융 선호도를 사용하는 몇 가지 예는 다음과 같다.

- 외향적이고 사교적인 9번 유형을 많이 볼 수 있지만 9번 유형과 내향성 사이에는 높은 상관 관계가 있다. 특히 당신이 외향적인 코치라면 이 점을 고려한다. 이들의 속도에 맞춰 속도를 늦추라. 9번 유형은 조용하고 부드러운 경향이 있다. 이들은 친밀하고 성찰적이어서 세션에서 말하는 내용에 대해 생각할 더 많은 공간과 시간이 필요하다. 이들과 함께 라면 세션은 천

천히 진행될 것이므로 너무 많이 또는 너무 빠른 말로 이들을 압도하지 않는다. 가끔씩 깊은 숨을 쉬면서 9번 유형의 코치가 말하고 느끼는 것을 깊이 반성하면서 이들의 속도에 맞춰본다. 그러나 9번 유형이 계속 임무를 수행할 수 있도록 코칭 세션에서 좋은 구조를 유지하는 데 특히 중점을 둔다.

- 정체 영역에 있는 일부 번 유형은 매우 비현실적이고 몽상적이 될 수 있다. 이들은 '감각(Sensing)'이라는 융의 렌즈를 채택하는 것이 도움이 될 수 있다. 세상을 현실적이고 구체적으로 인식하는 중요성을 언급한다. 현실적이며 구체적으로 인식하고, 이들이 감각하는 것을 실용적인 응용으로 전환할 수 있는 능력을 개발한다. 이들에게 잠재적으로 갈등을 일으킬 수 있을 것 같다고 무의식적으로 배제하지 말고, 좋은 실용적인 아이디어를 고려하는 능력을 개발하도록 돕는다. 구체적인 질문을 하고, 구체적인 답변을 하고, 사실을 직접적으로 전달하는 능력을 개발한다.

또 다른 9번 유형의 몇몇 발전 목표에 유용한 차원은 '판단(Judging)'이다. 여기서도 세상을 이 관점에서 보는 능력을 배우는 중요성을 언급한다. 계획하고 마무리를 추구하는 능력을 개발한다. 다른 무엇을 하기 전에 (특히 중요하지 않거나 마비되어 무감각해지는 습관) 프로젝트를 끝까지 완료하는 능력을 개발한다.

시간을 지키고 타인의 시간을 존중하는 능력, 계획하고 시간 프레임에 맞추어 일관된 구조를 만들고 유지하는 능력, 주변을 정리 정돈하는 능력을 개발한다.

9번 유형을 위한 세션 간 연습 : 자기 관찰

한 주 동안, 당신의 성격 유형의 특히 도움이 되지 않는 패턴을 적극적으로 관찰해본다. 실시간으로 패턴을 인식하게 될 때, 한 사이클의 자발적인 호흡 명상을 시작한다. 이 책의 2부에서 설명된 절차를 따라 패턴을 관찰하고 그것을 늦추는 연습을 해보는 것이 좋다. 다음 세션에서 코치와 통찰을 공유한다.

에필로그

지난 6개월 동안 이 책을 번역하면서 저자들이 제시한 심리학적 통찰과 코칭 기법의 깊이에 매료되었다. "From Stuckness to Growth"는 단순한 자기계발서가 아니라, 인간의 복잡한 심리를 이해하고 이를 통해 개인의 성장과 변화를 이끌어내는 실질적인 도구를 제공한다. 특히, 에니어그램을 기반으로 한 접근 방식은 각 개인의 성격 유형에 따라 맞춤형 코칭을 가능하게 하여, 독자가 자신의 내면을 탐구하고 진정한 자아를 발견하는 데 큰 도움을 준다.

저자들이 강조하는 '정체 영역'이라는 개념에도 깊이 공감하게 되었다. 많은 사람들이 일상에서 느끼는 정체감과 불안은 결국 자신이 설정한 제한된 틀 안에서 벗어나지 못하기 때문이다. 이 책은 그러한 정체성을 인식하고, 이를 극복하기 위한 구체적인 방법을 제시한다. 특히, 각 성격 유형에 따른 코칭 프로토콜은 독자가 자신의 행동 패턴을 이해하고, 이를 변화시키기 위한 실질적인 전략을 제공한다. 또한, '인간의 기본 욕구'에 대한 논의는 매우 흥미로웠다. 사람들은 각기 다른 방식으로 자신의 욕구를 충족시키려 하며, 이 과정에서 발생하는 갈등과 스트레스는 종종 우리가 스스로 만든 제한에서 비롯된다. 이 책은 그러한 욕구를 긍정적이고 건설적인 방식으로 충족시키는 방법을 탐구하게 한다.

이 책의 메시지를 한국어로 옮기는 과정은 단순한 언어의 변환을 넘어, 저자들의 의도를 깊이 이해하고 이를 독자에게 전달하는 중요한 작업이었다. 나는 이 책이 많은 사람에게 자신의 내면을 돌아보고, 진정한 성장의 길로 나아가는 데 필요한 영감을 줄 것이라고 확신한다. 마지막으로, 이 책을 통해 독자들이 자신의 삶에서 '정체 영역'을 인식하고, 이를 극복하기 위한 용기와 지혜를 얻기를 바란다. 변화는 어렵지만, 그 과정에서 우리는 더 성장한 자신을 발견하게 될 것이다. 이 책이 그 여정의 첫걸음이 되기를 진심으로 기원한다.

유 용 린

에필로그

이 책을 번역하는 지난 몇 달 동안, 나는 한 사람의 독자로서, 또 한 사람의 실천가로서 수많은 울림을 경험했다. 『정체에서 성장으로』는 단순한 성격 유형 분류나 코칭 매뉴얼이 아니라, 인간 존재에 대한 깊은 이해를 바탕으로 구성된 성찰과 변화의 여정이었다. 저자들이 제시한 개념과 사례, 그리고 유형별 코칭 전략은 독자가 자신의 삶에서 성장을 위한 실마리를 발견하고, 구체적인 변화의 방향을 모색하도록 돕는다.

특히 에니어그램이라는 고대 도구를 오늘날의 심리학적 통찰과 통합한 저자들의 접근 방식은 인상적이었다. 이 책은 성격을 꼬리표가 아닌 '가능성의 지도'로 바라보게 하며, 독자가 자신의 행동과 정서, 사고의 패턴을 알아차리고 더 넓은 선택의 지평을 경험하게 한다. 그 결과, 에니어그램은 단순한 분류 체계를 넘어, 성장의 나침반이 된다.

번역자로서 이 책을 한국어로 옮기는 작업은 단순한 언어적 전환 이상의 과정이었다. 각 개념이 독자들에게도 정확히 전달되기를 바라는 마음으로 문장 하나하나를 다듬었고, 저자들의 의도와 어조가 살아 있도록 각별히 주의를 기울였다. 문화적 맥락의 차이를 고려하는 동시에, 이 책이 전달하고자 하는 핵심 메시지를 왜곡 없이 전달하고자 노력했다.

무엇보다 이 책은 '성장'이라는 과정을 따뜻하고도 구체적으로 조명한다. 이는 단순히 더 나아지는 것을 의미하는 것이 아니라, 자기 자신을 있는 그대로 바라보고 수용하면서도, 보다 충만한 삶을 향해 나아가려는 실천이다. 저자들은 성장의 길이 결코 일직선이 아님을 상기시키며, 다양한 심리적 패턴과 내면의 목소리들을 통합해 나가는 여정을 보여준다.

이 책이 독자들에게도 의미 있는 변화의 계기가 되기를 바란다. 독자들이 자기 자신을 더 깊이 이해하고, 그 이해를 바탕으로 삶의 방향을 새롭게 조율하며, '성장'이라는 말이 지닌 깊이를 자신만의 방식으로 온전히 살아내기를 바란다. 이 책이 그 여정에서 든든한 동반자가 되기를 진심으로 기원한다.

이 정 윤

저자 소개

매사추세츠주 루스 Ruth와 예체스켈 마다네스 Yechezkel Madanes는 거의 10년 동안 Enneagram을 핵심 도구로 사용해 온 공인된 전문 인생 코치이다. 이들은 코치 훈련 프로그램에서 Tony Robbins와 Cloé Madanes로부터 전략적 개입을 연구했다. 예체스켈과 루스는 Madanes School of Enneagram Coaching의 회장 겸 전무이사이다. 이곳에서 이들은 베스트셀러 시리즈와 널리 호평을 받는 온라인 인증 프로그램을 개발했으며 일대일 코칭에 대한 상담, 강의 및 지도를 하고 있다. 세션. 이들은 혁신적인 방법론을 주요 기업과 여러 국가의 수천 명의 학교 학생, 교사 및 부모에게 가져왔다.

역자 소개

유용린은 작가, 슈퍼바이저 코치, 교수로 활동하는 다재다능한 지식인이다. 작가로서는 2021년에 『100일 동안 작가가 되는 꿈을 꾸다』를 시작으로 『긍정 라이프를 위한 5가지 스킬』을 공저하여 긍정 인생 워크숍을 진행하였고, 그림 시집 『어느 날 하루』, 전자책 『두 번째 인생의 정점에 오르는 법』을 출간, 『코치되어 코칭하기』 공저, 『Renewal Coaching』을 공역, 『MYSELF부터 STARTUP까지』 공역, 『연구윤리 가이드라인』, 저술, 『CoachSulting Revolution』 공저 등 왕성한 저작 활동을 하고 있다.

슈퍼바이저 코치로서 (사)한국코치협회 사업위원장과 국제코칭연맹 코리아 챕터 회원관리위원장을 역임하였으며, 현재는 국제코칭연맹 코리아 챕터 기획위원장과 한국FT코칭연구원의 DEIB 이사, 파트너 코치와 심사위원으로서 코치 양성에도 적극적으로 활동하고 있다. 또한 국민대학교 자동차공학전문대학원과 자동차산업대학원의 겸임교수로서 다양한 관점과 창의적 사고를 지닌 미래 글로벌 인재 양성에 기여하였고, 현재는 국민대학교 산학협력단 전임연구교수로서 친환경자동차 및 미래자동차 인력양성사업 코디네이터 역할을 수행하며 자동차공학경영모델링, 친환경자동차문제연구, 연구윤리 등 꾸준히 강의를 이어가고 있다.

'자신의 삶을 통해 꿈을 향해 꾸준히 도전해 가면서 꿈을 이루는 과정은 가치 있고 즐거운 것'이라고 말하면서 자신의 경험과 지식을 공유하고, 재능을 기꺼이 나누며, 다른 사람들의 꿈을 응원하고, 함께 성장하고자 하는 마음을 가지고 있다. 또한 '꿈이 있는 한 나이 들지 않는다'는 가치관으로 오늘도 책을 쓰고, 컨설팅, 코칭, 다양한 강의를 통해 자신만의 꿈을 꾸고 있는 사람들에게 영감과 긍정 에너지를 전파하고 있다. 유용린은 꿈을 꾸는 사람들의 진솔한 친구이자, 진정한 멘토이자, 함께 하고 싶은 동반자이다.

유 용 린

역자 소개

　동국대학교 일반대학원 상담코칭학과 박사과정을 수료하고, 동 대학원에서 상담코칭전공 심리학 석사학위를 취득하였다. 현재 경희사이버대학교 상담심리학과 겸임교수로 재직 중이며, (사)한국코치협회 이사 및 인증심사위원으로 활동하면서 국내 코칭의 전문성과 제도화를 위한 교육과 실천을 이어가고 있다.

　성격코칭전문가이자 동그라미코칭센터 대표로서, 삼성전자, 한국공항공사, 자살예방센터, 서울시 및 다양한 지자체와 교육기관 등에서 임직원과 일반인을 대상으로 갈등관리, 회복탄력성, 리더십, 진로 및 커리어 코칭 등 폭넓은 활동을 수행해왔다. 특히 심리학과 코칭을 융합한 심층적 접근을 통해 개인의 잠재력과 변화 가능성을 이끌어내는 실천가로 인정받고 있다.

　또한 오랜 공익코칭 실천가로서, 청소년그룹홈, 취약계층, 장애인 등 사회적 약자를 위한 코칭과 심리 지원에도 힘써왔다. 이러한 활동은 코칭이 개인을 넘어 사회 전체의 회복과 성장에 기여할 수 있다는 철학을 바탕으로 한다.

《정체에서 성장으로》는 에니어그램, 융 심리학, 인간 욕구 심리학을 통합해 정체 상태를 인식하고 성장으로 전환시키는 실천적 도구를 제공하는 책이다. 역자는 이 책이 사람을 '꼬리표'가 아닌 가능성으로 바라보는 비병리학적인 관점에서 접근하도록 돕고자 하였다. 이책이 독자들에게도 자신과 타인을 이해하는 따뜻한 나침반이 되기를 바란다.

이 정 윤

Bibliography

Allen, J., & Brock, A. (2000). Health care communication using personality type. London: Routledge.

Ashcraft, L.(2005). Recovery coaching. Phoenix : Recovery Innovations.

Baron, R. (1998). What type am I? Discover who you really are. London : Penguin Books

Bandler, R. and Grinder,J. (1975). Patterns of the hypnotic techniques of Milton Erickson, Vol.1 Cupertino, CA : Meta Publications.

Baron, R., & Wagele, E. (1994). The Enneagram made easy : Discover the 9 types of people. New York : HarperOne.

Bartlett, C. (2007). The Enneagram field guide. Portland, OR : Enneagram Consortium.

Bast, M., & Thomson, C. (2005).Out of the Box : Coaching with the Enneagram. Louisburg, KS : Ninestar Publishing.

Bayne, R. (1995). The Myers-Briggs type indicator : a critical review and practical guide. London : Chapman and Hall.

Beck, A.T., Freeman, A.,and Davis, D.D. (2003) Cognitive Therapy of Personality Disorders. New York : The Guilford Press.

Bradberry, T. (2007). Self-awareness. New York : Putnam.

Compton, M.T. (2007). Recovery : Patients, families, communities. Conference Report, Medscape Psychiatry & Mental Health, October 11 - 14, 2007.

Condon, T. (1999). Enneagram movie and video guide. Portland, OR : Metamorphous Press.

Covey, S.R. (1999). The 7 habits of highly effective families. New York : St. Martin's Griffin.

Covey, S.R. (2004). The 7 habits of highly effective people. Washington, DC : Free Press.

Cullen, A. (2006). Interview with Professor Nava Ashraf, Adam Smith, Behavioral Economist? Retrieved from Harvard Business School website, http://hbswk.hbs.edu/cgi-bin/print/5168.html

Daniels, D., & Price, V. (2000). The essential Enneagram. San Francisco : HarperCollins Publishers.

Didonna, F. (2010). Clinical handbook of mindfulness. New York : Springer.

Falikowski, A. (2001). Mastering human relations (3rd ed.). London : Pearson.

Forsyth, J.P., & Eifert, G. (2008). The mindfulness and acceptance workbook for anxiety : A guide to breaking free from anxiety, phobias, and worry using Acceptance and Commitment Therapy. Oakland, CA : New Harbinger.

Frankl, V. (1992). Man's Search for Meaning, Boston : Beacon Press.

Goldberg, M. (1999). The nine ways of working. Cambridge, MA : Da Capo Press.

Freud, S. (1990). Obras Completas. Buenos Aires : El Ateneo.

Goldin, P. (2008). Cognitive Neuroscience of Mindful Meditation. [GoogleTechTalks video] Retrieved from http://www.youtube.com/watch?v=sf6Q0G1iHBI

Goleman, D. (1985). Vital lies, simple truths : The psychology of self-deception. New York : Simon and Schuster.

Goleman, D. (1996). Emotional Intelligence : Why it can matter more than IQ. New York : Bantam.

Gurdjieff, G.I. (1999). La vida es real solo cuando yo soy. Malaga : Editorial Sirio.

Grant, A. M., & Cavanagh, M. J. (2007). Coaching psychology : How did we get here and where are we going? InPsych, June, 6-9.

Jung, C. (1976). Psychological types. Princeton, NJ : Princeton University Press.

Howe-Murphy, R. (2007). Deep Coaching : Using the Enneagram as a catalyst for profound change, El Granada, CA : Enneagram Press.

Haley, J. (1967). Advanced techniques of Hypnosis and Therapy -Selected Papers of Milton H. Erickson. New York : Grune & Stratton.

Kahneman, D. (2003). A perspective on judgment and choice : Mapping bounded rationality. American Psychologist, 58(9), 679-720.

Keirsey, D. (1998). Please understand me II : Temperament, character, intelligence. Del Mar, CA : Prometheus Nemesis Company.

Recommended Resources

Coaching

Online Certificate in Enneagram Coaching, The Madanes School of Enneagram Coaching, www.madanesschool.com (see ad in last page of this book)

Madanes, C. (2009). Relationship breakthrough: How to create outstanding relationships in every area of your life. New York : Zeig and Tucker.

Out of the Box Coaching, Mary Bast, PhD. http://www.breakoutofthebox.com/

Enneagram Tests

Riso, D.R., & Hudson, R., The Enneagram Institute, RHETI test www.enneagraminstitute.com

Palmer, H., & Daniels, D., Enneagram Worldwide, Enneagram test www.enneagramworldwide.com

Katherine Chernick Fauvre and David W. Fauvre, MA, Enneagram Explorations & Fauvre Research www.enneagram.net

Introduction to the Enneagram

Riso, D.R., & Hudson, R. (1996). Personality types: Using the Enneagram for self-discovery. Boston: Mariner Books.

Riso, D.R., & Hudson, R. (1999). The wisdom of the Enneagram : The complete guide to psychological and spiritual growth for the nine personality types. New York: Bantam.

Daniels, D., & Price, V. (2000). The essential Enneagram. San Francisco: HarperCollins Publishers.

Palmer, H. (1988). The Enneagram: Understanding yourself and the others in your life. San Francisco: HarperCollins Publishers.

The Enneagram in Business

Goldberg, M. (1999). The nine ways of working. Cambridge, MA: Da Capo Press.

Lapid-Bogda, G. (2004). Bringing out the best in yourself at work: How to use the Enneagram system for success. New York: McGraw-Hill.

Lapid-Bogda, G. (2007). What type of leader are you? Using the Enneagram system to identify and grow your leadership strengths and achieve maximum success. New York: McGraw-Hill.

The Enneagram in Education

Levine, J. (1999). The Enneagram intelligences: Understanding personality for effective teaching and learning. Santa Barbara, CA: Praeger.

The Enneagram in Parenting

Levine, J. (2003). Know your parenting personality: How to use the Enneagram to become the best parent you can be. Hoboken, NJ: Wiley.

Wagele, E. (1997). The Enneagram of parenting: The 9 types of children and how to raise them successfully. New York: HarperOne.

The Enneagram and Mindfulness

Palmer, H. (2009). The inner observer. A guided meditation. [Audio] www.Enneagramworldwide.com

The Enneagram in Relationships

Palmer, H. (1995). The Enneagram in love & work: Understanding your intimate & business relationships. New York: HarperOne.

Baron, R., & Wagele, E. (1995). Are you my type, am I yours? Relationships made easy through the Enneagram. New York: HarperOne.

The Jung Preferences

Jung, C. (1976). Psychological types. Princeton, NJ.: Princeton University Press.

Keirsey, D. (1998). Please understand me II: Temperament, character, intelligence. Del Mar, CA: Prometheus Nemesis Company.

Berens, L. (1999). Dynamics of Personality Type: Understanding and Applying Jung's Cognitive Processes. Huntington Beach, CA: Telos Publications.

Berens, L. and Nardi, D. (1999). The 16 Personality Types: Descriptions for Self-Discovery. Huntington Beach, CA: Telos Publications.

Bayne, R. (1995). The Myers-Briggs type indicator: a critical review and practical guide. London: Chapman and Hall.